智慧博物馆建设与管理应用研究

李 妍 著

陕西新华出版
陕西科学技术出版社
Shaanxi Science and Technology Press
西安

图书在版编目（CIP）数据

智慧博物馆建设与管理应用研究 / 李妍著.
西安：陕西科学技术出版社，2024. 12. -- ISBN 978-7-5369-9030-2

Ⅰ. G261-39

中国国家版本馆CIP数据核字第2024QA1487号

ZHIHUI BOWUGUAN JIANSHE YU GUANLI YINGYONG YANJIU
智慧博物馆建设与管理应用研究
李　妍　著

责任编辑	郭　勇　赵　冰
封面设计	卫晨亮

出 版 者	陕西科学技术出版社
	西安市曲江新区登高路1388号陕西新华出版传媒产业大厦B座
	电话（029）81205187　传真（029）81205155　邮编710061
	http://www.snstp.com
发 行 者	陕西科学技术出版社
电　　话	（029）81205180　81205190
印　　刷	北京四海锦诚印刷技术有限公司
规　　格	720mm×1000mm　　16开本
印　　张	12.875
字　　数	230千字
版　　次	2024年12月第1版
印　　次	2025年1月第1次印刷
书　　号	ISBN 978-7-5369-9030-2
定　　价	68.00元

版权所有　翻印必究

近年来,随着科技的发展和理念的更迭,智慧博物馆已经成为世界博物馆学的前沿问题,博物馆从原来的单一形态逐渐转向多元化方向。纵观博物馆的发展,由传统博物馆到数字博物馆,再到智慧博物馆,整体发展趋势突出了以人为本,资源整合和数据传输等特点。就我国而言,在文化强国的倡导下,建设智慧博物馆也是如今的热门话题。如果能够突破博物馆的发展瓶颈,将智慧博物馆推广开来,将对我国的文物保护,文化交流和文化教育等方面起到积极的促进作用。

本书的章节布局,共分为八章。第一章主要对博物馆发展历程以及智慧博物馆发展历程进行分析。作为一种社会文化现象,博物馆经历了从萌芽、产生,到逐步发展壮大的历史进程。在不同社会文化中,博物馆呈现出不同的历时性面貌变化;第二章深入探讨博物馆、数字博物馆、智慧博物馆的内涵和功能,以及它们三者之间的关系,并进一步阐述智慧博物馆的建设背景和理论依据;第三章是智慧博物馆建设之技术支撑,智慧博物馆的实现主要依赖于物联网、大数据、云计算和移动通信技术。第四章是智慧博物馆建设之智慧保护,分别从藏品的监测、藏品的环境调控进行简要分析。第五章是智慧博物馆建设之智慧管理,本章分别介绍了藏品管理、资产管理、人员管理、行政管理;第六章是智慧博物馆建设之智慧服务,本章主要探讨展示与体验、教育与研究、分享与传播、宣传与推广。第七章是智慧博物馆生态系统构建研究,本章介绍了智慧博物馆生态系统内涵与特征、智慧博物馆生态系统构建及运行、智慧博物馆生态系统运行支撑体系构建;第八章是智慧博物馆建设的实践探索,本章从革命文物智慧博物馆建设、智慧博物馆在古籍类展览中的应用、智慧博物馆建设中的藏品管理研究进行论述。

本书在撰写过程中,参考、借鉴了大量著作与部分学者的理论研究成果,在此一一表示感谢。由于作者精力有限,加之行文仓促,书中难免存在疏漏与不足之处,望各位专家学者与广大读者批评指正,以使本书更加完善。

本书由李妍撰写,周占全、周渡、刘萍萍、陶治强对整理本书书稿亦有贡献。

内容简介

随着当前信息技术的发展，大数据时代和"互联网+"时代的到来，博物馆的建设与发展也开始搭上信息技术的便车，智慧博物馆开始在我国有所发展。但是当前我国智慧博物馆建设还处于起步阶段，应当对智慧博物馆建设的特征进行仔细分析，继而才能更好地推动博物馆的建设与发展。

目录

第一章 博物馆及智慧博物馆发展概述 ·· 1
第一节 博物馆发展历程 ··· 1
第二节 智慧博物馆发展历程 ··· 28

第二章 智慧博物馆概述 ·· 44
第一节 智慧博物馆的基本概念 ··· 44
第二节 智慧博物馆的基本架构 ··· 53

第三章 智慧博物馆建设之技术支撑 ·· 60
第一节 物联网 ·· 60
第二节 大数据 ·· 61
第三节 云计算 ·· 62
第四节 虚拟现实 ··· 63
第五节 全息技术 ··· 64
第六节 增强现实 ··· 64
第七节 智能中控 ··· 65
第八节 室内定位技术 ··· 65
第九节 三维展示技术 ··· 67

第四章 智慧博物馆建设之智慧保护 ·· 68
第一节 藏品的监测 ·· 68
第二节 藏品的环境调控 ·· 70

第五章 智慧博物馆建设之智慧管理 ·· 74
第一节 藏品管理 ··· 74
第二节 资产管理 ··· 85
第三节 人员管理 ··· 86
第四节 行政管理 ··· 88

第六章 智慧博物馆建设之智慧服务 …… 90
第一节 展示与体验 …… 90
第二节 教育与研究 …… 92
第三节 分享与传播 …… 95
第四节 宣传与推广 …… 96

第七章 智慧博物馆生态系统构建研究 …… 99
第一节 智慧博物馆生态系统内涵与特征 …… 99
第二节 智慧博物馆生态系统构建及运行 …… 103
第三节 智慧博物馆生态系统运行支撑体系构建 …… 121

第八章 智慧博物馆建设的实践探索 …… 126
第一节 革命文物智慧博物馆建设 …… 126
第二节 智慧博物馆在古籍类展览中的应用 …… 166
第三节 智慧博物馆建设中的藏品管理研究 …… 184

参考文献 …… 197

第一章 博物馆及智慧博物馆发展概述

第一节 博物馆发展历程

一、外国博物馆的发展历程

(一)古代世界普遍的收藏现象

博物馆起源于人类对遗产的收藏、保护与利用实践。这种实践可上溯到遥远的古代。在古代,世界各地不同文化的人们,基于宗教、经济、审美等动机和目的,搜集、保存他们认为重要的物品,并建立了具有与后来博物馆类似功能的收藏、展示和保存设施。

(1)亚洲地区

古代亚洲就有过多种博物馆性质的收藏与保存设施。古代日本就曾出现实物收藏与展示设施,如图书寮,寺院的佛殿,传统神社附设的珍宝阁、"绘马殿"或"绘马堂",镰仓时代以来武士的私人展览设施等。印度甚至在公元前3世纪之前,在神庙、皇宫中就出现了用于保存绘画、雕塑和陶器的房间,它们被认为是类博物馆机构。在西亚,也有一些类博物馆性质的收藏,年代最早者如新巴比伦王国国王尼布甲尼撒二世的收藏等。

(2)非洲地区

在非洲,实物收藏也有悠久的历史。公元前3世纪,在埃及亚历山大建立的古典世界中最负盛名的亚历山大里亚博学园中,就附设有缪斯神庙,里面保存有不少实物收藏品。该机构通常被认为是博物馆的源头。在古罗马时期,非洲一些神庙中也保存有实物。此外,一些圣所和宫殿,里面有相当规模的文化方面的实物收藏品。它们是具有非洲自身文化特色的传统保荐机构。

(3)欧洲地区

在欧洲,在古希腊、古罗马时期的神庙、学园、私人宅第中,就出现了艺术品、自然珍奇和外域之物等收藏。其中,神庙类收藏向旅行者等开放,蕴含了最初的公

共精神。进入中世纪之后，古老的收藏传统主要通过世俗王室和教会的收藏得以延续。世俗王室的收藏除圣物、来自远方的珍奇之外，更多是与王权有关的实物或珍宝，经济重要性突出。而教会收藏占据主导地位，内容多是与宗教有关的，如圣母、基督、教皇、圣徒和传道者的遗物、圣像、法器（包括传说中的宗教遗物）、图解手稿、宗教服冠、写本等，另有珍奇之物以及不少年代久远的带装饰的手稿和艺术品。教会收藏的目的在于"哄动民众，刺激其迷信，以坚敬神的心"，但客观上为普通民众提供了观赏的机会，带有一定的公众性。从这一意义上讲，教会收藏使得古典时代的公共收藏传统得以延续，同时，也保存了一大批有价值的实物，其中不少收藏品进入欧洲后来的公共博物馆。

（4）美洲地区

在欧洲人到达美洲之前，美洲原住民就开始了他们在遗产保护和利用方面的实践，并出现了与其生存环境相适应的多种文化组织和不同类型的收藏系统。在那里，收藏对象不仅有非实用品，还包括有用的活体生物收藏。

可以说，在古代世界不同文化当中，均存在着遗产收藏与保护实践，尽管其中也存在着不少差异。搜集和展示有价值的物品或是一种普遍性的人类活动，不限于任何阶层或文化群体，更不专属于某个特定的社会，或某个特定的地区如欧洲，乃是一种跨文化的普遍现象。

（二）欧洲文艺复兴时期的收藏实践

文艺复兴时期，受文艺复兴运动等多种因素的影响，欧洲收藏呈现出不同于以往的新的面貌。当时，收藏活动极为活跃。在欧洲各地，均出现了值得一提的收藏。其中，既有机构性收藏，也有私家收藏，尤其以私家收藏最为发达，著名者如意大利的美第奇家族、尼科利、乔瓦、阿尔德罗万迪、凯塞拉雷、伊普雷塔、塞塔拉、科斯皮等的收藏，西班牙的国王腓力四世、著名学者拉斯塔努萨的收藏，英国国王查理一世、特拉德斯坎特父子的收藏，法国国王弗兰西斯一世、路易十四、著名学者佩雷斯克的收藏，荷兰的拉斯奇、塞巴、帕卢达那斯的收藏，丹麦国王腓特烈三世、著名学者沃姆的收藏，中欧地区的阿尔布雷奇五世公爵、神圣罗马帝国皇帝鲁道夫二世和斐迪南二世的收藏以及瑞士的阿莫贝奇家族的收藏等。在东欧，沙皇伊凡四世也有自己的收藏。这些收藏大多是世俗收藏，内容从最初的古物逐步扩展到自然物品与人工制品兼而有之，以珍奇之物最为惹眼，因内容多样，故常有"百科性质"收藏之称。当时，也有一些收藏呈现出较高的专门化程度。因收藏主体与目的的不同，这些收藏呈现出夸耀、象征、身份提升、研究、教学等多样化的功用。

不少收藏是允许人们观赏和利用的。利用者多是旅行者、外交人员、王公贵族、学者和学生等。观赏和利用大多是偶然现象，而非常态化。保存这些收藏的地方通常被称为"珍奇室""美术馆"等。

中世纪延续下来的教堂、修道院的收藏也是文艺复兴时期收藏的另一重要组成部分。这类收藏过去常常因为当时世俗私家收藏的突出地位而被人们忽略了。实际上，它们是文艺复兴时期收藏实践的完整图景不可缺少的一部分。

文艺复兴时期的收藏实践孕育和生成了诸多博物馆因素，如开放、展示等，而且，部分收藏后来进入一些早期公共博物馆，为其奠定了一定的藏品基础。欧洲文艺复兴时期因此而成为现代博物馆酝酿和生成的重要时期。

(三) 早期公共博物馆

得益于文艺复兴时期的欧洲收藏实践丰富的历史遗产，同时也受到宗教改革、启蒙运动、资产阶级革命以及资本主义经济发展的影响，从17世纪后期开始，在欧洲、美洲等地先后出现了早期的公共博物馆。

(1) 欧洲地区

在欧洲，早期公共博物馆当中年代较早、影响较大的机构是1683年正式对外开放的牛津大学阿什莫尔博物馆。其后出现的大英博物馆、早期的卢浮宫博物馆、乌菲兹博物馆和庇护-克雷芒博物馆、贝尔维迪尔宫博物馆、马德里的普拉多博物馆、德国的腓特烈博物馆和慕尼黑雕塑博物馆等也都是比较有代表性的博物馆。这些早期公共博物馆的出现大多与已有的收藏紧密联系在一起。阿什莫尔博物馆是以英国收藏家特拉德斯坎特父子的收藏为基础，融合了英国贵族阿什莫尔的部分收藏而建立的。不过，在开放之后的很长一段时间里，该馆主要是作为一个研究机构存在。卢浮宫博物馆是以法国皇家收藏为核心建立起来的。该馆将先前作为部分人把玩的收藏变成了公民共有的财产，博物馆成为展现和传播国家威仪的一种政治工具，标志着博物馆历史上的一个重大转变。

在东欧地区，俄罗斯在18世纪出现了公共博物馆。1719年建立了第一座开放性博物馆。18世纪下半叶到19世纪，在伊尔库茨克等地出现了首批地方博物馆及一些专门博物馆。其间，最有影响的是在1764年建立的艾尔米塔什博物馆。

(2) 北美地区

18世纪后期的北美洲地区，在民间力量推动下，也开始出现了一些公共博物馆。1773年，北美南卡翠来纳州查尔斯顿图书馆学会在查尔斯顿城创建了查尔斯顿博物馆，美国独立后，它被公认为美国第一座博物馆。它在一定程度上揭示了美国

博物馆创设的基本模式。1786年，由美国博物馆大师皮尔在费城创建的皮尔博物馆则是以私人力量创建的最具有影响力的博物馆，曾一度成为费城甚至是美国东部最有吸引力的设施之一，被认为是美国民主博物馆的原型，第一座受到普遍欢迎的自然科学和艺术博物馆。

（3）其他地区

伴随着18世纪后期殖民势力的扩张，公共博物馆在欧洲和北美之外的地区也落地生根，而且，大多是与一些民间团体联系在一起。在亚洲等地，陆续出现一些公共博物馆。1814年，英国皇家亚洲学会在印度加尔各答建立了印度博物馆。这是一座完全模仿西方模式的博物馆，被看作印度的第一座公共博物馆。在印度尼西亚的雅加达，1778年，由皇家巴达维亚艺术与科学学会建立了今天看到的印度尼西亚国家博物馆。该馆被认为是亚洲最古老的博物馆之一。18世纪后期，在拉美地区，也出现少数几座博物馆。

总之，早期公共博物馆最先出现于17世纪的欧洲，到18世纪后期形成了群体性存在，并波及更广大区域。这些早期公共博物馆以收藏的常态开放为特征，博物馆也因此而开始了自身的社会化进程。伴随着这种制度性的开放，博物馆获得了一定的公共性，成为一个公共机构。不过，在开放实践中，仍存在着目标定位与实际运营之间的背离。开放承诺很多时候会因实际运行中的种种参观限制而被搁置。同时，开放也给博物馆的藏品管理、建筑设计和展示等带来巨大变化。这些公共博物馆收藏内容的专门化程度得到提升，出现了古物馆、绘画馆等设施。博物馆的研究、教育、表征等功能呈现出来。

美洲及其他地区早期公共博物馆的兴起是西欧型博物馆观念和机构形式的第一次大规模的输出，由此，拉开了西版型博物馆在世界范围传播的序幕，世界博物馆版图因此在很大程度上被改变。

（四）现代博物馆的兴起与发展

（1）现代博物馆的兴起

进入19世纪，受到科学发展、工业革命、国际博览会等诸多因素的影响，现代博物馆在世界范围内普遍兴起。

1. 欧洲地区

在西欧、北欧等地区，出现了以哥本哈根的丹麦国立博物馆、伦敦的南肯星顿博物馆（今天的维多利亚和阿尔伯特博物馆）、巴黎的民族志博物馆、斯德哥尔摩的斯堪森露天博物馆等为代表的一批现代博物馆。这些博物馆通常以现代科学知识为基础，在观念、方法、技术等方面，较此前的博物馆发生了很大的变化。斯堪森露天博物馆，通过移建的方式将文化遗产与其生成环境部分地结合在一起，实现了博物馆理念和技术方面的一次革命性突破，同时也为第二次世界大战后生态博物馆的诞生带来了灵感，提供了发展的空间。

在东欧地区，到19世纪中期，现代博物馆也形成一定规模，并呈现出网状特征，农业博物馆、科技馆等陆续建立起来。专门博物馆得到进一步发展。在1860年开始的俄国教育改革推动之下，一种新型的博物馆——教学博物馆出现了。1864年，在圣彼得堡，一座面向军事学校的教学博物馆开放，这是俄国第一座教学博物馆。到十月革命前，俄国已经有150余座博物馆，但分布极不平衡，绝大多数博物馆集中在今俄罗斯联邦共和国境内。在莫斯科、圣彼得堡、基辅、符拉迪沃斯托克（海参崴）等大城市之外，一般都市都没有博物馆。因不少博物馆藏品归属私人，开放程度受限，博物馆的社会影响比较小。在匈牙利，与资本主义发展较晚相适应，博物馆起步较晚，1867—1895年，建立了15座新博物馆。1896—1905年，又建立13座新博物馆。1890年前后，在当时还隶属于奥匈帝国一部分的捷克土地上，博物馆的创建作为捷克民族主义和捷克自立的一种表达，出现了第一次高潮。

2. 北美地区

进入19世纪中期，美国博物馆迎来了一个重要的发展与变革时期。当时，新馆数量迅速增加。与更早时期博物馆偏重自然方面的内容不同，美国的历史与艺术类博物馆快速发展起来。其中，哈斯布鲁克故居博物馆（1850）的建立，开创了故居类博物馆的先河。一些重要的艺术博物馆如波士顿美术馆、纽约大都会艺术博物馆等也在这一时期纷纷成立。博物馆向公众敞开了它的大门。博物馆教育的性质和责任更显重要。也是在这一时期，博物馆推出的教育展览和与学校的合作标志着"公共服务"的出现，终结了其以往的"俱乐部"性质的活动。导引员等新的职位和制度也建立起来。美国博物馆成为博物馆新思想、新观念的重要发源地。19世纪中后期是美国博物馆发展的黄金时期，美国博物馆的国际地位在这一时期快速提升。美国博物馆的崛起使先前以欧洲为主导的世界博物馆格局开始发生变化。

在北美地区的另一个重要国家加拿大，1836年魁北克政府在收购私人收藏的基础上建立了加拿大的第一座公共博物馆。1843年，在蒙特利尔又建立了国家博物馆。

3. 其他地区

随着殖民势力的扩张，现代博物馆观念逐步传播到欧洲、北美以外的地区。19世纪中后期到20世纪初，现代博物馆也开始在这些地区兴起。在亚洲的印度、日本、印度尼西亚等国家，陆续出现了一些现代博物馆。在印度，除了1814年建立的印度博物馆之外，又建立了其他一些自然、经济方面的专门性博物馆。它们反映了英国的博物馆建设理念。日本现代博物馆观念的传播和实践是在19世纪中后期日本的近代化过程中开始的，当时派往欧洲和北美的使团将博物馆理念引入日本，并付诸实践，博物馆建设得到重视并发展。早期比较重要的博物馆包括汤岛圣堂古物陈列所（后来国立中央博物馆的前身）等，且多为综合性博物馆。稍晚时期，专门性博物馆如教育博物馆等得到较快发展。博物馆建设逐步由中央扩及地方，到1911年日本建立了85个博物馆。同一时期，在印度尼西亚、巴基斯坦、泰国、斯里兰卡、马来西亚等其他亚洲国家，也出现了一些现代博物馆。

在非洲，现代博物馆的兴起是英、法等殖民势力入侵的结果。在这一地区，现代博物馆是从南、北两端首先发展起来的。在非洲大陆的南部，1825年由南非动物学之父史密斯（Andrew Smith）以自己的动物学收藏为基础在开普敦建立了非洲第一座现代博物馆。1858年埃及博物馆在开罗成立。19世纪80年代以后，北非的阿尔及利亚、突尼斯也建立了博物馆。到19世纪末20世纪初，非洲东南部地区的马达加斯加的塔那那利佛3897）、津巴布韦的布拉瓦约（1901）和哈拉雷（1902）、肯尼亚的内罗毕（1909）等地，也有了各自的博物馆。中非等地博物馆的建立则是20世纪早期的事情，如乌干达博物馆（1901）、肯尼亚的国家博物馆（1909）等，而莫桑比克第一座博物馆的建立则已晚至1913年。

在南美地区，现代博物馆是随着葡萄牙等国殖民势力的扩张而发展起来的。19世纪早期，西欧型博物馆就被引入巴西。1815年，一个以私人绘画精品收藏为基础建立起来的博物馆（现在已经成为一个国家博物馆）在里约热内卢对公众开放。该馆也是巴西第一个有记载的博物馆。此后，哥伦比亚的国家博物馆（1824）、智利圣地亚哥的国家自然史博物馆（1830）、乌拉圭蒙得维的亚的国家自然史博物馆（1837）、巴西国家博物馆（1918）等也相继建立。19世纪后半期，地方博物馆、专门性博物馆得到较快发展，像秘鲁利马的地质学博物馆（1891）、巴西圣保罗的地理学和地质学博物馆（1895）、阿根廷的航海博物馆（1892）、解放者西蒙－玻利瓦尔的纪念馆等也建立起来。

总之，进入19世纪特别是中后期，世界各地现代博物馆普遍兴起。在欧美地区，博物馆呈现出群体性特征（也包括博物馆的集群化发展，如德国的博物馆之岛和美国的史密森学会博物馆群等），且博物馆专门化趋势凸显。现代博物馆成为现代国家的重要教育机构，同时也成为聚敛大量来自全球各殖民地遗产的藏宝库。其他地区现代博物馆的出现通常是西方殖民势力扩张的产物。这些博物馆被殖民者用作阐释殖民地文化的中心，作为他们宣传殖民统治正当性的手段，带有鲜明的宗主国博物馆的色彩。

(2) 现代博物馆的发展

进入20世纪特别是第一次世界大战之后，现代博物馆开始步入了一个发展时期。1926年国际博物馆事务局的成立使这种发展超越地域而具有国际意义。

1. 欧洲地区

第一次世界大战结束后，爱国主义情绪在欧洲各国蔓延，博物馆因其在教育中的特殊地位而受到各国政府的高度重视，各主要国家博物馆都获得了不同程度的发展，出现了一系列新的变化。

受战争和工业化的影响，一些新的博物馆类型得到较快的发展。在20世纪20年代以后，欧洲各国普遍成立军事博物馆。在荷兰的阿拉海姆、英国的卡迪夫出现了露天博物馆。博物馆的理念与方法出现重大变化。法国的发现宫和大众艺术与传统习俗博物馆在方法上获得了较大的突破。比如，巴黎的发现宫回避了作为相关学科研究基础的"文物"或标本，而将纯科学如物理、化学等引入博物馆，引发了博物馆观念和方法上的一次巨大的变革，并因此而成为博物馆史上有影响力的博物馆之一。在德国，第一次世界大战后，大量的地方博物馆建立起来，宣传当地的历史和重要人物。1925年对外开放的德意志博物馆以与科学和技术有关的实物为主要藏品，因鼓励参与性体验引领了当时博物馆展示和对外服务的潮流，获得国际声誉。不幸的是，纳粹上台后，特别是20世纪三四十年代，政治力量介入艺术收藏和博物馆，德国境内的艺术品均面临筛检，博物馆展览成为纳粹政治宣传的一部分。纳粹也利用博物馆特别是地方历史和文化博物馆服务于他们的意识形态。在北欧的瑞典，一种试图将国家与地方博物馆相结合的新博物馆管理模式被开发出来。其理念就是分散国家对史前纪念物和历史建筑的责任，将其与适当建筑中的地方收藏的专业保管联系起来，即鼓励地方将建筑与收藏一并负责，减轻国家压力，国家将提供资金支持。这种将国家利益与地方创新结合在一起的管理模式，在当时格外引人注目。

在东欧地区，最具有影响力的进展是苏联社会主义博物馆的崛起。1917年，俄国十月革命后建立了苏维埃政权，1922年建立了苏联。新兴政权采取了一系列措施（如建立相应的管理机构、召开相关会议及颁布相关法令等）推动博物馆事业的发展。苏联在建设"全民享用的博物馆，使之成为教育源泉的博物馆"的方针下，在改善旧有博物馆的同时，陆续建立了革命历史类博物馆等一批新型博物馆。地方博物馆也得到了比较快的发展。到1941年，苏联博物馆数量已增长到991座。

在苏联，博物馆被认为是文化机构之一，人民共享的场所。它突出了为人民所有、为千百万劳动群众服务的宗旨。马克思列宁主义成为博物馆活动（陈列、教育等)的思想基础,使博物馆有了一个全新的前进方向。博物馆的意识形态功能变得更重要,博物馆的工具性特征得到强化。正是这些特征使得苏联博物馆显示出与以往博物馆的极大不同,创造出一个新的博物馆系统,也使得苏联成为全世界建立新型博物馆的第一个国家。苏联社会主义博物馆的崛起,所带来的博物馆定位和方法的变革,不仅影响包括中国在内的社会主义国家博物馆事业的发展,而且在很大程度上改变了欧洲乃至世界博物馆格局。

在苏联之外的其他东欧国家,像匈牙利、捷克斯洛伐克等国,博物馆也有一定的发展。如在匈牙利,1935年,博物馆总数一度达到46座。

2. 北美地区

进入20世纪,美国政府税收等相关政策的调整,第一次世界大战后经济实力的增强,职业化进程的推进,为博物馆发展提供了一个相对宽松的环境。第一次世界大战之后,美国博物馆获得了快速发展,博物馆数量和参观人数都有了较大的增长。据统计,到1939年,全美博物馆数已经从1914年的600座增长到2500座。观众数量也在增长。到1944年博物馆观众已经达到5000万人次。这一时期建立的纽约的现代艺术博物馆(1929)、惠特尼美国艺术博物馆(1930)和古根海姆博物馆(1939)奠定了纽约成为当今世界重要艺术中心的地位。芝加哥科学与工业博物馆(1933)则成为当时科学技术领域的领跑者。也是在这一时期,美国启动了大型保护项目。其中最有影响的就是殖民时期的威廉斯堡恢复与重建保护项目。该项目的成功实施标志着美国历史故居博物馆建设热潮达到一个阶段性的顶点。1925年,美国博物馆协会颁布了职业道德条例,这是博物馆行业自我规范管理的一个重要标志。对美国的博物馆事业来说,两次世界大战之间是博物馆一个快速扩张的时期,现代博物馆的框架得以建立。

3. 其他地区

在亚洲的日本,20世纪二三十年代,在朝野上下合作努力之下,博物馆事业得到较快发展。到1938年,日本出现了一个博物馆建设高潮,仅这一年日本就建成了320座博物馆。从30年代后并期开始,日本博物馆发展还出现一个重要的变化,就是建设方向从以欧美博物馆活动为样板、以大城市中型单科博物馆为中心,转变成基于日本精神、以乡土博物馆为中心。随之,兴起了乡土博物馆建设风潮。乡土博物馆的兴起是博物馆学寻求本土化的一种尝试,也是对欧洲博物馆模式的一种变革。进入20世纪之后,印度博物馆数量增长很快。到1936年,印度已有105座博物馆。它们绝大多数是由政府建立的。在新建馆中,考古遗址类博物馆发展迅速。在萨尔纳特等一些重要的考古遗址,纷纷建立了博物馆。在印度尼西亚,20世纪30年代地

方博物馆建设迎来一个突进。位于万隆的地质学博物馆是这一时期重要的博物馆之一。到第二次世界大战结束，印度尼西亚拥有约24座博物馆。

在非洲，更多的博物馆是在进入20世纪之后建立起来的，且依然处在殖民势力的控制之下。1936年，由法国政府支持创建的法国黑非洲研究所在非洲西部的象牙海岸（今科特迪瓦）建立了阿比让国家博物馆（1944）等一批博物馆。但是，与英国殖民者在非洲创建的博物馆相比，法国黑非洲研究所创建博物馆数量要少得多。到1940年，英国殖民者仅在南非就建有31座博物馆。这些殖民势力对博物馆的控制一直持续到非洲独立之前。与19世纪不同，这一时期的博物馆内容有所变化。在摩洛哥，以古建筑为依托的一些民族和考古方面的博物馆（像非斯的巴塔宫和拉巴特的乌达亚斯宫的博物馆等）陆续建立起来，使博物馆的建立与文化遗产、古迹保护紧密地联系在一起。

在南美地区，巴西在20世纪20年代以后，社会政治结构发生了深刻而巨大的变化，国家文化概念发展起来。国立科学博物馆（1922）、国立历史博物馆（1922）等随之建立。到了30年代，受益于政府文化财产的保护政策，又建立了国立美术馆（1937）、帝国博物馆（1940）等一系列国家博物馆。其中多数被安置在具有历史价值的建筑中。这些博物馆连同先前的博物馆一起，服务于遗产保护。

总之，在经过了兴起和初步发展之后，现代博物馆基本成形，博物馆作为一个面向普通公众的实物机构的形象确立起来。博物馆反映的主题内容是艺术、历史和自然科学等，它们发挥着收藏、科研、教育等多种功用。不同区域博物馆的特点逐步形成。以苏联博物馆为代表的社会主义特征，以欧洲博物馆为代表的强调保护传统特征和以美洲博物馆为代表的突出教育的特征逐步显现出来。它们在目标设定、运作方式等方面也显示出各自的一些特点。这一时期欧美地区博物馆出现诸多创新性的发展，而其他地区现代博物馆的发展使博物馆逐步成为一种世界性文化现象。

二、当代外国博物馆

第二次世界大战后至今，尽管局部地反旅然战争不断，但世界的总体格局是和平与发展。经济发展和文化需求的增长，推动博物馆前进，博物馆服务社会由自在走向自觉。在经济一体化和文化多元化的背景下，博物馆涉足生态与环境保护、社区发展、旅游业以及非物质遗产保护等领域，在服务社会的变革与发展中，发挥日益重要的作用。

战后世界进入一个和平发展环境，为博物馆的发展提供了条件。20世纪六七十年代，欧美发达国家出现文化建设高潮，带动了博物馆事业的兴盛，全世界60%以

上的科技馆都建生于那时。战后从殖民统治下独立的新兴国家，高度重视博物馆作为民族独立和国家统一的象征意义，尽管博物馆数量与规模都有限，但打破了以往世界博物馆由欧美发达国家博物馆一统天下的格局。

(一) 发达国家的博物馆

以欧美为代表的西方发达国家一直引领着世界博物馆发展的潮流。20世纪八九十年代，全世界博物馆的四分之三都在发达国家，当今世界著名的博物馆绝大多数也都在发达国家，这些博物馆拥有最大的博物馆观众群。今天，发达国家依然掌控着世界博物馆的话语权。

(1) 美国

第二次世界大战前，美国的博物馆已经历了一次大发展，成为能与欧洲强国比肩的新兴博物馆大国。第二次世界大战中，一些欧洲强国的博物馆遭受战火重创，而美国博物馆却丝毫未损，在战后登上了世界博物馆龙头的位置。1965年美国有博物馆5000余座，1974年达到7000座。尽管此后美国博物馆数量的增长放缓，有时甚至还下降，但美国博物馆总数仍为全球第一。

美国博物馆在理念和实践上走在世界前列，很大程度上代表了当今博物馆发展的趋势。20世纪80年代以来，英、法、德、日、俄等国均曾派人前往美国取经。美国博物馆在社会服务方面的表现最为突出。1966年，时任美国史密森研究机构执行秘书的博物馆学家、鸟类学家狄隆·利普里提出了"社区博物馆"概念，并在华盛顿城郊的一个黑人居住区——阿那考斯特社区建立了博物馆，由此开创了世界上首座社区博物馆。

在博物馆服务的理念和方法上不断创新，是战后美国博物馆发展的重要特点。1969年建立的旧金山探索馆，采用全方位互动体验的方法创建了博物馆知识传播的新模式，开创了科技馆"科学中心"的时代。这种"请你动手"的互动体验模式，改变了知识传播的单一输送模式，不仅对科技类博物馆产生了重大影响，而且也为社会历史类、艺术类博物馆所借鉴。近年该馆又尝试展示教育的新变革，在展示空间中植入开放性教育活动区和研究工作室(实验室)，打破互动展品"就事论事"的局限性，增添了展品之间的关联性和逻辑性。

1992年美国博物馆协会提出了"移动博物馆"概念并得到广泛实践，史密森机构下属博物馆开展的巡回展览项目每年去250个以上的偏远地点巡回展览，受益观众人数达百万人次。2006年美国博物馆首先开设网上课程，开展远程教育，将新兴科技应用到博物馆服务学校教育方面，打造"互联网+"平台，使线上线下互动，实现"展教融合"的知识传播新模式，进一步拓展了美国博物馆将"教育"与"为公众服务"并列为核心要素的博物馆服务理念。

20世纪70年代，曾有学者站在传统博物馆的角度批评美国的一些地区博物馆，"正在把自己变成为艺术中心，它们拥有的永久藏品，如果有的话，也是很少，几乎不搞学术研究，而是筹办巡回展览或专门组织的借入展览，经常举办音乐会、电影、戏剧、舞蹈节目和其他表演艺术活动"。今天，美国的博物馆不但依然将文化艺术表演等引进馆内，而且为迎合社会公众的文化与教育需求，不断拓展新的文化教育娱乐空间，使博物馆成为具有更多功能的社会文化综合体。

（2）英国

第二次世界大战中，德军对英国城市狂轰滥炸，使英国的博物馆损失惨重。1951年，英国以举办万国博览会百年纪念展为契机，陆续修建并开放了一些博物馆，重振博物馆事业雄风。20世纪70年代末开始，英国政府逐步削减了对博物馆的财政补贴，使传统博物馆发展面临经费不足的困难，传统博物馆被迫放下架子，向市场要效益。当时由工业考古热潮催生的一座座工业遗产博物馆，成为英国博物馆发展的亮点。70年代，英国第一座大型露天工业遗址博物馆——铁桥峡博物馆诞生，随后德文特山谷纺织博物馆、布莱维恩大矿井博物馆、凯尔汉姆博物馆等一批工业遗产博物馆陆续建立，丰富了英国工业博物馆的类型。1986年，以铁桥峡博物馆为主体的"铁桥峡工业景观区"被列入世界文化遗产名录，成为国际工业遗产博物馆可持续发展的范例。

20世纪90年代，英国确立以发展文化（创意）产业拉动国民经济的战略，大量经过改造后再利用的旧仓库、厂房、车间等工业建筑，成为文化创意产业园区的主要办公用房，也有一部分被直接改造为博物馆（美术馆）。英国伦敦泰特家族的泰特系列美术馆：伦敦泰特当代美术馆、利物浦泰特美术馆和塞尔维斯泰特美术馆是英国成功利用旧工业建筑改造为博物馆馆舍的代表。

（3）法国

法国的博物馆事业在第二次世界大战后开始恢复，到20世纪70至90年代，进入快速发展阶段。90年代中期，法国博物法总数已超过3000家。七八十年代，在政府大力支持下，在博物馆建设方面实施了几项足以在国际博物馆界名垂青史的重大举措：

一是在70年代建立了以法国总统蓬皮杜名字命名的"蓬皮杜国家艺术和文化中心"，这座集博物馆、图书馆、艺术表演等于一身的文化综合体，涵盖美术、音乐、影像等各种领域的现代艺术，代表了一种新兴的综合类博物馆，从建筑设计和形象

上都改变了传统博物馆的面貌。

二是卢浮宫增设的一个参观入口处以"金字塔"造型面世。这个每年能接待数百万观众的场所，成为看卢浮宫不可分离的侧厅，开创了博物馆新旧建筑"和谐"相处的范例。

三是由奥赛旧火车站改造而成的奥赛美术馆落成开幕。这一由法国总统蓬皮杜于1971年提出的改建计划终于在1986年得以实现，成为巴黎城市旧工业遗产改造再利用为博物馆的样板。

四是法国首创生态博物馆类型。以乔治·亨利·里维埃创建的法国地区自然公园和雨果－戴瓦兰创建的克勒索－蒙特索人与工业博物馆为代表的生态博物馆实践，在国际博物馆界产生重大影响，并引发了一场文化运动。生态博物馆理念促进了传统博物馆朝着更贴近服务社会需求的方向发展。

（4）德国

第二次世界大战后德国在反省法西斯主义对世界造成深重灾难的同时，开始了对在战争中受损的一些德国著名博物馆的艰辛而漫长的修复过程。柏林世界民族博物馆到70年代才完成修建工程。慕尼黑美术馆在第二次世界大战中毁于战火，到1981年才重新建成开放。1989年11月柏林墙的拆除使德国再度统一，一些曾被分拆的博物馆与藏品有了合并的机会。1998年达雷姆博物馆与伯迪博物馆合并诞生了绘画馆，使东、西柏林分别收藏的约2700件名画重新得以团聚，柏林博物馆岛上的五座著名博物馆组成了博物馆群——柏林国立博物馆。该博物馆群后来被联合国教科文组织列入世界文化遗产名录。1990年，民主德国于1952年建立的德国历史博物馆被并入联邦德国建立的德意志历史博物馆，形成了今天的德意志历史博物馆。

20世纪八九十年代，在欧洲工业遗产保护热潮中诞生的德国鲁尔区的工业遗址博物馆，成为德国工业遗产保护博物馆模式的典型。鲁尔的"关税同盟矿区"是德国第三个被联合国教科文组织列为世界文化遗产的工业遗产地，也是一家较为完整地保存了反映20世纪30年代世界采矿业先进水平遗存的露天煤矿工业遗址博物馆。鲁尔开辟的"工业遗产旅游之路"，以工业遗址和博物馆组成的景观为主体，成为鲁尔工业城市振兴的重要特色。

（5）苏联－俄罗斯及东欧地区

以苏联为领导核心的东欧国家在战后以与西欧不同的价值观主导博物馆的发展路线和方针政策。苏联作为第二次世界大战中遭受德国法西斯侵略破坏最严重的国家，博物馆的数量损失近半。在战后第一个五年计划时期，苏联化了大量财力修复博物馆，使全国博物馆恢复到接近战前的数量。70年代是苏联博物馆发展的黄金时期，国家与社会力量一起办博物馆，到1981年，全国博物馆总数达到13846座。其中，国家文物管理部门系统的博物馆1846座，其他社会力量办馆12000座。但片面追求数量造成博物馆质量问题突出，此后国家对博物馆进行了整顿，撤销了2000多座不合格的博物馆，同时又重点建设了一些科学技术博物馆、自然科学博物馆和民族友谊博物馆。

苏联十分重视博物馆的教育功能，强调博物馆应成为"宣传鼓动工作的中心"，要"宣传共产主义意识形态和帮助教育新的一代人，90年代初，苏联解体，经济状况恶化，博物馆数量大幅下降。据2001年统计，俄罗斯博物馆的总数仅为980座。但在苏联时期，全苏博物馆总数的一半在俄罗斯，许多著名的大型博物馆集中在俄罗斯的主要城市，俄罗斯的博物馆事业根基雄厚。

在苏联的加盟共和国中，以乌克兰、白俄罗斯、格鲁吉亚等国的博物馆数量为多。那些曾属于苏联阵营的东欧其他国家，在六七十年代，博物馆数量都有较快的增长。但这些国家在发生剧变后，国内政局动荡，经济不景气，博物馆发展停滞不前，有的甚至走下坡路。

(6) 日本

日本博物馆在第二次世界大战后的发展从原有的200余座基础上起步。50年代前期，日本实施《博物馆法》，将博物馆列入教育设施范畴，采取博物馆与学校教育合作的政策，重建和新建博物馆作为新文化建设的一部分而展开。60年代，日本经济开始腾飞，国家与社会力量在教育领域的投资逐步增加。科普类博物馆、美术馆、乡土博物馆的数量增长较快。七八十年代，伴随着经济的持续高速增长，国内自治团体竞相建立公共博物馆，迎来了政府与市民共同建设博物馆的时代。为规范民间的博物馆建设，日本政府文化厅公布《关于公立博物馆的设置和经营的标准》，规定在全国实现博物馆管理机构的现代化、教育活动的普及化和建设标准的统一化。1978年日本博物馆总数已近1800座。

90年代初，日本泡沫经济开始破裂，博物馆发展滞缓，博物馆界的改革呼声日益高涨。2003年日本推出博物馆改革新方案，以"和市民一起创造博物馆新的价值"，建设"理想的博物馆"为目标。尽管日本经济20多年停滞不前，至今尚未从困局中走出，博物馆发展步履沉重，但日本博物馆的社会服务理念紧跟着欧美国家博物馆的发展潮流前进。

(7) 澳大利亚

澳大利亚第二次世界大战期间虽遭到日军入侵，但盟军很快打败日军，澳大利亚受战争破坏的程度远远低于欧洲国家。战后，当欧洲的一些国家还在尽力修复战争创伤时，澳大利亚已走上经济发展之路，文化教育事业在经济力量的支持下也快步前进。澳大利亚博物馆发展追随英国博物馆发展的步履，在博物馆的办馆理念和实践活动等方面，都紧跟欧美国家博物馆的发展趋势，关注于服务社会和服务教育事业，采用更洁多样的博物馆服务方式，成为促进澳大利亚文化事业发展的重要因素。

澳大利亚博物馆是澳大利亚最大的自然历史博物馆，馆藏极为丰富，以脊椎和无脊椎动物学、矿物学、古生物学和人类学为主。澳大利亚国家博物馆是世界上著名的博物馆之一，馆内设有5个常设主题展：1.国家和民族：澳大利亚的象征；2.地平线：1788年以来的澳大利亚人民；3.永恒：来自澳大利亚的动人故事；4.缠结的命运：澳大利亚的土地与人民；5.最早的澳大利亚人：澳大利亚的土著人。通过基本陈列，展示了澳大利亚自建国以来，各个历史时期所发生的曾对澳大利亚国家和人民起着重要作用的人和事。澳大利亚国立美术馆收藏着数量超过16万件的艺术品，其中有来自澳大利亚土著居民的创作，也有来自欧美地区、亚太地区的艺术品。澳大利亚国家肖像馆收藏着历朝历代形形色色的澳洲人肖像，既有布面油画，又有雕塑。其中有英国航海家詹姆斯·库克、澳大利亚音乐"教父"尼克·凯夫、澳大利亚喜剧演员巴瑞·哈姆弗莱斯等。澳大利亚海事博物馆是世界上较大的藏舰博物馆之一。收藏着13艘澳大利亚历史上著名的舰艇，有驱逐舰、潜艇和巡逻舰艇等，还有复制的詹姆斯·库克船长的"奋进号"。观众可以通过战争行动馆舰艇的高科技互动项目，了解澳大利亚海军的历史，体验富有危险性和戏剧性的海军生活。

20世纪60-80年代是澳大利亚博物馆发展较快的时期，先后出现了澳大利亚国家航空博物馆、国家体育博物馆、澳华历史博物馆、悉尼当代艺术博物馆，新南威尔士美术馆等，一个半世纪以前诞生的墨尔本博物馆，也在2001年建设了新的馆舍，以崭新面貌面世。

澳大利亚是一个奉行多元文化的移民国家，自从英国移民踏上那片土地之日起，已先后有世界上一百多个国家、一百四十个民族的移民到澳大利亚谋生和发展。多民族形成的多元文化是澳大利亚社会的一个显著特征。因此，在澳大利亚的博物馆中，除了反映土著文化之外，移民文化是其重要特色。悉尼和墨尔本是澳大利亚移民文化博物馆的集中区域。

(二) 发展中国家的博物馆

第二次世界大战结束至20世纪六七十年代，亚洲、非洲和拉丁美洲广大地区的人民掀起了民族独立运动高潮，纷纷脱离殖民主义统治，建立民族独立的国家。新

独立国家把前殖民统治者建立的博物馆收归国有，并进行了"博物馆去殖民化"运动，以新的眼光阐释博物馆藏品的内涵，清除殖民文化的影响。发展中国家的博物馆具有三个较为明显的特点：一是突出宣传革命或民族的精神，重视建立反映民族独立历史的博物馆；二是博物馆的内容注重本国传统文化，展现本国历史和艺术以及民族与民俗；三是不仅保护物质文化遗产，也注重对本民族活态非物质文化遗产的保护。

发展中国家由于过去长期处在殖民主义统治之下，本民族的传统文化受到歧视与破坏，博物馆发展的基础比较薄弱。因此，博物馆的规模与数量增长都远远落后于发达国家。今天，非洲有1000多座博物馆，数量较多的国家有南非、埃及、阿尔及利亚、喀麦隆、摩洛哥等，其中南非就有300多座，是非洲博物馆发展最快的国家。埃及开罗国家博物馆的藏品约有12万件，主要为考古出土的古埃及文明时期的文物，从史前至古希腊罗马时代跨度3000年，是世界上古埃及文物保存最集中的博物馆之一。

拉丁美洲共有1500多座博物馆，其中以巴西、阿根廷、墨西哥、哥伦比亚和古巴为多。墨西哥人类学博物馆收藏了27000件反映墨西哥古代历史文化面貌的文物，集古印第安文物之大成，有世界第一人类学博物馆的美称。1964年建造的墨西哥人类学博物馆新馆，融合印第安传统建筑风格与现代建筑艺术于一体，成为驰名世界的博物馆建筑。

20世纪六七十年代，亚洲地区一些国家经济快速增长，带动了博物馆的发展，其中，科技馆建设步伐更快。1977年新加坡建立科学中心。泰国、印度尼西亚等国也都建设了科技博物馆。印度除了建立印度科学与工业研究中心所属的各博物馆之外，还有加尔各答伯拉工业与技术博物馆、孟买尼赫鲁科学中心等。

印度受英国殖民统治近200年，留下了深刻的殖民文化烙印。印度最早的博物馆印度博物馆是英国殖民统治的产物。为了清除殖民文化的影响，印度从独立之日起就筹备建立印度国家博物馆和新德里国立博物馆。这两家博物馆于1949年落成开放，前者收藏与展示从公元前3世纪至今的印度各地区各个历史时期的各种珍贵文物，后者则是印度最大的综合性历史博物馆。此外，印度还建设了许多小型多样的博物馆。第二次世界大战后至今，印度受经济发展速度与政府对教育投入等因素的影响，博物馆数量增长并不快，全国博物馆总数一直徘徊在700座左右。

20世纪90年代，新加坡建立的亚洲文丽物馆是国内最大的博物馆，藏品主要反映新加坡历史以及中国、东南亚、南亚和西亚的历史文化与艺术。韩国首尔国立中央博物馆是韩国最大、历史最长的博物馆，馆藏24万余件，有佛教工艺品、陶瓷器、绘画、历史风俗画以及考古出土物等类别。土耳其伊斯坦布尔的托普卡匹博物馆是原奥斯曼土耳其帝国国王的宫殿，原宫廷收藏的86000件艺术品转变为公共博物馆藏品，主要是奥斯曼帝国时期聚集的黄金、宝石、瓷器、家具、服饰等珍贵文物。

一些发展中国家在被殖民统治期间，曾有许多古代文物被肆意掠夺到国外。今天在大英博物馆、大苏会艺术博物馆、卢浮宫、艾尔米塔什博物馆等一些国际著名博物馆中，都收藏着许多来自不同时期殖民地或被占领国的重要文物。第二次世界大战后，在全球范围民族主义复兴的背景下，这些发展中国家（和民间团体）纷纷向占有国提出文物返还的要求。20世纪50至70年代，尼日利亚（贝宁王国在其领土范围内）从大英博物馆要回了约50件青铜雕像。秘鲁从美国、法国等国追回了包括西班牙殖民时期流失的上千件文物，埃塞俄比亚从意大利追回了第二次世界大战期间被运走的阿克苏姆方尖碑。但这些被追回的文物仅仅是原属国文物流失清单中的一小部分。2002年12月，世界18家著名博物馆馆长联合署名发表了《关于普世性博物馆重要性及价值的宣言》，明确表示了反对将收藏在博物馆的古代文物归还给原属国的立场。发展中国家的流失文物返还之路还很漫长。

三、中国博物馆的发展历程

与世界其他古老文明一样，中国收藏、保护和利用珍贵遗产的实践历史悠久，并形成了良好的传统。而作为西方文化结晶的博物馆则是近代以来从西方逐步引进的，在中国经历了一个不同寻常的发展历程。

（一）中国古代的收藏实践

作为一个文明古国，中国对珍贵遗产的收藏、保护和利用的实践由来已久。出于崇拜与祭祀祖先、崇尚古物、储存财富、炫耀富贵、商品交换等不同的动机和目的，至晚在商周时期，就开始了对珍贵遗产的收藏、保护和利用的实践活动，并建立相应的保存设施，如殷人保藏典策的府库等。在此后的数千年间，这种实践赓续不断，并出现了多种形式的保存设施，如古代纪念性祠堂、画像陈列馆、宫室、朝庙、武库、园囿等，其中，著名者如周代的天府、玉府，春秋时期的孔子庙堂，秦汉时期的上林苑、麒麟阁、武库，唐代的凌烟阁，宋代的稽古、博古、尚古三阁，明清时期的功臣庙、南薰殿、万牲园、武英殿等，均有收藏之用途。这些设施或保存文物宝器类收藏，或保存自然标本，但后者似远不及文物宝器收藏发达。这一现象可能与古人对于两类收藏对象功用的认识有关。而这种认识影响深远，甚至影响

后来我国现代博物馆的类型结构。在这种实践中逐步形成了官方和民间两个大的系统,并一直延续至近代。

中国古代遗产的收藏、保护和利用实践并未直接生成现代意义上的"博物馆"这样的概念,但其中蕴含了一些博物馆性质的因素,如收藏、保护和利用珍贵遗产的意识、最初的公共性。在很多时候,这些收藏实践贯穿了娱乐的功能,有些可能还孕育了教育观念。而且,在长期的收藏、保护和利用的实践中,较早地发展起较为完备的收藏的管理、著录制度、保护方法与技术。当现代博物馆在中国兴起之后,这些制度、方法和技术融入了中国现代博物馆的运营之中,成为中国现代博物馆发展的有特色的重要支撑之一。

中国古代遗产的收藏、保护和利用实践及相关设施的发展,逐步形成有别于西方文化的,具有自身特色的遗产保存和记忆系统,从而丰富了人类收藏、保护和利用遗产的手段、方式和方法,其在人类遗产的收藏、保护和利用方面的历史贡献、价值和地位有待进一步挖掘和探索。

(二)现代博物馆在中国的出现

现代博物馆在中国的出现并非中国古代相关实践自然发展的产物,而是从西方引进的,并且是与近代以来西方殖民势力入侵、西学和新学盛行与中国社会近代化紧密联系在一起的。对于现代博物馆,中国人经历了一个从最初接触、体认到创建的过程。

(1)中国人在国外看到了现代博物馆

鸦片战争之后,清王朝被迫打开国门,中国开始逐步沦为半殖民地半封建社会。为了救亡图存,在"师夷长技以制夷"思想的影响之下,包括政府官员、学者、留学生、维新派成员等在内的中国人,开始走出国门,走向世界。他们在国外接触到包括像大英博物馆、卢浮宫博物馆、日本帝室博览馆等著名博物馆在内的不同类型的博物馆,并以笔记、日记、游记等方式,将所见记录下来,介绍给国人。这些记录成为现代博物馆观念引入中国的重要途径。

中国人对于博物馆的认识是逐步深入的。最初,对于西方现代博物馆,中国人更多地表现出一种新奇,观察到形式上的多样化,并简单地将其类比于中国传统观念的"园""苑""库""馆""楼""阁"等。随着时间的推移和相关知识的不断积累,国人对于博物馆日渐形成了更接近其本质的认识,看到了多种不同形式下的共同性。对于这种新生事物,国人表现出不同的态度。一些人对西方博物馆展出内容看不惯或不理解,从而表现出一种谨慎的态度,但更多人则看到了博物馆机制之利,如"开风气""广识见""益智巧""佐读书之不逮""有益于民生"等，进而开始鼓吹建立博物馆。

对西方现代博物馆的接触和体认对后来的，中国博物馆建设实践起到了借鉴作用。

（2）外国人在中国的早期博物馆实践

随着西方殖民势力的入侵，一些外国人出于多种目的开始了他们在中国的博物馆实践。现代博物馆陆续在中国建立起来。其中年代较早且较有影响的机构包括1868年法国人韩德在上海建立的徐家汇博物院、1874年亚洲文会北中国支会创建的上海博物院等。这些博物馆大多为综合性博物馆。这些实践在将现代博物馆实体引进中国，传播了博物馆观念的同时，也借机对中国进行文化渗透。一些博物馆还充当了珍贵遗产掠夺者的不光彩角色。外国人在中国的早期博物馆实践刺痛了中国人，激发了中国人自行建设博物馆的决心。

（3）中国人最初的博物馆实践

随着国人对于西方现代博物馆认识的不断加深，从19世纪中后期开始，民间的一些有识之士就开始筹划创建博物馆。其中，最为成功、最具有影响力的是清末状元张謇创建南通博物苑的实践。

南通博物苑是张謇秉承"设苑为教育"的宗旨，于1905年在其家乡江苏南通创办的一座博物馆，主要用作学校教育之辅助。博物苑所藤分天然、历史、美术、教育四部分，藏品数量多达2900余号，计2万余件。虽然南通博物苑"当时规模狭小"，是"仅供师范教授的简单设备"，但是，南通博物苑是国人最早自主创设博物馆的成功实践，被认为是"国人创办博物馆之发轫"，"国人自办综合博物馆的开端，也是我国第一个学校博物馆，同时也是中国博物馆事业发展史上足资纪念的一件大事"。从一定意义上讲，南通博物苑具有开风气的作用。

在张謇之后至清代结束，还有其他一些民间博物馆实践活动。在北京、天津前山东等地也开办了几座博物馆和一批陈列馆或陈列所，但大多规模有限，影响不大。

在民间博物馆实践之外，清朝末年政府层面也在博物馆领域做了一些努力。这其中包括清政府颁布的奖励民办博物馆的措施等。在民间实践兴起之后，清政府设立了一些部门管理博物馆事务，如在中央一级学部专门司下设立专门庶务科负责包括博物馆在内的学术技艺等事务。在各省学务公所设图书课（科）掌管图书馆、博物馆等事宜。遗憾的是，由于当时清政府业已内外交困，政权摇摇欲坠，这些努力并没有产生出实质性的结果。

总之，在中国，现代博物馆是在近代以来中国社会逐步走向半殖民地半封建社

会的背景下出现的,是自主力量和外来入侵力量双重作用下的产物。这种特殊背景使中国博物馆从一开始就呈现出浓厚的救亡色彩,表现出强烈的社会责任意识,而不是思想启蒙作用,并深深影响到后来中国博物馆发展的观念取向和道路选择。从这一意义讲,博物馆作为一种社会改造工具的责任意识是与现代博物馆在中国的出现相伴生的。因此,"社会使命"被看作中国近代以来博物馆发展的特点之一。

现代博物馆在中国的出现深刻影响了中国固有的传统保存设施的自然演变进程,不仅影响了社会价值观念和传统,也影响了文化意识和民族自信心。中国现代博物馆的外来"侵入"特征与中国固有的遗产收藏、保护和利用传统形成了一定的矛盾,如何协调这种矛盾成为中国博物馆发展的一个长久命题。

(三)现代博物馆在中国的初步发展

在经历了晚清时期艰难的初期实践之后,随着中华民国的成立,现代博物馆在中国迎来了初步发展时期,尽管其中充满了曲折与艰辛。

(1)民国建立至20年代末的博物馆

1911年辛亥革命推翻了清朝统治,次年建立了中华民国。民国初期,虽有战乱,但受民族文化保存思想等的影响,保护文化遗产、建立博物馆仍得到政府一定程度的关注,并被提上了议事日程。公共力量开始介入博物馆建设。

公共力量的介入促成了不同层次公立博物馆的形成。一方面是国立博物馆的建立,像国立历史博物馆(1912)、古物陈列所(1914)、国立北京故宫博物院(1925)等。这些博物馆是"国家本位"的产物。其中,故宫博物院是依托明清两代皇宫建筑和宫廷原有珍藏而建。它的建立终结了皇家收藏封闭、被独占的历史,使之成为国民共享的财产,因而产生了巨大的政治和社会影响;另一方面是地方公立博物馆的迅速发展。到20年代末,已先后建成了河南博物馆、浙江西湖博物馆、山东博物馆等。

在公共力量之外,私人博物馆也得到了发展。这些私人博物馆是私人筹款、董事会主持的博物馆。其中包括颜文梁创办的苏州美术馆(1919)、曾取创办的福建博物研究院(1923)、王遵先创办的兰州市立博物馆(1928)等。

公、私力量的共同努力使得中国博物馆在发展初期呈现出一种良性发展的态势,为博物馆发展提供了动力。到1929年,全国共有博物馆34座。

(2)20年代末至全面抗战爆发之前的博物馆

国民政府定都南京后,博物馆事业进入一个较快的发展时期。建立了包括上海市博物馆等在内的一批新的博物馆,并开始筹建中央博物院等大型的综合性博物馆。

博物馆数量增长迅速。到1936年，全国博物馆数量已经达到77座。同时，初步建立起了博物馆内部制度。在藏品保管诸多方面，已经建立起一系列的规则，如《古物陈列所各库存储古物保管程序》，上海市博物馆的《处理陈列品的规则》《陈列品编号办法》等。在人员管理方面，也出现了对博物馆从业人员的基本资格要求等。此外，博物馆的对外活动也比较活跃。1935年，故宫博物院、古物陈列所、河南博物馆和安徽图书馆所藏铜器、玉器、瓷器、书画等，曾赴英国伦敦参加中国艺术国际展览会。中国历史文物首次在西方公开展出，引起了广泛的影响。1935年中国博物馆协会在北平成立。次年，上海市博物馆开始对新入职人员进行专业培训，开启了博物馆的职业化进程。

这一时期博物馆事业发展在各主要领域均取得了比较大的成就，达到了旧中国博物馆事业的高峰，被称为我国博物馆发展史上的第一个高潮期。现代博物馆格局初步形成。

受当时政治环境的影响，博物馆事业发展呈现出一种国民党统治区、共产党领导的革命根据地及伪满洲国统治区等多区并行发展的局面。前面所介绍的博物馆事业发展，主要是国统区的发展状况。在革命根据地，共产党人在艰苦的战争环境中，也建立了像中央革命博物馆（位于江西瑞金叶坪）、红军学校模型室等设施，开始了最初的博物馆实践。它们是一种新型的博物馆，代表了我国博物馆发展的一种新方向。伪满洲国统治区，日伪为实施和巩固殖民统治，也建立了一些博物馆，如1935年成立的伪满洲国"国立博物馆"（1939年改称奉天分馆）、热河宝物馆等。它们成为日伪实施殖民统治、进行奴化教育和掠夺遗产资源的工具。

（3）全面抗战爆发至新中国成立之前的博物馆

1937年，日本帝国主义发动的全面侵华战争爆发。在抗战胜利后，国民党当局又发动内战，中国广大城乡较长时间处于战争和动乱之中。这一现实造成刚刚稍有起色的博物馆事业又走向低谷。

受战争环境影响，这一时期博物福事业遭到很大的破坏。在抗日战争期间，有的博物馆毁于日军炮火；更多的博物馆被迫关闭或内迁，在辗转迁徙途中文物也遭到损失，或遭敌机空袭而被毁。值得赞颂的是故宫博物院的前辈们护卫着一万多箱文物藏品辗转流离南方多地，历经千辛万苦，终而使这批国宝躲过了战火。一些沦陷地区，受到敌伪劫掠，大批文物散失、损毁。博物馆藏品损失巨大。像中央博物院等新馆的筹建工作也被迫中断。博物馆的正常运转难以为继。博物馆事业基本上处于半停顿和守摊子的状态，甚至陷入倒退的境地。长期战乱造成博物馆数量锐减。到1949年新中国成立时，全国博物馆数量仅存25座，且状况堪忧。

战争给博物馆事业带来严重的灾难，不过在局部地区也新建了少数博物馆。比如，在国民党统治区，1941年3月，在成都建立四川博物馆。1944年12月在重庆北碚建立中国西部博物馆。此外，还有北倍民众博物馆、北泉历史博物馆等。

其中，中国西部博物馆是一所自然科学性质的博物馆，由当时国民政府的中央研究院动植物研究所、气象研究所，经济部中央地质调查所、中央工业试验所、矿冶研究所，农林部中央农业实验所、中央林业实验所、中央畜牧实验所，中国科学社生物研究所、国立江苏医学院、中国地理研究所和中国西部科学院等机构共同筹备创建。翁文灏、卢作孚担任筹备委员会正、副主任，1944年12月25日博物馆正式成立（1945年7月更名北碚科学博物馆，1946年10月1日改为中国西部博物馆）。该馆成立后得到各方面支持，许多科学家如尹赞勋、杨仲健、伍献文、赵九章等都对该馆做出过贡献。当时该馆分工矿、农林、生物、地质、医药卫生、气象地理六馆。仅展出的科学标本就多达10万余件。自1944年12月至1947年8月间，共开放827天，接待观众16万多人次。中国西部博物馆是抗战期间最重要的博物馆，代表了当时我国博物馆发展的水平。

在抗日根据地和解放区，出于对群众进行革命教育的需要，中国共产党人进行了包括举办展览会、建立展览设施等活动在内的博物馆实践。自1943年起，延安就陆续举办了大规模的展览会，并建立了诸如生产馆、翻身馆、时事馆、卫生馆等设施。展出对象包括工农业的产品、发明创造、战利品、翻身物品等。当时一些学校如鲁迅艺术学院也建有陈列馆（室）等。1940年建立的成吉思汗纪念堂、蒙古文化陈列馆，1946年在西北党校设立的四八烈士纪念室（陈列遗作、译著、纪念文章等），1947年在哈尔滨建立并于次年开放的东北抗日暨爱国自卫战争牺牲烈士纪念堂等，是当时较重要的设施。

在伪满洲国统治区，也零星建有新馆，如1939年1月，在长春建立的所谓的"国立中央博物馆"，1941年在佳木斯则建有东宫（铁男）纪念馆等。这些博物馆随着伪满政权的倒台而消失，存在时间很短。

总体上看，从全面抗战爆发至新中国成立之前这一时期中国博物馆事业呈现出一种整体停滞状态下的局部发展。

综上，中国对珍贵遗产的收藏、保护和利用实践历史悠久，但中国现代意义的博物馆是近代以来在中国社会不断半殖民地化的过程之中生成和发展起来的。这种特殊的历史环境造成旧中国的博物馆发展呈现出一种复杂的局面。主要表现在公立与私立并存，中国人与外国人建立的博物馆并存，甚至一度出现了国统区。共产党领导的根据地和伪满洲国等多区博物馆并存的局面。这些不同主体创建博物馆的动机、目的，博物馆发挥的作用是不同的，而且在不同时期各区博物馆所占比重也处在不断变化之中。博物馆事业发展的这种复杂局面决定了我们在评价这一时期博物馆事业时，不能简单地认为旧中国博物馆是半殖民地社会的产物，是资产阶级的点缀品，而是需要做具体而客观的分析。

在1949年以前的中国，现代博物馆经历了一个从观念传播到实践的过程，博物馆事业从无到有、从小到大艰难地发展起来，并取得了一定的成就。特别是经过20世纪30年代的初步发展之后，中国现代博物馆的基本格局初步形成。但是，旧中国特殊的历史环境决定了这种发展是有限的，而且也存在着不少的问题，像类型比较单一、博物馆表征意义远大于实际意义、博物馆还远未成为公众可以自由体验的文化场所和实用、有效的民众教育和娱乐的工具，而且博物馆的发展"多因人成事，兴亡无定"。中国博物馆事业的真正发展只能是新中国成立之后的事情。

正是由于中国现代博物馆生成和发展的这种特殊环境，中国现代博物馆从一开始，就带有较为浓厚的半殖民地色彩，独立性不强，西方痕迹明显。这一特点为日后新中国博物馆提出了一个现实的、无法回避的任务，即去殖民化。

四、当代中国博物馆

1949年中华人民共和国建立，中国博物馆事业进入一个新的发展阶段。从1949到1978年这三十年中，由于政治因素的干扰，博物馆在发展过程中曾遭受过挫折，发展速度缓慢。1979年以后，在改革开放方针政策的指引下，逐步走上了中国特色的社会主义博物馆事业发展道路，博物馆加快了前进的步伐，取得了举世瞩目的成就。

（一）新中国博物馆的初步发展

（1）改造与整顿时期的博物馆

新中国成立时，全国博物馆仅存25座，其中多数已经处于瘫痪或半瘫痪状态。新中国博物馆的发展从改造与整顿旧博物馆中起步。中央人民政府废除了民国时期由中央政府教育部和地方教育厅管理博物馆事业的体制，在政务院文化部之下设立文物事业管理局，管理全国的文物博物馆事业，各大行政区和省、市、自治区也相应设立文物博物馆管理部门。1949年到1952年，政府先后接管了各地16座民国政府博物馆和9座外国人办的博物馆。

1950年，中央政府政务院颁发《古迹、珍贵文物、图书及稀有生物保护办法》《禁止珍贵文物图书出口暂行办法》和《古文化遗址及古墓葬之调查发掘暂行办法》

等法令，严禁文物非法出口，有效地制止了新中国成立之初猖獗的文物盗掘、盗卖和外流。同年，中央政府政务院又发布《关于征集革命文物的命令》，发起了一场全国范围的抢救性文物征集运动，空前地扩大了博物馆馆藏，为博物馆事业的生存与发展奠定了基础。

1951年，文化部发布《对地方博物馆的方针、任务、性质及发展方向的意见》，指出"博物馆事业的总任务是进行革命的爱国主义的教育"，要求各地学习苏联博物馆建设的经验，建立地志性博物馆。这一指导性文件为推动新中国各地的地志博物馆发展奠定了基础。

（2）初步发展时期的博物馆

1956年4月，文化部文物局在北京召开全国博物馆工作会议，明确了我国博物馆的基本性质与基本任务。在此后的几十年，"三性二务"论在中国博物馆的理论和实践中，一直发挥着重要的指导作用。1956年5月文物局在济南召开全国地志博物馆工作经验交流会，推广山东博物馆建设的经验，并确定了"地志博物馆"作为省级博物馆建设的基本模式。1956年年底全国建成29座地志博物馆。同时，中国的纪念馆已达19座，基本形成博物馆的一个独立门类。

1958年9月毛泽东在视察安徽省博物馆时指出："一个省的主要城市都应该有这样的博物馆，人民认识自己的历史和创造的力量是一件很要紧的事。"毛泽东的讲话指明了博物馆的发展目标。同年9月，中共中央和中央军委作出了在北京建设中国历史博物馆、中国革命博物馆和中国人民革命军事博物馆的决定。这"三大馆"在短短的一年时间创建而成，其建设的速度之快，在动员人力、财力、物力以及征集（和调集）文物、陈列设计等方面的工作效率之高，在中外博物馆历史上罕见。三大馆的建设集中了新中国成立十年来考古与文物工作的成果和博物馆工作的经验，在陈列的思想性、科学性、艺术性方面达到了空前的高度，代表了当时中国博物馆的发展水平。

（3）挫折与停滞时期的博物馆

1958年到1960年间，中国博物馆界在"大跃进"方针指导下，出现了"全民办馆"的高指标、放卫星的浮夸问题，使博物馆发展脱离了正常轨道。1961年以后，博物馆界以中央"调整、巩固、充实、提高"八字方针为指导，对"大跃进"中产生的失误进行"纠偏"，撤销了一批明显达不到质量要求的博物馆，全国博物馆数量由1959年的480座减少到1963年的213座。经过贯彻"八字方针"，博物馆发展回到了正常轨道。但是，后来发生的"文化大革命"使博物馆事业又遭到新的挫折。

1966年"五一六通知"发布，"文化大革命"开始了。新中国成立后的文化工作

被否定,博物馆被污蔑为"封、资、修的黑窝"而受到冲击,馆藏文物成为"破四旧"的对象,博物馆的陈列大多被造反派定为"反毛泽东思想的大毒草"而被勒令关闭,有的博物馆甚至连机构都被撤销,工作人员被解散。

1970年5月,国务院批准成立"图博口领导小组",作为"文化大革命"期间全国图书馆、博物馆工作的最高领导机构,恢复图书馆、博物馆方面的工作。有些博物馆开始举办配合政治教育需要的展览,但在极左思潮的影响下,博物馆的陈列展览内容明显为政治形势所左右。1971年8月,"图博口领导小组"在北京筹办"文化大革命"期间全国出土文物展览和出国文物展览,向各地博物馆发出关于选送出土文物的通知。各地博物馆以此为契机,陆续调回下放人员,迅速展开文物清理、保管和陈列等业务活动。关闭五年之久的故宫博物院重新向中外观众开放。两年之后,中国历史博物馆也重新开放。1975年11月,中国革命博物馆纪念中国工农红军长征四十周年展览对外开放。这三座国家级大馆的重新开放,很大程度上带动了各地博物馆业务活动的陆续恢复。

1976年"文化大革命"结束。博物馆系统针对"文化大革命"期间发生的问题,开始了"拨乱反正"。1979年6月,国家文物局颁布《省、市、自治区博物馆工作条例》,该条例不仅进一步深化了博物馆的"拨乱反正',而且也是新中国成立以来第一个系统、完整的博物馆管理规章,对以后的博物馆规范管理发挥了重要作用。

(二)改革开放以后的博物馆

改革开放以来,随着一系列改革新政的实施,带来中国经济的腾飞。经济增长带来的巨大的物质财富刺激了社会文化消费的增长,为博物馆大发展提供了基础。进入21世纪,政府提出"要使社会主义文化事业大发展大繁荣"的目标,激发了社会各界发展文化事业的热情,一百多地方将建设博物馆视为体现城市文化与形象的"政绩"工程,形成了全国博物馆建设高潮。

(1)博物馆数量增长

20世纪80年代,随着中国经济复苏,文化需求上升,大众旅游兴起,博物馆以"逐步发展"的节奏稳步向前。80年代新建的博物馆主要为文物局系统种类各异的小型博物馆,其中以人物类纪念馆为多。90年代开始,中国博物馆发展呈现出两个特征:一是国家投入大量资金新建了一批大型的现代化博物馆;二是文物局系统以外社会力量办的博物馆数量增长加快。1991年建筑面积达6万平方米的陕西历史博物馆落成开放,代表着新一轮大型博物馆建设高潮的到来。1996年上海博物馆新馆建成开放。1998年新落成的河南博物院建筑面积达7.8万平方米。浙江省博物馆、山东博物馆、江西省博物馆、苏州博物馆等也都新建了规模较大的馆舍。2011年南京博物院在原馆基础上将全馆建筑面积扩展到了8万平方米。2012年由中国历史博物馆与中国革命博物馆合并后的中国国家博物馆，建筑面积近20万平方米，成为世界上单体建筑面积最大的博物馆。

1992年12月上海市文物管理委员会批准成立新中国成立后的首家民办博物馆——"四海壶具博物馆"。接着北京、西安、广州等地的民办博物馆也陆续诞生。这些非国有博物馆的出现，改变了国有博物馆一统天下的面貌。

2010—2016年全国国有博物馆和非国有博物馆数量的增长与2011—2016年全国博物馆总量的年增长率参见图1-1、图1-2。

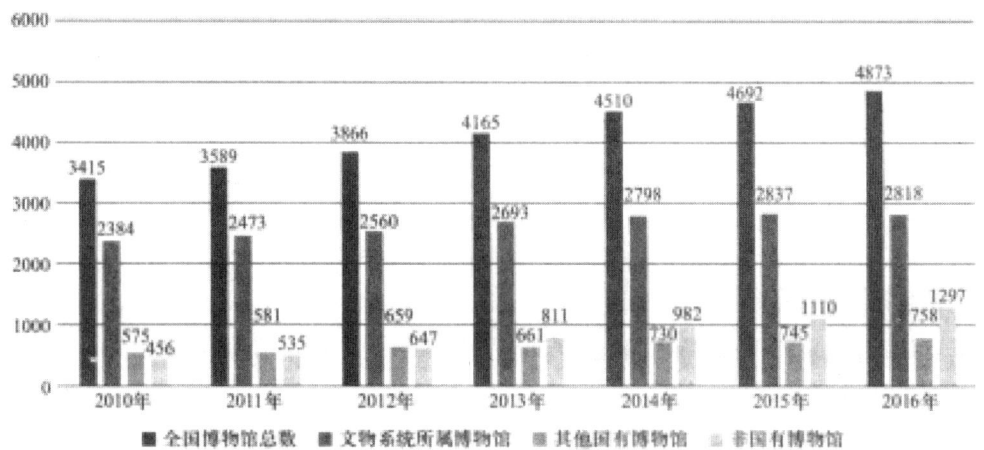

图1-1　2010—2016年全国国有博物馆和非国有博物馆数量的增长

数据来自国家文物局网站。

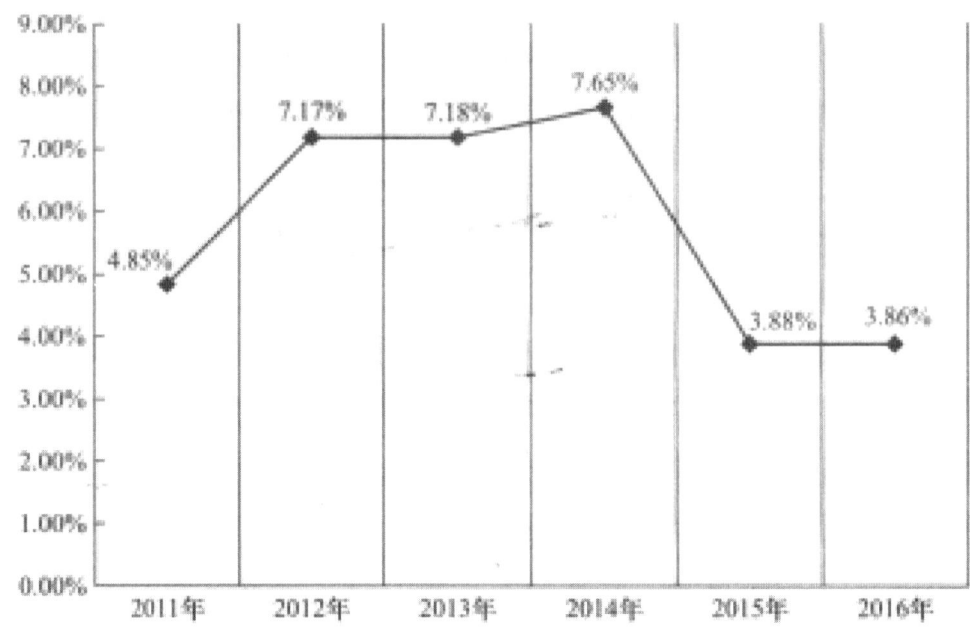

图1-2 2011—2016年全国博物馆总量的年增长率

数据来自国家文物局网站

博物馆数量快速增长的同时，也带动了展览数量与观众数量的增加。80年代以后，各地博物馆将展现地域文化特征作为改革突破口，陈列内容突出地方历史和乡土文化，改变了此前"千馆一面"的状态。90年代，随着中国国际地位的提升，各地博物馆开始引进国外的历史文化艺术展览，满足广大公众了解世界的迫切愿望，引起社会公众的积极反响。2003年中央领导同志提出了博物馆要贴近实际、贴近生活、贴近群众的指示，《国家文物事业"十一五"发展规划》中指出，"坚持以人为本，落实'三贴近'要求。""三贴近"成为博物馆社会服务的工作原则。2008年年初，中宣部、财政部、文化部、国家文物局联合发布《关于全国博物馆、纪念馆免费开放的通知》，开启了博物馆公共服务的新时代。到2016年年底，全国登记注册的4873座博物馆中，已有4246座博物馆向社会免费开放。全国博物馆举办的各类展览超过3万次，年观众数8.5亿多人次。免费开放不仅为公众去除了博物馆"收费"的门槛，还推动了博物馆重构其价值定位，重新确定其社会责任和任务，从注重物、知识和历史，转向对"人"和"人的发展"的重视。"免费开放使博物馆明确社会公共服务的本原，回归让公众分享人类智慧成果的基本职能，回归博物馆作为社会发展智力支持条件的社会定位。"

（2）博物馆发展多样化

博物馆的多样化发展是 20 世纪 90 年代以来的新特征，主要表现为办馆主体的多样和博物馆类型的多样。90 年代初建成开放的中国茶叶博物馆和苏州丝绸博物馆，开始了中国博物馆种类多样化的新发展。经济类、文化类、军事类、政法类、民族民俗类和科技类等博物馆也快速增长。在经济生产行业中，煤（铁）矿行业，铁路、航空等交通运输行业，纺织行业，酿酒食品等行业博物馆发展最为迅速。科技类博物馆的数量增长也不逊色。到 2013 年年底，全国建筑面积 3 万平方米以上的特大型科技馆已有 16 座，1.5 万到 3 万平方米的大型科技馆 24 座，0.8 万到 1.5 万平方米的中型科技馆 32 座，0.8 万平方米以下的小型科技馆 308 座。参观科技馆的全年人数达 3734 万多人次。2014 年仅参观上海科技馆的观众就达 422 万人次。

从 90 年代初期出现首家民办博物馆起，我国博物馆的办馆主体逐渐形成国家力、部门办、行业办、集体办、私人办的多元化格局。国有和非国有博物馆、文物系统与其他系统博物馆齐驱并驾。非国有博物馆作为国有博物馆的一种补充，一定程度上弥补了国有博物馆在藏品和种类上的不足，得到政府的政策支持与扶持。2010 年国家"五部二局"联合发布《关于促进民办博物馆发展的意见》，大力推动民办博物馆的发展。截至 2016 年年底，经注册的非国有博物馆已有 1297 座，达到全国博物馆总数的 26.6%。

（3）博物馆人才队伍建设加快

新中国成立后，曾有高校设立博物馆专业，但因专业人才的社会需求量太少而被撤销，以至于改革开放初期博物馆专业人员队伍发生严重断层。1980 年复旦大学分校（现为上海大学文学院）和南开大学在历史系设立考古与博物馆本科专业，以后杭州大学（已并入浙江大学）、吉林大学、复旦大学、北京大学等高校也陆续在本科和硕士层面开设了博物馆专业。随着全国博物馆数量的增长和博物馆专业人才需求的加大，到 2010 年，全国已有 30 多所高校设立文物与博物馆学硕士培养点，其中有的高校还设有博物馆学博士点。

从 80 年代起，国家文物局先后在扬州、泰安、西安等地建立了文博专业职业培训基地，邀请博物馆专家与高校教师为博物馆在职人员开设各种短期业务培训。2010 年以后，国家文物局又有计划地开展了对全国博物馆新进员工的职业培训，各地文物主管部门也不定期地组织开展对本地博物馆员工的短期专业培训。尽管现在许多博物馆对新进人员有专业与学历水平的要求，但与发达国家相比，中国博物馆从业人员的总体学历水平偏低，并且在短时期内还难以改变这种状况。

（4）博物馆管理日益规范化

1982年《中华人民共和国文物保护法》颁布，其中"馆藏文物"相关内容与博物馆管理直接相关。此后，国家文物局相继颁布《革命纪念馆工作试行条例》《博物馆安全保卫工作规定》《博物馆藏品管理办法》等规章，规范了博物馆藏品的征集、保管和安全保卫等具体工作的原则与方法。进入21世纪，博物馆数量快速增长过程中暴露出的质量问题日益凸显，博物馆主管部门从注重博物馆数量增长转向重视博物馆质量的提高，加快了博物馆法规建设的步伐。2005年文化部颁布《博物馆管理办法》。2008年，国家文物局启动全国博物馆评估定级的质量认证工作，为博物馆建设的专业化、规范化与科监化提供质量标准。至2016年，已有96座博物馆经评估被认定为一级博物馆，成为博物馆行业质量优秀的典范。2015年国务院颁布《博物馆条例》，为健全和完善博物馆管理，有效发挥博物馆社会功能，推动博物馆事业的持续发展，提供了法律保障。

（5）博物馆协会活动积极展开

改革开放以后，博物馆界建立行业组织的愿望日益强烈。1982年3月，中国博物馆学会成立（现改名为中国博物馆协会），次年7月，加入国际博物馆协会。此后，中国博物馆协会陆续建立了与国际博物馆协会之下各国际专业委员会对接的30多个专业委员会。中国博物馆协会组织国际国内学术活动，开展为博物馆服务的各种业务培训，编辑出版《中国博物馆通讯》《中国博物馆》（季刊）和博物馆学专著、资料等，反映各地博物馆的重要活动和博物馆学研究成果。主持全国博物馆质量评估定级工作，开展各种有关推动博物馆发展的全国性评比活动，如全国博物馆十大精品陈列评定、年度全国文化遗产十佳图书评选、全国博物馆学优秀学术成果评选活动等。2010年11月，国际博物馆协会第22届代表大会在上海召开，对树立良好的国家形象，扩大中华文化的影响力。

第二节 智慧博物馆发展历程

一、中国智慧博物馆的发展历程

（一）20世纪80年代：博物馆的电脑化探索

1946年，全世界第一台电子数字计算机在美国宾夕法尼亚州立大学诞生。20世纪80年代初，乘改革开放之风，中国掀起第一次计算机普及高潮，1981年，中央电视台、中国电子学会计算机普及委员会和中央电大联合举办计算机知识普及讲座。博物馆领域也于20世纪80年代开始探索将计算机引入业务工作领域。1984年11月11日至15日，中国博物馆学会博物馆科学管理学术讨论会在无锡举行，会议认为应该"引进一些现代化设备，在一两个博物馆内实行，取得典型经验"。电脑的发展和普及，必然进入博物馆。世界上许多大博物馆都使用了电子计算机进行管理，特别是藏品管理。在中国，率先规划、试验这一模式的是上海博物馆。1985年成立的上海博物馆电脑室（新馆建成后改名为"信息中心"）是我国文物博物馆领域第一个专门从事文化遗产数字化的科研部门，也是国际博物馆界最早引进信息技术管理藏品档案的两家博物馆之一（另一家是日本大阪市的国立民族学博物馆）。1985年，上海博物馆把"藏品编目图象管理系统"列为第一个电脑化项目，该项目获得了1988年文化部科技进步一等奖。1985年4月24-26日，文化部文物局在上海召开博物馆电脑管理座谈会B3。1988年6月，国家文物局在上海召开博物馆藏品电脑化管理现场会，进一步推动博物馆利用计算机管理藏品工作。80年代后期，南京博物院开始了藏品管理信息系统的建设，是用dBaseIII数据库建立的。1990年，国家文物局文物处委托湖南省文物考古研究所对全国文物系统在文物考古及博物馆业务方面的计算机应用现状进行调查。调查显示，早在1984年，上海博物馆就购置了8088系列计算机，而陕西历史博物馆、南京博物院、浙江省博物馆、辽宁省博物馆、沈阳故宫博物院、中国历史博物馆（现为中国国家博物馆）、四川大学博物馆、广东省博物馆在20世纪80年代末也都有了计算机。从未来发展意向上，有20个单位表明将用于藏品管理方面。

(二)20世纪90年代：博物馆建筑的智能化建设

20世纪90年代，全国经济飞速发展，为博物馆发展奠定了物质基础。博物馆进入大规模新馆舍建设的快速发展期。以上海博物馆人民广场新馆、河南博物院新馆、南京博物院艺术馆为代表的博物馆建设如火如荼。建筑智能化弱电系统也在这个时期进入了博物馆建设的视野之中。楼宇自控、安防系统、通信与网络系统、结构化综合布线系统开始应用到博物馆。1991年，故宫博物院完成设计"并行码检测及传输系统""光纤火灾探测器""16-8视频切换系统"。其中"光纤火灾探测器"获国家专利，"并行码检测及传输系统"经国家电子产品质量检测中心检测合格。1994年，上海提出"城市信息化"的命题，并随即首次提出"信息港"的概念。因此，1994年上海博物馆新馆筹建时，就明确"要把上海博物馆建成一个现代化的博物馆，不仅要有现代化的建筑，还要有现代化的设施和现代化的管理"，新馆智能化建设开

始实施。1997年，经国家建设部主持的技术鉴定，"上海博物馆智能建筑系统"被专家组评定为"国内领先、国际先进"的世界第一座智能化博物馆。河南博物院的信息化建设是从1994年8月开始的，是新馆建设的重要业务项目之一，1997年在院内建设局域网。1999年兴建的南京博物院艺术馆，系全面实现结构化综合布线系统、楼宇设备自动化控制系统、安全防范监控系统、网络系统和通信系统的4A、5A建筑。

与此同时，一些大型博物馆也在探索运用计算机技术进行藏品管理。故宫博物院信息化建设的历史，最早可以追溯到1992年。在中科院软件研究所的帮助下，基于386计算机的单机版文物影像目录管理系统应运而生。1998年经改造后，其扩展为可以支持全院文物管理工作的"文物管理信息系统"，并制定了符合故宫自身文物管理工作实际的文物计件规则、文物现用名称规则方法、文物分类规则等一系列数据描述规范。1996年，中国文物研究所在中国文物基金会的资助下，装备了计算机系统。根据国家文物局要求，开始对全国重点文物保护单位、历史文化名城、文物一级品档案资料进行搜集、整理，为建立中国文物档案信息管理系统奠定基础。1996年，秦始皇兵马俑博物馆、西安理工大学信迪高新技术开发中心、西安交通大学完成的"秦始皇兵马俑博物馆计算机多媒体文物管理系统"科研项目，获1996年度国家文物局文物科技进步三等奖。云南省博物馆、云南华能高科技发展公司完成的"博物馆藏品图文管理系统"科研项目，获1996年度国家文物局文物科技进步四等奖。1997年11月2日，通过验收的河南博物院业务信息网络计算机管理系统，是一个以文物藏品、图书资料信息管理为主的、辐射全院主要业务部室的大型综合信息网络系统。此系统的开通使用，基本实现了保管、图书资料等主要业务部室的办公自动化。1998年8月17日，中国文物研究所在北京召开中国文物档案信息管理系统有关标准座谈会，与会者围绕不可移动文物和馆藏文物档案分类标准与档案内容的规范化等议题进行讨论。1998年，我国台湾地区启动了"数位博物馆专案计划"，致力于将文化资产资源发展成为数位典藏，旨在将包括博物馆、图书馆、档案馆在内的文化机构的珍贵典藏进行数字化，以呈现出文化的多样性，从而促成数位内容与技术在研究、教育、文化与产业发展等多个领域内的发展。1999年5月，国家博物馆馆藏文物信息标准研讨会在河南博物院召开，国家文物局领导在会上指出：河南博物院经过长期的努力，现已形成了一个比较符合博物馆性质和保管部实际需要而开发的比较理想的、初具规模的应用系统。会上讨论了《博物馆藏品信息标准》和《馆藏文物数据采集表》。

同时，中国博物馆界开始通过建设网站等途径介绍博物馆及文物。1998年8月

11日,河南博物院国际网信息中文站点正式开通,这是中国内地第一个独立建站点的博物馆网站,在国内博物馆界引起了巨大反响,为内地博物馆更好地宣传和展示自己开辟了一条新路。1999年1月,第一个利用国际互联网全面介绍我国文物、博物馆事业的综合站点——"中国文物"开通。1999年10月,国家文物局参与发起了全国性的"政府上网工程",全国文物系统也掀起了信息化建设的热潮,先后约有100家文物博物馆单位建立了各类网站和网页。河南博物院、故宫博物院、南京博物院、首都博物馆、中国历史博物馆(现为中国国家博物馆)、上海博物馆都建设了门户网站,以深化数字化建设。2000年1月,中国历史博物馆网站开通。2001年4月,上海博物馆网站开通。同年7月,故宫博物院网站开通。这些都是博物馆门户网站建设的先行者及优秀代表。

(三)21世纪初:数字博物馆建设

进入21世纪,博物馆迎来又一波发展高潮期。2000年,南京博物院通过手工建模的方式创建了馆藏珍品汉代铜牛灯的数字模型,以旋转、缩放、拆分、模拟使用的方式对文物进行全方位展示,首次实现了文物藏品在互联网上的展示。该作品被专家认定为中国第一件数字文物,在我国博物馆数字资源建设史上留下了浓墨重彩的一笔。

在辅助藏品管理基础上,计算机的应用渗透到博物馆业务工作的各个方面。博物馆信息中心既要组织与管理建筑智能弱电工程,又要面向博物馆进行信息化管理(包括局域网建设、办公综合管理系统、藏品管理信息系统、影像与图书资料信息管理系统等);还要面向博物馆展览服务,开展多媒体展示技术、网站系统、导览系统、虚拟现实系统的应用;此外,也要面向科研业务,如利用遥感技术、GIS技术(地理信息系统)等开展在考古文物研究方面的应用。

2001年,国家文物局政府网站开通,并于2002年全面改版、开通"中国文博"网站(www.sach.gov.cn),设置了文博新闻、文博法规、文博大观、文博机构、文博导航、文博信箱、专项工作等,还预留了"九州文博"(文博地理信息系统)、"中国数字博物馆"(虚拟博物馆)和"文博网校"(远程教育)等栏目。

教育部于2001年11月启动了大学数字博物馆建设工程,力图将各高校已有的博物馆资源、计算机技术和专业优势整合起来,建立一个覆盖中国绝大部分地区的综合性的数字博物馆体系,这是当时中国最大规模的数字博物馆群建设。大学数字博物馆是教育部《面向21世纪教育振兴行动计划》"现代远程教育工程"专门设立的"现代远程教育网上公共资源建设"子项目,旨在通过收集、保护、展示大学博物馆中各种重要文物、标本，建设数字典藏系统，开展现代化教学、科研及科普教育，推动我国高等院校网上公共资源建设。大学数字博物馆在一、二期建设的基础上，进行基于下一代互联网的技术升级、系统改造，完成资源整合与服务功能扩充；整合国内高校及社会博物馆单位的海量素材资源和先进的虚拟展陈设备，开展基于CNGI（中国下一代互联网）的实时高清展陈等数字博物馆创新应用服务；建设一个基于IPv6（互联网协议第6版）的中国大学数字博物馆总门户网站，面向全国展开基于CNGI网络教学、科研和科普资源服务，拓宽大学数字博物馆的服务内容形式与服务对象人群。推动数字博物馆在CNGI环境下的推广应用，达到保护与利用国家珍贵标本、文物资源，开展现代化教学、科研及科普教育等目的。截至2012年5月31日项目完成时，已经在大学数字博物馆IPv6门户上的展品资源共99401件，其中包括地球科学类展品8365件、人文艺术类展品20623件、生命科学类展品59918件、工程技术类展品10495件；建设展项资源3279项，其中包括地球科学类展项513项、人文艺术类展项1287项、生命科学类展项991项、工程技术类展项488项。

2001年，财政部、国家文物局启动"文物调查及数据库管理系统"建设工作，并于2001-2002年在山西省试点，2003年在辽宁、河南、甘肃省试点。其目的是以数字化手段调查、完善我国文物博物馆领域的国情资料，建立并运行动态的文物数据库管理系统，为各级政府及有关部门及时、准确地掌握文物保护与管理状况，制订相关工作计划，充分发挥文物资源的价值和作用，提供科学依据和可靠保证。至"十五"末期，共完成山西、辽宁、河南、甘肃四省1546854件（其中珍贵文物380233件）馆藏文物基础信息数据采集，记录数据457822条，拍摄图片728019张，建立了信息量达3.5TB的数据库。2009年12月，国家文物局印发《关于加快推进文物调查及数据库管理系统建设项目工作的通知》（文物博函〔2009〕1562号），要求各地文物行政部门增强紧迫感，合理安排并切实加快项目实施进度，加强数据质量监管，保障数据质量。后来项目不断推广，覆盖全国31个省、自治区、直辖市，于2011年结束。共完成1660275件/套馆藏珍贵文物数据采集，并采集一般文物数据137万余条，拍摄照片3869025张，录入文本信息3.05亿字，国家文物局数据中心接收数据总量15.16TB2。依据全国馆藏珍贵文物调查项目数据成果，全国各地多家博物馆继续推进博物馆藏品信息化管理。吉林省博物院、江西省博物馆、江西省九江市博物馆、西藏文化博物馆、广东民间工艺博物馆、浙江省舟山博物馆、浙江省丽水市博物馆、浙江省金华市博物馆、山东省青岛市平度市博物馆、广西柳州白莲洞洞穴科学博物馆等文博单位利用"博物馆藏品综合管理系统"，实现了藏品征集、编目、建档、入库、库房管理等一整套流程的信息化。四川省成都市文物信息咨询中心于2012年启动成都数字文化文物信息平台建设。该项目采用三维激光扫描仪精细测绘、智能无人机航摄等先进的三维空间信息采集技术以及云平台、WebGIS（网络地理信息系统）、VR（虚拟现实）等高新技术，完成对武侯祠、杜甫草堂、金沙遗址三个博物馆的航拍影像和三维文物数据采集，完成文化文物12类数据采集入库。

2003年10月，故宫博物院和日本凸版印刷株式会社共同创立故宫文化资产数字化应用研究所，目的在于引进先进的数字化技术，建立故宫文物的三维数据库，更好地推进故宫文化资产的保存和展示。研究所利用三维测量、数码摄影等数字化手段，采集和积累古建筑物和其他文物的数据。研究所制作的第一部以故宫太和殿为主题的大型虚拟现实节目《紫禁城·天子的宫殿》受到广泛好评，取得了良好的社会反响。2008年10月10日，故宫博物院迎来建院83周年院庆，其与IBM合作的"超越时空的紫禁城"项目历时三年也正式发布。此项目以网络3D虚拟技术搭建起紫禁城，并设计了专题游览路线、历史场景再现和游艺活动。这是第一个依据重要的历史文化景点创建的完全虚拟世界，它使以社区和社会网络为特征的丰富内容与生动的历史场景和讲述融为一体，使远在万里之外的各地人们也能登录虚拟的紫禁城进行游览，并且可以与其他虚拟游客进行交流。这座"数字故宫"，可以让没有来过故宫的人们知道故宫，让来到故宫的人们认识故宫，让站在每件精美展品和每座宏伟建筑前的人们，更深刻地了解它背后的历史和文化。

随着文物调查等项目的开展，至2004年底，由中国文物信息咨询中心牵头，初步搭建以馆藏文物信息管理系统为主的文物单位、省到中央的三级馆藏文物信息动态管理系统框架。中国文物研究所负责的国家科技专项中国珍贵文物数据库系统于2004年初通过鉴定验收。由中国文物信息咨询中心负责组织开发的文物出入境鉴定信息管理系统、考古发掘审批系统、馆藏文物信息管理系统软件均已完成。其中，馆藏文物信息管理系统软件经试点省试用后已通过专家验收，开始在全国推广。故宫博物院与有关单位合作于2004年底完成的"数字故宫"工程，1999-2004年上海博物馆开展的三期信息化建设工程，均取得显著成效。

2003年11月28日–30日，曾任国家文物局局长的张文彬在中国博物馆学会数字化专业委员会成立大会暨首届博物馆数字化建设学术交流及成果展示会议上说："为了满足人民群众物质精神需求，建议建立数字化博物馆和数字博物馆网络，实现资源共享。有人说，上网后就没有人来博物馆参观，这是肤浅的认识，要开拓创新，守旧是没有出路的。"2008年，单霁翔提出的"关于启动国家数字博物馆工程的提案"，以先进的信息技术和网络技术为支撑，以中国文物信息咨询中心为平台，集数字化展示、研究与交流、教育与培训、数字产品开发等功能于一体，重点开展文化遗产数据库(群)及文化遗产档案库、文化遗产数字展示、文化遗产研究与交流、文化遗产教育与培训、文化遗产数字产品开发和博物馆网络联盟等建设工作。2012年8月28日,陕西数字博物馆开馆仪式在陕西历史博物馆举行。该数字博物馆运用先进的网络技术,在全面整合全省丰厚文物资源的基础上,采用动态模拟、三维演示等先进的文物数字化展示手段,将全省的实体博物馆及其丰富的馆藏呈现在观众面前。该数字博物馆共开设虚拟现实馆、数字专题展、临展与交流展、精品文物鉴赏、讲坛与讲解五个重点栏目。2013年7月,西藏拉萨"数字化文物保护工程"全面启动。该项目旨在利用10年时间,建立起完善的文物调查、信息采集以及信息化管理系统,实现拉萨数字化文物保护全覆盖。工程主要包括文物数据资源规划和数据库建设、馆藏文物信息管理系统建设等,一期主要涉及拉萨16处国家级和40处自治区级文物保护单位。2012年5月18日,"内蒙古博物院流动数字博物馆"正式启用。"内蒙古博物院流动数字博物馆"是全国第一个全数字化、高集成度的流动数字展车。展车上使用三维数字文物技术、触摸互动技术、增强现实(AR)技术以及大数据量的远程传输与控制技术等大量先进技术,可以不携带实体文物,一次性将上千件数字文物纤毫毕现地呈现在广大观众面前,并且能在短时间内变更展览内容。2012年5月18日,百度百科数字博物馆正式上线。百度百科与中国国家博物馆、中国古动物馆、中国地质博物馆、北京天文馆、湖南省博物馆、陕西历史博物馆、刘少奇同志纪念馆、上海博物馆等多家知名博物馆达成深度合作,通过音频讲解、实境模拟、立体展现等多种形式,让用户通过互联网即可身临其境般地观赏展品,更平等便捷地了解历史文化。此外,其还利用了虚拟现实技术为圆明园兽首等珍稀展品制作了逼真的模拟效果,并实现了电脑端和手机端的同步展现,让用户随时随地都能感受到历史的沉淀。

标准化对行业的健康有序发展至关重要,博物馆对信息化的标准化工作也非常重视。为了适应全国文物、博物馆事业信息化建设的需要,规范博物馆藏品信息处理和交换工作,根据《全国文物、博物馆事业信息化"十五"规划》,国家文物局于2001年12月22日发布《博物馆藏品信息指标体系规范(试行)》和《博物馆藏品二维影像技术规范(试行)》(文物博发〔2001〕81号)。中国文物信息咨询中心于2003—2005年文物调查项目实施期间,在国家颁行法规和四省工作基础上,组织开展了《项目试点管理规定》《项目试点经费使用管理规定》《博物馆藏品信息指标著录规范》《馆藏文物数据采集与更新工作规范》等标准规范的研究。中国文物研究所、天津历史博物馆等单位研究、起草的《文物保护单位信息指标体系规范》研究于2004年完成并结项。

2011年,国家文物局印发的《国家文物博物馆事业发展"十二五"规划》指出

"加强现代信息技术特别是物联网技术在文物博物馆行业中的推广应用,提高文物博物馆各领域信息化水平","建设文物保护、考古发掘、陈列展示、监测预警、安全防范、公共服务、动态管理与辅助决策的信息技术支持系统","推动文物博物馆重要信息系统的互联互通、资源共享和业务协同。推进数字博物馆工程"《规划》指出,"十二五"期间文物博物馆领域将基本建成文化遗产保护、管理、利用和服务的公共信息平台,实现文化遗产信息资源共享。统筹规划国家文化遗产信息基础数据库发展框架。以信息资源共享为目标,以信息资源整合为手段,基本建成国家文化遗产信息基础数据库;推进博物馆数字化工作,开展数字博物馆建设,建立电子政务综合管理平台;初步建成文化遗产预警监测和安全防范网络体系,提高文化遗产的信息监测、动态管理与辅助决策的支持能力;构建文博公共文化服务平台,提升文化遗产行业信息传播能力;加强信息化关键技术研究应用,建立3-5个文化遗产行业信息技术研究应用基地,建设一批省级信息技术应用推广的示范基地。

网站建设上,2002年初,故宫博物院局域网建成。上海博物馆、南京博物院、河南博物院也分别于2002—2004年完成了本馆的局域网建设。从2003年开始,甘肃、山西等地的省级文物行政主管部门和故宫博物院、南京博物院等文博单位纷纷建立自己的信息发布网站,向社会提供文物信息。2009年6月25日,南京博物院召开"二期改扩建项目智能化系统"专家评议会,希望为公众建设一座技术先进、服务一流的博物馆。

为适应文化遗产信息有效传播的迫切需求,2009年国家文物局完成了"基于泛在网络理念的文化遗产信息化建设可行性研究"课题,提出了名为"文化遗产泛在计划"的文化遗产信息化建设实施计划。该计划将覆盖文化遗产的"五大尺度"(包括文物、博物馆、大遗址古建筑群、城市和无限),以为社会大众提供文化遗产信息的普遍服务为目标,以提升国民人文素质为诉求,以无线宽带技术为基础,从国家、城市和博物馆三个层面展开,建立全天候、多渠道的信息交互环境,创造可观的社会效益和经济效益。"文化遗产泛在计划"包含"文博互通计划"(国家层面)、"文博星城计划"(城市层面)和"智能文博计划"(博物馆层面)三个子计划。

这一时期,诸多博物馆也开始应用新技术开展实践:

三维及虚拟现实服务。2011年,三维激光精细扫描、照片拍摄、航空摄影等三维数据采集建模技术与虚拟现实展示技术在文物博物馆行业持续得到广泛应用。故宫博物院、首都博物馆、上海博物馆、南京博物院、内蒙古博物院等单位,采用相关技术开展三维数据采集、建模,并构建基于局域网或互联网的三维互动虚拟现实应用服务。

二维码、电子标签应用上，中国国家博物馆、湖北省博物馆等单位将二维码技术逐步应用于展览实践中。采用二维码技术，使用手机拍摄后，近千字的展品详细信息就会全部出现，观众不仅可以当场读到展品说明，也可以将其保存在手机里回家细看，如果结合信息服务系统，还可以非常便利地通过移动终端访问音视频等更加丰富的信息。另外，基于电子标签技术的应用也逐步展开，并成功应用到藏品库房管理、外展、考古发掘等工作中。

随着移动互联网及智能手机的普及，参观导览服务也正在逐步进入数字化时代，中国国家博物馆、湖北省博物馆、吉林省博物院、苏州博物馆、中山舰博物馆等博物馆纷纷开展手机 App 应用服务，基于智能手机定位技术，观众可以直接在手机上实时查询博物馆导览服务、展品信息等具体信息，掌上博物馆的雏形浮出水面；微博等新兴的社交平台被认为"推倒了博物馆的高墙"，进一步实现了观众与博物馆之间的信息传播和交流。

(四) 2012 年至今：智慧博物馆建设

文物博物馆信息化建设历经 10 余年，已经基本完成了信息化基本建设，并向服务型建设转变。2012 年，i-museum 概念提出。2013-2014 年上半年，文物博物馆行业信息化建设发展迅速，电子政务平台不断完善，各类行政审批事项效率逐步提升；第一次全国可移动文物普查数据采集、登录工作平稳推进，文物信息资源大幅增长；各地博物馆信息化建设各具特色，社会服务能力不断加强。多个省市文物部门进行基础环境与网站平台的建设和改造升级。2013 年，上海市结合打造"智慧城市"的目标，逐步启动"公共文化服务云"的试点，启动为博物馆覆盖"i-Shanghai"无线网络的工程，当年共为 19 家博物馆、纪念馆在公共服务区域覆盖了"i-Shanghai"无线网络。甘肃省文物局门户网站"甘肃文物网"完成改版，正式上线。贵州文化遗产网建设进一步完善，新增了面向网上用户登录操作的窗口以及政务工作、网上动态展厅等新项目。全国多家博物馆加强信息化建设，提高博物馆展示展览与文物保护能力。2013 年，安徽博物院进行网络升级，将主链路接入带宽从 50 兆光纤提升到 100 兆光纤，重新整合老馆网络资源，更换老馆网络硬件，调整增加信息点。甘肃省博物馆开通展厅二维码语音导览系统，实现网上虚拟展览开放。旅顺博物馆在展览中启用二维码技术，制作二维码展品说明牌。成都金沙遗址博物馆引入最新的无线传感网络技术，集成了微传感器技术、嵌入式计算技术、分布式信息处理技术等，建立完善实时动态环境监测系统，部署环境监测网络，监测馆藏文物环境的改变。成都市文物信息咨询中心"成都数字文化文物信息平台"建设（一期）项目完成并上线。2014年上半年，武汉博物馆"智慧武博·数字武汉博物馆"正式上线，观众可通过手机或者电脑实现虚拟场馆360度参观，近距离浏览和藏品有关的图像、文献、视频、三维模型等信息，而且可借助个人平台发布自己的藏品照片，与其他爱好者交流。吉林省博物院、东北抗日联军纪念馆完成了"黑土军魂——东北抗日联军军史陈列"虚拟展厅制作，拍摄展厅照片300余张，通过3D技术建模、贴图完成了"黑土军魂"展览虚拟场馆制作，并已链接网站。宁夏博物馆建设中央大厅大屏幕演示系统和大门入口处的虚拟引导系统，形成了人机交互的多媒体虚拟引导系统，极大地增加了特定区域的信息量，实现由被动接受展示内容转换为主动获取所需内容。

2014年3月，成都金沙遗址博物馆、甘肃省博物馆、苏州博物馆、内蒙古自治区博物院、四川省博物院和广东省博物馆六家博物馆，被国家文物局确定为首批国家智慧博物馆试点单位，随后山西博物院也成为试点单位。除此以外，个别省级博物馆在地方"智慧城市"建设的框架下，受地方财政支持也开始进行智慧博物馆建设。

2015年，国务院印发《关于积极推进"互联网+"行动的指导意见》(国发〔2015〕40号)，明确到2025年，网络化、智能化、服务化、协同化的"互联网+"产业生态体系基本完善，"互联网+"新经济形态初步形成，"互联网+"成为经济社会创新发展的重要驱动力量，提出"发展基于互联网的文化、媒体和旅游等服务，培育形式多样的新型业态"。

2016年，国务院印发《关于进一步加强文物工作的指导意见》(国发〔2016〕17号)，提出为保障人民群众基本文化权益服务，要"实施智慧博物馆项目，推广生态博物馆、流动博物馆，有条件的地方可以建立社区博物馆"。

2016年，国家文物局、国家发展和改革委员会、科学技术部、工业和信息化部、财政部联合印发《"互联网+中华文明"三年行动计划》(文物博函〔2016〕1944号)，提出的主要任务是推进文物信息资源开放共享、调动文物博物馆单位用活文物资源的积极性、激发企业创新主体活力、完善业态发展支撑体系。其中明确"鼓励有条件的文物博物馆开展智慧博物馆工作。鼓励大型互联网企业综合运用物联网、云计算、大数据和移动互联网等新技术手段，提供文物信息资源深度开发利用服务"，强调"鼓励国内大型互联网企业与文物博物馆单位合作，提供基于地图服务的文物博物馆旅游线路规划、虚拟展示、智慧导览、参观预约及个性化服务，满足旅游参观前、中、后三阶段的不同体验要求"，同时"重点支持文物价值挖掘、文物数字化、现代展陈、网络传播、智慧博物馆等方面的科技攻关，突破一批共性、关键、核心技术，在此基础上重点研发(含升级改造或二次开发)一批新技术、新工具和新装备，提高装备的适用性、安全性、可靠性和智能化水平"。"互联网+"使博物馆领域产生了深刻变革。

2016年，科技部、文化部、国家文物局联合制定《国家"十三五"文化遗产保护与公共文化服务科技创新规划》（国科发社〔2016〕374号），其中提出"针对日益增长的全民文物享用需求，迫切建立现代智慧博物馆技术体系，突破文物展示利用关键技术、提升文化遗产公共服务能力，实现我国文化遗产传承利用能力的跨越式发展"，要建立并完善智慧博物馆理论与技术支撑体系，推动国家和国际智慧博物馆标准规范的制定，并对智慧博物馆的关键技术研发提出要求，"研究智慧博物馆架构和智能化评价规范；研发文物材质视觉特征采集技术、安全高效的文物三维几何采集技术，突破具有视觉、听觉、触觉、味觉、嗅觉体验的新一代博物馆虚拟（增强）现实展示技术和人机交互体验技术；建立文物数据字典和语义化描述，探索文物知识图谱构建模式与方法，研发跨博物馆、跨地域的分布式知识库及综合应用平台；研究基于多源大数据的博物馆观众行为和意愿分析技术，构建跨平台的室内外个性化智能导览系统和面向观众的个性化定制服务模式；研究基于众包模式的游客大数据整合与增量式文物本体状态感知技术和装备；研发文物保存环境监测、评估和调控的智能系统，及适用于馆藏文物数字化签名提取和鉴别技术及出入库、流转监控等智能化闭环管理技术；研发面向中小博物馆群的文化遗产价值传播共性关键技术，建设涵盖文物展示、导览等全链条业务的一体化综合云服务平台"。这些研发要求也成为近几年智慧博物馆发展的重要方向。

文博行业电子政务建设取得新成效。中国世界文化遗产监测预警总平台全面提升了监测云系统，研制了手机版本监测云App并投入海上丝绸之路史迹的监测中。2016年5月，内蒙古文化遗产综合管理与信息服务平台二期工程——文物保护数据资源管理与利用系统建设启动，形成了面向内蒙古自治区文物保护单位数据信息咨询、管理体系的一套完整的文物保护技术方案审批管理信息化业务流程。江苏省试点建设"文物安全综合管理实验区"，完成文物安全行政执法监控平台建设，将文物行政执法工作的宏观调控、实地调查、实时填报上传、分析与展示融为一体，尝试采用互联网手段解决文物安全工作困境。

第一次全国可移动文物普查工作总体完成。截至2016年底，全国31个省、自治区、直辖市全部通过普查验收。此次普查采集了27项收藏单位信息和15项文物基础信息，共登录文物照片5000万张，数据总量超过140TB，建成国家文物资源数据库，改变过去各单位文物信息零散孤立、互不相通的信息孤岛局面，实现全国国有可移动文物信息的统一集中存储。同时，普查建成全国可移动文物登录网，作为

展示普查成果的平台，当年即向社会开放普查文物信息40.8万件。各地向社会公开的文物资源信息超过228万条。各省也积极响应国家信息资源开放共享的要求，建设文物数据管理服务平台，推动文物信息资源的共享和利用。2016年12月，"吉林省数字博物馆在线服务平台"上线，集中展示全省117家博物馆文化资源，公开第一批次可移动文物25854件，并将线上展示与博物馆现场信息化服务相结合，从根本上提高吉林和东北地区文化遗产的保护管理能力和展示传播水平，在全国起到了示范带动作用。2017年5月18日，"山东省可移动文物数据库综合管理服务平台"正式上线，平台整合山东400余家博物馆信息，公开第一批次可移动文物24552件。部分省份和重点博物馆通过微信、网站等方式，面向社会提供普查数据成果基本目录检索服务。

2016年，广东、四川、甘肃省级博物馆的智慧博物馆一期项目建设完成。苏州博物馆、广东省博物馆等单位从文物元数据、主题词表、数字资源入手，利用大数据技术分析处理文物数据，挖掘和发现其背后隐含的知识，丰富和提升文物数据处理与利用的方式。

2017年初，国家文物局发布《国家文物事业发展"十三五"规划》，其中设专栏谈智慧博物馆建设工程，即运用物联网、大数据、云计算、移动互联等现代信息技术，研发智慧博物馆技术支撑体系、知识组织和"五觉"虚拟体验技术，建设智慧博物馆云数据中心、公共服务支撑平台和业务管理支撑平台，形成智慧博物馆标准、安全和技术支撑体系。同时，建议加快急需标准制定，如加强文物术语与编码等基础标准的制修订，加强文物数字资源采集、加工、存储、传输、交换、服务等通用标准的制修订，加强文物价值评估、风险管理、保护技术等技术标准和管理标准的制修订，完善标准复审制度，完成50项以上行业技术标准的制修订工作。这些标准为推进智慧博物馆建设起到保驾护航的作用。

2018年，中共中央办公厅、国务院办公厅印发《关于加强文物保护利用改革的若干意见》(中办发〔2018〕54号)，其中明确主要任务之一是要加强科技支撑。将"文化遗产保护利用关键技术研究与示范"纳入国家重点研发计划，建设文物领域国家技术创新中心和国家重点实验室。充分运用互联网、大数据、云计算、人工智能等信息技术，推动文物展示利用方式融合创新，推进"互联网+中华文明"行动计划。

2019年12月，国家文物局发布新版《博物馆定级评估办法和标准》，其中对于"信息化建设"有明确要求，如一级博物馆要求"信息化基础设施(包括网络接入、网络安全、终端和配套设备等)建设完备，适应智慧博物馆建设的基本要求；有一整套适用于智慧保护、智慧管理、智慧服务的业务系统,能够通过信息化手段支撑博物馆业务流程"。该评估办法遵循创新、协调、绿色、开放、共享的新发展理念,围绕博物馆收藏、保护、研究、展示、教育、传播等核心职能,着力提升博物馆评估定级工作的科学性、针对性、适用性,突出博物馆运营管理专业化、标准化、公益化要求,新增馆舍建筑节能降耗、智慧博物馆建设、学术影响力、新媒体传播、馆际交流协作、公共文化服务均等化便捷化等一批代表行业发展方向的考察指标,提升标准的整体"含金量"。可以看出,智慧博物馆建设是博物馆高质量发展的重要抓手。

2021年5月,中宣部等九部委印发《关于推进博物馆改革发展的指导意见》(文物博发〔2021〕16号),明确"大力发展智慧博物馆,以业务需求为核心、以现代科学技术为支撑,逐步实现智慧服务、智慧保护、智慧管理"。

这一时期,很多博物馆都实施了很多有意义的项目:

2016年5月1日,"数字敦煌"资源库平台向全球发布。首次发布的有敦煌石窟30个经典洞窟的高清数字化内容及全景漫游。"数字敦煌"是利用现代数字技术拍摄、扫描、获取、存储敦煌石窟文物信息,并通过建立多元化、集成化的数字敦煌数据库、数字资产管理系统、数字资源永久保存系统,在实现永久保存敦煌文化艺术资源的同时,为学术研究和多元利用提供无限可能。

2018年11月,湖北省博物馆与湖北移动合作打造"5G智慧博物馆"。目前,该馆已实现5G网络全覆盖,并推出了乐·兵VR体验、5G智慧博物馆App、360度全景直播等一系列5G应用的阶段性成果。围绕两件镇馆之宝曾侯乙编钟和越王勾践剑所设计的乐·兵主题5G体验,将通过高科技形式一展楚文化风采。在湖北省博物馆综合馆大厅体验区,观众手持钟锤凌空敲击,显示在LED屏中的编钟通过专门的感应装置跟随敲击而摆动,并发出对应乐音。在App展示区,观众可以操作5G手机体验三种观览方式,现场游客只需用手机轻松一拍,即可自动识别文物并呈现相关信息;而不在现场的游客,亦可通过360度全景画面,身临其境游览博物馆。在VR互动体验区,游客通过佩戴VR眼镜、手持VR终端,近距离和文物互动。博物馆还给游客准备了口袋博物馆文物卡片,正反面印有精致的文物高清图片,游客可使用App的AR导览功能,了解文物背后的故事。5G智慧博物馆利用5G技术挖掘博物馆信息化成果,丰富游客观览方式,提升观览体验,实现自主化、智慧化观览,用最先进的技术成果,展现荆楚文化,体现湖北魅力。

总结下来,目前国内博物馆智慧化的应用实践主要集中在以下三方面:第一,数字资源采集开发,通过藏品基本信息数字化、数字影像采集、三维建模等方式,

获取藏品本体结构信息、功能性信息、环境联系信息以及时间记录信息等，构建以海量数据存储、非结构化影像数据处理、多维影像数据表现方式等为基本特征的数字博物馆信息资源平台。第二，数字资源展示利用，综合利用 Web 页面、三维展示、虚拟现实（VR）与增强现实（AR）、大屏与环幕显示、触摸交互多媒体等技术以及个人电脑、手机和平板电脑等终端设备，建立线上虚拟博物馆和线下数字展厅，提供数字化、网络化、虚拟化的藏品信息展示和体验服务。第三，博物馆管理信息化，针对博物馆业务活动（藏品收藏、保管、研究和教育活动）和事务活动（机构、人员、经费、设施管理活动）实际需要，建立各类博物馆信息管理和服务系统，为博物馆工作人员和社会公众提供服务。

二、西方智慧博物馆的发展历程

西方的博物馆信息化基本兴起于 20 世纪 80 年代。美国国会图书馆开展的美国记忆项目（American Memory Project，1989–1995）始于 1989 年，这个项目的主要目标是将美国主要的历史档案资料（包括图书、小册子、手稿、单面印刷品、音乐、声音记录、照片、艺术图片和活动的画面等），经过尽量少的编辑，将其转换为数字化格式，提供给研究者、学者或一般读者。1990 年由博物馆电脑网络组织（The Museum Computer Network，MCN）、研究图书馆组织（The Research Libraries Graup，RLG）、加拿大文化遗产信息网（The Canadian Heritage Information Network，CHIN）及盖蒂信息协会（The Getty Information Institute，GII）等单位发起，并结合其他图书馆、博物馆及信息单位等团体组成了美国博物馆信息交换联盟（Consortium for the Computer Interchange of Museum Information，CIMI），负责创建并向国际博物馆界介绍采用元数据行业标准的概念。其宗旨是将博物馆信息普及至社会大众，并推展开放式的系统标准，以管理及传递博物馆信息，目的是建立一套标准，使博物馆藏品能以电子形式长期保存，并解决博物馆藏品信息交换的问题，将博物馆信息传播给广大使用者。1993 年，美国总统克林顿提出"国家信息基础设施（National Information Infrastructure，NII）"，又名"信息高速公路计划"，把数字博物馆和图书馆列为重要的组成部分，大力进行研究和发展。1995 年 2 月，西方七国集团在比利时主持召开了"七国信息技术部长级会议"，讨论全国信息社会议题，提出了信息社会的"全球信息目录计划""电子图书馆""电子博物馆和艺术画廊"等 11 项示范计划，其中"电子博物馆和艺术画廊"也就是我们今天所说的数字博物馆。同年，美国国家科学基金会（NSF）与国防部高等研究计划局（DARPA）、美国国家航空和宇宙航行局（NASA）合资赞助了"数字图书馆先导研究计划（1995—1999）"，主要研究如何将信

息科技运用于数字图书馆的开发，这个计划在很大程度上促进了数字博物馆的发展。1995年3月，国际图书馆电脑中心（Online Computer Library Center，OCLC）在美国俄亥俄州都柏林提出了一套元数据的元素集，用来描述网上的信息，实际上这等于可以描述一切信息。这套元数据被称为"都柏林核心"（Dublin Core）。它的产生是由制定者从图书馆读者通过卡片目录查询、借阅所需图书的传统办法中得到启示的：在网络上检索电子资源，也可以借助于反映这些电子资源的目录信息。于是"都柏林核心"的拟定者们参照图书馆卡片目录的模式，制定了15项广义的元数据。随后，其在图书馆、博物馆以及不少政府机构、商业组织中被使用，成为影响广泛的国际性标准。1996年，美国加州大学伯克利建筑学院和VSMM国际学术机构联合建立了虚拟遗产网络（Virtual Heritage Network，VHN），其在文化遗产数字化领域的贡献得到联合国教科文组织的认可，并承担了该组织多个重大项目。早在1994年，大英博物馆就已经着手建立多媒体馆藏数据库，到1997年，推出了一个多媒体藏品查阅系统，从2000年6月开始，观众可通过访问大英博物馆网站，获取5000件重要藏品的相关信息。1995年，卢浮宫博物馆已经创建官方网站。在最初的几年里，网页上只有一些对博物馆和参观信息的简要介绍，但即便如此，截至2001年，该网站的浏览量已经超过600万次。需要提到的是，这一年卢浮宫博物馆的实地参观量达到了550万人次，我们可以感受到网站的潜在作用。

谷歌艺术计划（Google Art Project）始于2011年谷歌与世界各地博物馆合作，利用谷歌街景技术拍摄博物馆内部实景，并且以超高解析像拍摄馆内历史名画，供全球网民欣赏的一项服务。2012年，艺术计划来到中国，台北故宫博物院加入其中。2013年3月，湖南省博物馆的馆藏精品正式在谷歌艺术计划上线，成为中国大陆地区第一家登陆该国际艺术平台的国有博物馆。2014年4月，三星堆博物馆与谷歌艺术计划中心达成合作协议，计划年内加入谷歌艺术计划，向全球用户提供信息化资讯服务。参与这个计划的艺术机构还有澳大利亚、日本、印度、菲律宾、以色列、卡塔尔等40多个国家；这个虚拟博物馆的"展品"数量，从初期的1000多件，增加到了如今的32000多件；艺术门类也由单一的绘画作品拓展至纺织品、玻璃制品和陶瓷制品等多种门类。用户可以按照艺术家姓名、艺术作品、艺术类型、博物馆、国家、城市和收藏等类别浏览网站内容。如观众可以看到高分辨率图片，也能够仔细地观看作品的笔触与铜绿细节。增强版的"我的艺术馆"功能，让用户从艺术作品中任意进行选择，并可选择他们最中意的细节，创建自己的个性艺术馆。用户可以对每幅作品添加评论，然后将整个收藏与朋友和家人共享。新升级的"艺术计划"网站还包括其他两种全新的工具，分别是探索（explore）和发现（discover）工具。用户可以按照不同的时期、艺术家、艺术类型等分类标准查找艺术作品,网站会相应地为用户展示来自世界各地不同博物馆的相关作品。

美国现代艺术博物馆(The Museum of Modern Art,MoMA)2016年上线了数字展览档案库。观众在官方网站What'son板块可以找到exhibition history,观看1929年至今的展览,如1929年MoMA的第一个展览——塞尚、高更、梵高、修拉艺术展,1932年的现代建筑展,1936年的立体主义和抽象主义展等。可以说,这个数据库给观众呈现的是近一个世纪的艺术史。

早在2003年,韩国政府就推出"U-Korea"(即U韩国)的发展战略,希望把韩国建设成资源数字化、网络化、可视化、智能化的智能社会。"U"是英文单词"Ubiquitous"(无处不在)的简写。经过多年的实践,韩国一些城市已进入U-City时代。2006年,韩国首尔启动了"U-City"计划,意为"无处不在的城市"。利用这套智能系统,市民可以通过智能终端发送请求,即可在城市的各个角落方便地操控家中的电子电器设备洗衣、做饭,家长还可以实时追踪未成年子女的动向。济州岛是韩国著名的旅游观光胜地,韩国在将其发展成另一个U-City的新都市规划中,重点发展智能交通服务系统,提供包括Telematics、U-Ticket、U-Museum、U-Fishfarm等一系列物联网应用,以更多的U化服务与应用来提升其旅游观光的知名度。

第二章　智慧博物馆概述

第一节　智慧博物馆的基本概念

信息技术的发展与人们的生产生活密切关联，博物馆作为人类文化遗产保管、展示的场所，当高新技术不断地在博物馆行业渗透的同时，博物馆也在悄悄地蜕变着。为了更好地理清博物馆的含义，本章笔者将深入探讨博物馆、数字博物馆、智慧博物馆的内涵和功能，以及它们三者之间的关系，并进一步阐述智慧博物馆的建设背景和理论依据。

一、博物馆

(一) 博物馆定义

博物馆是征集、典藏、陈列和研究代表自然和人类文化遗产的实物的场所，并对那些有科学性、历史性或者艺术价值的物品进行分类，为公众提供知识、教育和欣赏的文化教育的机构、建筑物、地点或者社会公共机构。从博物馆发展轨迹来看，经历了实体博物馆、数字博物馆和智慧博物馆的发展过程。

(二) 博物馆的功能

(1) 保存文化遗产和自然遗产

保存可以说是博物馆最基本的功能。博物馆是自然遗产和文化遗产的最佳保存场所，外国的国家公园和中国的风景名胜游览区实际是露天博物馆。保存功能和博物馆的收藏职能密切相关，收藏是目的，保存是结果；收藏是行为，保存是功效。古代宫廷的收藏最初的目的可能不是保存，但是客观上保存了文化遗产。在今天，收藏对博物馆来说目的明确，就是保存人类社会发展及人类环境的见证物，职能和功能统一起来，主、客观达到了和谐。但我们必须明确地认识到，中国是文物大国，但不是收藏大国，我们的博物馆馆藏量还与西方发达国家的博物馆无法比较。我们

在资金、技术和人才方面,还存在问题,博物馆保存功能的发挥还有很大空间。

(2) 提供休闲娱乐

社会发展的标志之一就是所有的享受(无论物质和精神),都由少数的贵族向多数的大众演化,博物馆也如此。最先开放的博物馆仅仅接待那些有身份的贵族游客,到了后来,大众旅游兴起之后,博物馆的参观者身份才大众化、平民化。世界上有千奇百怪、各种各样的博物馆,这些博物馆存在的理由就是它们满足了人们对各种新奇事物探知的诉求。我们都说真、善、美是人们精神世界追求的总目标,博物馆就是展示真、善、美的场所。博物馆的休闲娱乐功能和博物馆陈列展览职能密切相关,寓教于乐这个成语应该是博物馆展陈设计的座右铭,也是检验博物馆这方面功效的基本尺度。博物馆的展陈在坚持正确的政治方向前提下必须面向观众,尽力满足人民群众的精神文化需求。要注意研究博物馆的建筑与陈列、内容与形式、设计与制作、管理与服务、观众与环境的和谐统一,力求营造最佳展示效果。博物馆举办展陈的前提是人家要看什么而不是相反,即"我"展陈什么"你"看什么。

(3) 辅助教育

大家都说博物馆是学校的第二课堂,也就是说博物馆具有辅助学校教育的作用。这个说法至今仍旧是成立的,但是不完全,因为博物馆不单单是学校的第二课堂,而且还是家庭教育和社会教育第N个课堂。参观博物馆的家庭团体日益增多,让学前幼童体验博物馆已经成为西方国家的一种风气。另外,相当多的成年人不是被组织"组织"到博物馆参观的,自由参观的个体化、小众化呈现出一种发展的趋势。博物馆教育学的研究重点放到了如何检验博物馆辅助教育功能上,于是,博物馆观众研究在各个国家蓬勃发展,博物馆学的研究重心由"物"转到"人"上。

二、数字博物馆

实体博物馆借助固定而有限的资源发挥着博物馆的功能,比如固定的场所、一定面积的陈展,利用有限的时间和尽可能多的藏品数量,以及人力资源调配,履行着它应有的职责。数字博物馆突破了实体博物馆的现实禁锢,利用数字化采集和互联网技术,实现了博物馆的公众服务的无限化。

(一) 数字博物馆的定义

目前,数字博物馆还没有统一的定义。整理学者专家的论述,有以下几种。

从数字博物馆的发展历程来看:

第一种是纯虚拟性博物馆(没有真正的实体博物馆存在),指将收集的文物资料加以整理和数字化，放在网络上为公众提供资讯服务（无墙博物馆指的就是这种内涵下的博物馆）。

第二种是博物馆网站，也就是博物馆利用网络来架设、设计一个提供咨询服务的网站，公众可以通过网页所设计的资讯或者根据自己的需求寻找自己想要的资料，或者通过电子邮件向博物馆提出问题并寻求解答。

第三种是有实体博物馆在营运，然后将其资讯以数字化的方式放在网络上，这种形式的数字博物馆涵盖了传统博物馆收藏、展示、教育和研究四大功能，并借助数字化方法以虚拟的环境、逼真的效果，将真实事物以虚拟方式进行呈现。

从数字博物馆的狭义和广义定义来看：

对于单个博物馆来说，它是指利用数字化手段，实现藏品保存、陈列展示、科学研究和社会教育等功能，构筑虚拟世界的博物馆（文化信息资源集中地）。

对于普遍意义上的数字博物馆来说，是指利用数字技术，对文物（包括可移动文物和不可移动文物）信息进行全方位和多形式采集、标准化存储和加工，并通过网络连接和一系列相关规定、协议，实现文物信息的资源共享、有效利用和科学管理，为不同用户提供数字化的辅助决策、科学研究、展览展示、文化交流、教育培训和游戏娱乐等服务的综合信息系统。

从不同领域专家对数字博物馆的界定来看：

第一种：计算机专家提出的数字博物馆，将重点放在"数字博物馆所提供的信息是数字化"，着眼于数字化所需要的计算机及相关技术。如数字博物馆就是可通过电子媒体访问有关历史、科学或文化影响的数字化影像、声音、文本及其他信息的集合体。

第二种：信息专家和博物馆专家提出的数字博物馆，将重点放在"数字化信息所提供的服务"，着眼于信息本身。如数字博物馆是以采集、保护、管理和利用人类文化和自然遗产信息资源为目的而建立的信息网络服务体系。

(二) 数学博物馆功能

(1) 辅助教育功能

数字博物馆作为以传统博物馆的各类信息为藏品的博物馆，因其构架于信息技术平台之上，所以，数字化博物馆在实施公众教育活动时，能够充分利用藏品所蕴含的各种信息，以多线程的互动式展示方式开展行之有效的教育活动，与传统的实体博物馆相比，具有诸多的延展性特点。随着计算机技术和网络技术的日益普及和信息时代的日益逼近，实体博物馆的教育功能在数字化博物馆中得到了明显的加强与提升。有关学者指出，数字化博物馆教育功能的实现，目前主要有三种渠道：一

是建立在传统的实体博物馆藏品和展示系统基础上的数字化信息数据库和导览系统，二是以网络技术为传播平台的数字化博物馆，三是以各种信息存储介质为载体的数字博物馆电子资料。

建立在传统的实体博物馆藏品和展示系统基础的数字化信息数据库和导览系统，实质上就是前文所讨论的对于传统实体博物馆的数字化改造，这是当今国内数字化博物馆开展公众教育活动的一种最常规的形式。由于博物馆的主要信息都已经输入数据库，观众通过多媒体触摸屏导览系统，就可以主动地选择想要接受的信息，并根据自身的知识结构和对博物馆的了解程度，从不同层面、不同的角度上进行线性的跳跃式的信息获取。

以网络技术为传播平台的数字化博物馆也称"虚拟博物馆"或"网络博物馆"，这种形式的数字化博物馆近年来日渐丰富，目前在互联网上所能浏览的博物馆总数已超过300万个。但是在宽带传输技术尚未得到充分发展的今天，由于受到网络接入的技术瓶颈和宽带应用普及程度的限制，目前网络上的数字化博物馆通常情况下还只是一些有关博物馆藏品信息的文字、图片介绍，和极少量的视频、音频以及虚拟现实展示，已经推到网络上的数字化博物馆所提供的内容还远远不能满足社会观众的信息需求。将来随着网络的接入方式和传输速率的进一步发展，这种网上博物馆也将会随之发生重要的改观。

以各种信息存储介质为载体的数字化博物馆电子资料，主要包括DVD-ROM，CD-ROM等多媒体光盘等。同前两种数字化博物馆的表现形式相比较，这种以各种信息存储介质为载体的数字化博物馆电子资料对于公众教育的教育功能也是经过博物馆的研究和教育人员设计，按照一定的逻辑关系编辑、处理和整合的信息源。观众可以通过设计好的方式进行线性浏览，或者也可以非线性地、跳跃性地、有选择地获取信息。

博物馆的教育影响因素，大体来说，主要有两个方面，一是学校教育，一是国民的终身教育。当今世界任何一个国家，任何一个社会，其国民接受教育的基本场所都是学校。而博物馆作为社会文化教育公益事业的重要组成部分，与学校之间存在着十分深刻的历史文化渊源，被学者们称为"教育的实验场"。近年来，随着博物馆事业的快速发展，我国的博物馆类型已经几乎涵盖了天文、地理、生物、矿物、海洋、历史、社会、军事、经济、文化、考古等自然和社会的所有学科。博物馆与学校教育之间的关系也由此日趋密切。据有关学者的不完全统计，我国大多数的博物馆的学生观众一般占25%~40%，有的博物馆高达50%以上，博物馆已经成为学校教育名副其实的"第二课堂"。

但是学校在组织学生结合博物馆进行学习和教育过程中，往往会受到时间、经费、交通、安全等各方面因素的限制，这些客观因素不同程度地限制了学生走入博物馆。因此，也就不能使博物馆的公众教育功能得以最大限度地发挥。数字化博物馆以其信息技术的优势，完全打破了时空的限制，排除了通常意义上的客观因素困扰，从而使博物馆与学校教育的协作得以最大限度地发挥。学校的教师和学生可以通过各种形式的数字化博物馆载体，完全摆脱掉种种客观因素的制约，不受时空限制地从网上获取相关教学课程的教学参考资料，从而满足其课堂教学和课外活动的切实要求。

随着信息时代的到来，知识爆炸现象导致知识更新速度日益加快，从而决定了社会是一个学习的社会。一个人在青年时期从学校所获得的知识，已经无法再满足其终身的需要。因此，国民的终身学习和终身教育的概念已经成为世界各国的共识。

（2）辅助保存及传播功能

实体博物馆最初被设计为保存人类文化遗存的机构，收集、保存及传播是实体博物馆的重要功能。数字化博物馆由各种数据库构成，即用计算机的存储与传播技术，最大化地发挥博物馆的功能。传统的保留资料的方法，费时、费力且消耗极大的资源，而数据库与之相比，有输入简便、易修改、存留时间长等特点。

数字化博物馆将博物馆的各种信息，完全准确地保存为数码化文件，并可反复修改。而且还可利用数字化博物馆作为信息存储中心，记录某地区或国家的完整信息，作为史料资料的保存基地。其附有的搜索功能，可供研究人员或观众快速查找某一特定条件下所记录的一切资料。数字化博物馆网站通过网络连接，还可实现异地的资料传播，为人们获得信息带来极大便利。数字化手段引入博物馆，是适应博物馆发展方向而出现的。藏品管理信息系统的建设，首先可以完整、准确地统计藏品数量、种类等。高清晰度图片等多媒体技术的使用，减少了文物暴露于不适合环境中的次数，有利于延长文物实体的寿命；便利、灵活的检索手段，有利于展览主题的形成；大范围内的文物信息共享，又有利于展览内容的充实。

（3）辅助研究功能

数字化博物馆的信息数据库包含全部的博物馆信息。通过对数据库的检索与分类，参观者或工作人员可以方便快捷地搜索到所需要的相关信息。

比如，陈列人员欲举办某个年代的文物展，首先通过本馆藏品管理信息系统检索本馆拥有的此类文物类型和数量，如果有缺失，可以在更大范围内的馆际共享的文物信息数据库中检索，再向其他博物馆商借。在藏品管理信息系统的基础之上将衍生大量的应用，如多媒体辅助展示系统、文物图录出版系统、藏品对比研究鉴定系统等等，结合考古、历史资料系统，将在更大的范围内产生影响，甚至可以深入文化、娱乐的各个层面，如结合历史、文物资料，开发各类历史游戏，用正确的历史知识来影响人群，结合多媒体手段，在文物、历史、考古数据库的支持下，以交互的方式阐述人类历史和自然界的演变，甚至可以通过数字服装，用VR（虚拟现实）技术实现时空转换，将现代人引入浩瀚的历史空间之中。

(4) 辅助休闲功能

数字化博物馆可以通过虚拟技术模拟真实场景，观众足不出户就能通过浏览数字化博物馆参观博物馆内的展览或制作的活动，配合模拟的声音与图像实现身临其境的感觉，实现数字化博物馆与观众间的互动。

2001年，中国台湾成功地在网上举办了网络灯会。网络灯会运用3D技术建置3D/VR虚拟场景，使观众不但可以观赏到灯会上气势非凡的金龙主灯、其他灯会上的各种精致布景等，还可以身临其境般在各灯会区中四处浏览移动。此次灯会完全用过数字化技术来虚拟完成，游人不必出门，在家中进入"3D/VR灯会网站"，就可欣赏灯会的内容。虚拟实境技术成功建置2001网络3D/VR灯会，吸引无数的参观人潮，且能让参观者在网络虚拟实境环境中即时交流，这类技术，可以说是虚拟实景发展的新方向。

三、智慧博物馆

（一）智慧博物宿产生的背景

2008年11月初，在纽约召开的外国关系理事会上，在题为《智慧地球：下一代领导人议程》的演讲报告中，IBM正式提出"智慧地球"（Smart Planet）的概念。2009年1月，"智慧地球"成为美国国家战略的一部分。"智慧地球"主要指通过低成本的传感技术和网络服务，将传感器嵌入或装配到电网、铁路、建筑、大坝和油气管道等对象中构建"物——物相连"，再通过超级计算机和云计算将其整合，实现人类社会与物理世界的高度融合。其核心思想是以一种更智慧的方法通过利用新一代信息技术来改变政府、公司和人们相互交互的方式，以便提高交互的效率、灵活度和响应速度。"智慧地球"的概念从发展的角度提出了未来社会信息化发展的三个基本特征:(1) 世界正在向仪器化、工具化方向演变——The world is becoming instrumented;(2) 世界正在向互联化方向演变 The world is becoming inter-connected; (3) 所有事物正在向智能化演变 All things are becoming intelligent。

仪器、工具化、互联化与智能化将是世界不可避免的发展趋势，也是"智慧地球"概念的三个支柱。IBM"智慧地球"的网站上有较为详细的表述,截至2010年,集成电路的发展已可以为每一个地球人分配10亿只晶体管,而每只晶体管的成本大约仅为千万分之一美分,因而我们生活的世界正在走向仪器/工具化;已有的万亿件网络连接起来的物品——汽车、铁路、管线、各种器具、医用药品与器械,甚至牲畜,相关的信息在呈指数级增长,因而,我们生活的世界正在走向互联化;各种算法和强大的系统可以分析复杂的问题,并将堆积如山的数据转化为实际的决策和行动,使得我们生活的世界运转得更好、更智慧,所有的物品正在走向智能化。IBM也给出了进一步的解释:第一,世界正在走向仪器/工具化。每一个人可以分到10亿只晶体管。传感器可以嵌入汽车里、各种用具中、摄像与照相机中、道路上、管线上,甚至医疗器械材料中和牲畜中。第二,世界正在走向互联化。互联网上的网民数量已接近20亿,但系统和对象尚不能相互对话。而万亿互联智能物品的出现可以构成全面互联,并产生庞大的数据。第三,所有的仪器、工具化与互联化的物品正在变得智能化。它们正在被连入强大的新系统,新系统可以处理所有互联对象产生的数据,并以实时分析的方式将结果呈现出来。

IBM提出"智慧地球"概念的同时,给出了21个涵盖人们生活、学习和工作的智慧主题,包括能源、交通、食品、基础设施、医疗保健、城市、水、公共安全、轨道交通、产品、教育、政府和电信等。在这些领域实现智慧互联、信息即时共享与优化利用,实现"智慧地球"的构想。随后,"智慧地球"作为一个全球战略被许多国家所接受,与"智慧地球"密切相关的物联网、云计算等,更成为科技发达国家制定本国发展战略的重点。自2009年开始,美国、欧盟、日本和韩国等纷纷推出本国或组织的物联网、云计算相关发展战略,并开始建立智慧城市、智慧校园、智慧社区等系统。与此相应,2009年中国也提出了"感知中国"的概念,以物联网等先进技术为依托,开始建设各类智慧系统。

(二)智慧博物帝的定义

"智,知也,事无不知谓之智。慧,解也,洞察万物谓之慧。"智慧的概念通常强调两层意思:一是及时准确地获取事物全面的信息和获取知识的能力,二是依据事物现象进行分析、推理、理解、判断和决策的能力。狭义地说,智慧博物馆是基于博物馆核心业务需求的智能化系统;广义地讲,智慧博物馆是基于一个或多个实体博物馆(博物馆群),甚至是在文物尺度、建筑尺度、遗址尺度、城市尺度和无限尺度等不同尺度范围内,搭建的一个完整的博物馆智能生态系统。智慧博物馆以多模态感知"数据"替代数字博物馆的集中式静态采集"数字",并以此为基础,建立更加全面、深入和泛在的互联互通，消除信息孤岛，使人与人、人与物、物与物之间形成系统化的协同工作方式，从而形成更为深入的智能化博物馆运作体系。智慧博物馆淡化了实体博物馆相互之间以及实体博物馆与数字博物馆之间的界限，形成了以博物馆业务需求为核心、以不断创新的技术手段为支撑、线上线下相结合的新型博物馆发展模式。

智慧博物馆是在实体博物馆、数字博物馆概念的基础之上，由于科学技术的进步而演变发展起来的新生事物，深入剖析实体博物馆和数字博物馆存在的问题，有助于准确认识和理解智慧博物馆的基本概念。

传统实体博物馆因观念、技术、场地、展陈能力限制，以及有时出于对文物保护的考虑，所能展示、提供的文物信息量严重不足，大量的藏品没有机会展出（以故宫博物院为例，每年展出的藏品仅占藏品总量的约5%），深藏馆中无人知晓。实体博物馆在时间、空间与展示形式上的内在局限性，制约了博物馆的社会教育和文化传播能力。

数字博物馆的出现，突破了藏品展陈的时空限制，丰富了藏品展陈方式，扩展了展陈内容，但仍旧存在局限性。在实际操作层面上，数字博物馆的建设主要包括两方面内容：一方面，在实体博物馆中借助VR、3D技术的应用，搭建数字展厅，实现（数字化）藏品的现场展示；另一方面，依托互联网，搭建网上虚拟博物馆，实现（数字化）藏品的在线展示。多年以来，由于陷入了技术主导的误区，业内对数字博物馆的内涵与外延争论不断，致使数字博物馆的建设缺乏清晰的路线图，甚至导致声光电技术在博物馆的滥用，秀技术的现象非常普遍，虚拟博物馆或是简单把实体博物馆搬到网上，信息十分匮乏。内在机制层面上，数字博物馆为单向信息传递模式，导致了数字博物馆所提供的信息的时效性、真实性、交互性和现场体验感与实体博物馆存在巨大的差异。同时，也加剧了博物馆内部各自为政和信息孤岛的形成，对管理、保护和研究工作的系统支持有限。传统博物馆、数字博物馆以及智慧博物馆之间的区别如表2-1所示。

表2-1　传统博物馆、数字博物馆以及智慧博物馆的区别

	传统博物馆	数字博物馆	智慧博物馆
征集	发掘、采集、收购、捐赠、交换	藏品数字化	藏品信息的开放编辑、知识分享
保护	毁损原因多，修复困难，易损	利用数据存储算法存储，无损	数据云存储，无损，安全可靠
研究	直观，容易发现藏品细节，但相关性研究不易	检索、比较、统计方便，容易在文物相关性研究中获得突破	藏品知识挖掘，知识推送，研究启发

续表

	传统博物馆	数字博物馆	智慧博物馆
展示	展柜陈列,方式单一	多媒体、三维技术,生动形象	三维技术,交互体验,互动参与
传播	巡展,影响小	互联网传播,伸延性较好	实体馆和互联网传播,兼顾伸延性的同时,有较好的体验性
开放性	差	较好	好
关联性	关联性较差,人工对文物、陈展、观众进行组织	利用互联网,人工对展品、陈列展览进行组织	通过物联网与互联网将文物、陈展、观众有机关联
协同性	差	一般	好

智慧博物馆针对数字博物馆技术主导的误区,坚持需求驱动、业务引领,通过重新梳理和构建博物馆各要素的关联关系而形成合力,加强了博物馆服务、保护和管理工作的协同。智慧博物馆提供"物、人、数据"三者之间的双向多元信息交互通道,博物馆中的人(包括现场观众和线上观众、博物馆工作者,以及相关机构和管理部门)、物(包括藏品,各类设备设施,库房、展厅等)的信息可动态感知,并通过网络汇集,借助物联网和云计算技术,建立"物——人""物——数据""人——数据"之间的信息交互和远程控制,同时结合云计算和大数据技术,从而实现对博物馆服务、保护和管理的智能化自适应控制和优化。以人为中心的信息传递模式,使藏品与藏品、藏品与展品、藏品、展品与保护、研究者、管理者与策展者、受众与展品等元素之间的联系真正达到智慧化融合。

(三) 以数室化服务为导向的智慧博物馆的界定

在 2018 年第八届中国博物馆及相关产品与技术博览会"让文物活起来的创新性实践与落实——《国家宝藏》节目文博论坛"上,国家文物局博物馆与社会文物司(科技司)副司长金瑞国围绕"如何让文物活起来"的发言,带给我们许多启示。他指出:"当前我们聚焦智慧博物馆的发展。智慧博物馆的根本,是实现和优化博物馆的功能,让物联网、大数据、云计算、人工智能这些先进技术与博物馆的业务和传播内容深度结合。"

智慧博物馆的一个重要特征之一就是"以人为本",国家文物局副局长宋新潮早在 2015 年在《关于智慧博物馆体系建设的思考》一文中就提及智慧博物馆的三大主要应用模式——智慧服务、智慧管理、智慧保护。这三大应用模式的最终目的都是更好地实现博物馆的社会职能和现实业务需要。

基于以上分析，笔者提出了以数字化服务为导向的智慧博物馆，立足于物联网、云技术、大数据等数字信息技术与博物馆的融合，着眼于为广大受众服务，最终实现"以人为本"的智慧化博物馆建设，更智能地满足博物馆的社会职能和业务需要。

第二节　智慧博物馆的基本架构

一、从智慧地球到智慧博物馆

（一）智慧地球的启示

2009年1月28日，在美国总统奥巴马召集的美国工商业领袖圆桌会议上，IBM总裁兼首席执行官彭明盛正式提出"智慧地球"概念：通过低成本的传感技术和网络服务，将传感器嵌入和装备到电网、铁路、建筑、大坝、油气管道等各种物体中，形成"物——物"相联的网络，然后通过超级计算机和云计算将其整合，实现人类社会与物理世界的高度融合。智慧地球的核心是以一种更智慧的方式通过利用新一代信息技术来改变政府、公司和人们相互交互的方式，以便提高交互的明确性、效率、灵活性和响应速度。智慧地球理念迅速得到世界各国的普遍认可。智慧地球的概念被快速应用于智慧城市、智慧校园、智慧社区、智慧医疗等。其中，智慧城市是智慧地球从理念到实际、落地城市的举措。智慧城市强调充分运用信息和通信技术手段感测、分析、整合城市运行核心系统的各项关键信息，对包括民生、环保、公共安全、城市服务、工商业活动在内的各种需求做出智能的响应，实现城市智慧式管理和运行，进而为城市中的人创造更美好的生活，促进城市的和谐、可持续发展。

一个智慧的系统至少应该具备以下三方面特征：

（1）更透彻的感知，即能够更加充分地利用任何可以随时随地感知、测量、捕获和传递信息的设备、系统或流程。与数字化系统最显著的区别是：智慧系统的信息获取不再是以通过规模化的批量信息采集建立数字资源库为目的，而是更加强调对信息的实时采集、自动采集、按需采集。

（2）更全面的互联，即可按各种各样的网络连接方式协同工作。此处的"全面"有两层含义：一是指网络联通对象的广泛性，既包括藏品、设备设施、展厅库房等，也包括观众、工作人员和相关机构等；二是网络联通方式的多样性，包括互联网、广电网、通信网以及5G、Wi-Fi、蓝牙等。

（3）更深入的智能化，即能够利用先进技术更智能地洞察世界，提供决策管理依据，创造新的价值。通过感知和互联互通获取的海量数据，构成了大数据。通过云计算和大数据分析，可以更加充分地发掘大数据效用，实现各类基于大数据和云计算的智能化应用。

（二）智慧博物馆的发展方向

博物馆发展的根本任务就是发挥博物馆对社会及其发展的作用，提高博物馆的公众服务能力。数字博物馆只是数字化技术应用于博物馆的前期过渡，智慧博物馆才是数字化、网络化、智能化时代下博物馆发展的新目标。

实体博物馆中的观众与藏品的信息交互方式基本以"物→人"为主，"人→物"的交互手段难以实施。数字博物馆采用"物——数字——人"的信息交互方式，即首先将博物馆藏品及其他相关信息转化为"数字"，然后再用网络传输和数字展现技术，将这些"数字"以直观的可视化形式呈现给人们。数字博物馆实现了"数字——人"的双向信息交互，但"物→数字"的信息传递是单向的，数字博物馆仍然还是一种单向的信息交互方式。这种信息交互方式不仅割裂了"物——人"之间的直接联系，而且也缺少对"物——物"之间、"人——人"之间协同关系的处理，前者直接导致数字博物馆所提供的信息的时效性、真实性、交互性、临场体验感不如实体博物馆，后者则使得数字博物馆对博物馆藏品保护、保管和研究管理工作的支持作用大打折扣，作用极其有限。

随着以各类传感器为基础的物联网应用的兴起，博物馆中的人（包括线上和线下的观众、博物馆工作者以及相关机构和管理部门）、物（包括藏品、各类设备设施、库房、展厅等）的信息可以通过电子标签（RFID）或其他传感器获取，并通过网络汇集，使得建立"人——物""物——物""人——人"之间的双向信息交互成为可能，同时结合云计算和大数据等信息技术，进一步实现对"物"的智能化控制。物联网、云计算、大数据与数字博物馆的结合，使博物馆数字化进入了以智能化为主的阶段。智慧博物馆的出现不仅完全打通了数字博物馆"物——数字——人"三者之间的双向信息交互通道，同时也实现了对"人——人""物——物"之间协同关系的有效管理。"数字"不再是智慧博物馆的核心，而演化成为一种必备工具，"人"重新回归为智慧博物馆的核心。

二、智慧博物馆的基本概念

智慧是指对事物能感知、记忆、理解、分析、计算、判断、创造等的高级综合能力。智慧让人可以深刻地理解人、事、物、社会、宇宙、现状、过去、将来，拥有思考、分析、探求真理的能力。一个智慧的系统从信息技术角度观察应该具有三个方面的能力：一是感知外部世界变化的能力；二是信息的传输、存储和计算能力；三是针对外部变化信息进行分析、推理、判断等的智能化处理能力。智慧博物馆的智慧化要求主要体现在博物馆的社会服务能力、保护研究能力和综合管理能力的提升上。

在社会服务方面，智慧博物馆通过利用互联网 / 移动通信、云计算、大数据、多媒体（包括 3D、VR 等）技术，实现社会公众与网络平台、藏品、展厅及相关设备设施的智能化互动展示服务。智慧博物馆社会服务的智慧化要求智慧博物馆能随时随地感知观众个体和特定群体的需求变化，通过互联网 / 移动通信网络传输至云端存储和计算资源池，进行大数据分析和智能化处理并及时反馈给观众。例如，利用网络预约获取观众个人基本信息，利用藏品影像浏览行为记录观众的偏好，利用 RFID 门票或 Wi-Fi 定位等技术精确定位观众在展厅内的位置，可以为博物馆观众定制个性化的参观游览路线，提供区分年龄、性别和文化习惯的定制化现场导览讲解，推送个性化的博物馆展览活动和各类文创信息，为博物馆展厅工作人员和安保人员提供实时的展线客流及观众集聚情况，为展览策划人员设计科学、合理、高效的展览大纲和展线设计提供依据等。

在保护研究方面，智慧博物馆通过 RFID、传感网络、物联网、大数据等信息技术，建立融合博物馆保护工作者、藏品及其环境信息监测控制的博物馆智能化保护体系。智慧博物馆保护研究的智慧化要求智慧博物馆能及时感知藏品信息、设备设施、库房与展厅微环境信息，采集整理博物馆保护研究工作历史信息和知识规则数据，通过博物馆保护研究大数据分析处理，直接控制和调节藏品微环境、展厅、库房等设备设施，或为保护研究工作重大决策提供辅助决策支持。例如，针对敦煌莫高窟洞窟内的微环境改变，特别是温度、湿度及二氧化碳浓度的变化，对洞窟内的壁画、佛像等珍贵文物保存产生严重影响的问题，通过传感器采集洞窟的温度、湿度、二氧化碳浓度数据，以及引起这些数据变化的客流量、风速、沙尘等数据，在温度、湿度、二氧化碳浓度超出设定数值时，采取暂时停止观众入窟参观、开启主动送风设备、启动自动过滤纱帘等方式，使洞窟内的温度、湿度保持恒定以及降低二氧化碳的浓度。

在综合管理方面，通过充分应用互联网 / 移动通信、大数据、云计算等信息技术，建立博物馆综合管理云服务平台，最大限度地减少博物馆管理的人工参与，提高博物馆综合管理的科学化、规范化和智能化水平。智慧博物馆的综合管理智慧化

要求打破传统的管理模式和工作机制，构建无缝集成现代智能技术的博物馆创新管理模式，打破已有的人、财、物管理信息系统相互孤立的现状，实现馆内藏品、资产、人的关联，以及全面、自动化、智能化的高精准、高效率管理，在减小博物馆管理工作人员压力的同时，保证馆内人、财、物的科学、有序管理，提高博物馆综合管理能力。博物馆智慧管理主要集中在博物馆环境智慧管理、展藏品智慧管理、资产智慧管理、工作人员智慧管理、观众行为智慧管理等。例如，博物馆藏品智慧管理主要针对藏品本体，在最大限度降低人员参与的前提下，利用RFID及其他传感器物联网技术，实现博物馆文物本体的实时定位识别、智能安防监控、藏品出入库的智能感知清点、藏品库房的日常智慧巡检等。

　　智慧博物馆建设是指在博物馆中建立更全面透彻的感知网络模型，利用任何可以随时随地测量、捕获和传递如观众、藏品、展厅、库房及相关设施信息的设备和系统，传递博物馆物理形态元素之间的状态变化，并促发系统适应性地进行智能化改变和提升；建立更加全面、深入和泛在的互联互通，消灭信息孤岛，使人与人、人与物之间形成系统化的协同工作方式；在感知和互联互通的基础上形成更为深入的智能化运作体系，在数据基础和协同模式的支持下，获取更智能的洞察并付诸实践，进而创造新的价值。这种智慧化的博物馆发展新模式，基本模糊了实体博物馆之间以及实体博物馆和虚拟博物馆之间的界限，形成了以观众需求为核心、以藏品信息资源为基础、线上线下相结合的新型博物馆发展新模式，形成了实体博物馆藏品、展厅、库房等资源整合基础之上的更高层级的智慧博物馆。

　　通过上述分析，可对智慧博物馆进行如下完整定义：智慧博物馆是指通过充分运用云计算、物联网、移动通信、大数据等新一代信息技术，感知、计算、分析与博物馆运行相关的人、物、活动和数据信息，实现博物馆征集、保护、展示、传播、研究和管理活动智能化，提升博物馆服务、保护、管理能力的博物馆发展新模式和新形态。

　　上述定义中的"与博物馆运行相关的人、物、活动和数据信息"分别是指与博物馆相关的人(游客、工作人员和机构)、物(藏品、设备设施和场所)、活动(收藏、展示、研究等)和数字资源(藏品信息资源库、人才与机构信息资源库、陈列活动信息资源等)的动态变化信息。狭义地说，智慧博物馆是使用各种先进的技术手段尤其是新一代信息技术手段改善、提升实体博物馆服务、保护、管理品质的智能化系统，可以理解成智能博物馆。但是，智慧博物馆绝不只限于单个实体博物馆的智能化，智慧博物馆可以基于多个实体博物馆(博物馆群)，甚至是在文化遗产保护的五大尺度(文物尺度、博物馆尺度、遗址尺度、城市尺度和无限尺度)之上搭建的智能化集成平台。智慧博物馆将博物馆（群）视为一个生态系统，博物馆（群）中的藏品、游客、征集、保护、展示、传播、研究、管理构成了一个个子系统。这些子系统形成一个普遍联系、相互促进、彼此影响的整体。

智慧博物馆概念的提出，本质上是新一代信息技术发展大潮下博物馆发展基调的理性回归，基本恢复了博物馆业务需求在信息化进程中的主导地位。智慧博物馆理念为博物馆创新发展提供了崭新思路，开辟了认识博物馆、发展博物馆的新视角。

三、智慧博物馆顶层设计

智慧博物馆建设的本质是传统博物馆业务需求与现代科学技术完美融合的产物。博物馆发展建设的核心价值是通过重建物与人的关系、物与受众的关系、物与社会的关系，使物得到妥善保管的同时，最大化地贴近观众，进入公共视野，发挥文化传承的作用。在此过程中，新技术、新媒体、新装备的应用担当了桥梁与渠道的角色。智慧博物馆的顶层设计应注重突破以资源为中心的传统保护、内部管理、宣教服务各自封闭的运行模式，在提高博物馆文物藏品深入保护、闭环精准管理的同时，强化博物馆的公众互动服务能力，全方位体现先进技术在博物馆建设发展过程中的科学性和智慧性，并推动文物资源数据、公共接口等相关标准规范的完善。依据博物馆的主要职能划分，博物馆的智慧性主要体现为：更透彻感知的文物智慧保护——从"内"到"外"精准监测文物状态，提高文物预防性保护的深度和力度；更深入智能化的馆内智慧管理——最大限度地减少馆内闭环管理工作中的人工参与，保证业务管理工作智能化、无死角、高效率；更全面交互的公众智慧服务——以多维展现互动形式，实现公众与文物交互的高度完美融合。博物馆保护、管理、服务三方面的智慧化建设相辅相成，缺一不可。文物资源只有经过采集传输、存储交换、保护研究、传播分享、社会反馈等加工再造过程，才能形成真正的知识服务，深入实现人与人、物与物、人与物的交互，才能将其智慧性充分体现出来。

如图2-1所示，智慧博物馆的顶层设计架构由五个层次构成，从下到上依次是：支撑技术层、标准层、感知层、数据层和应用层。

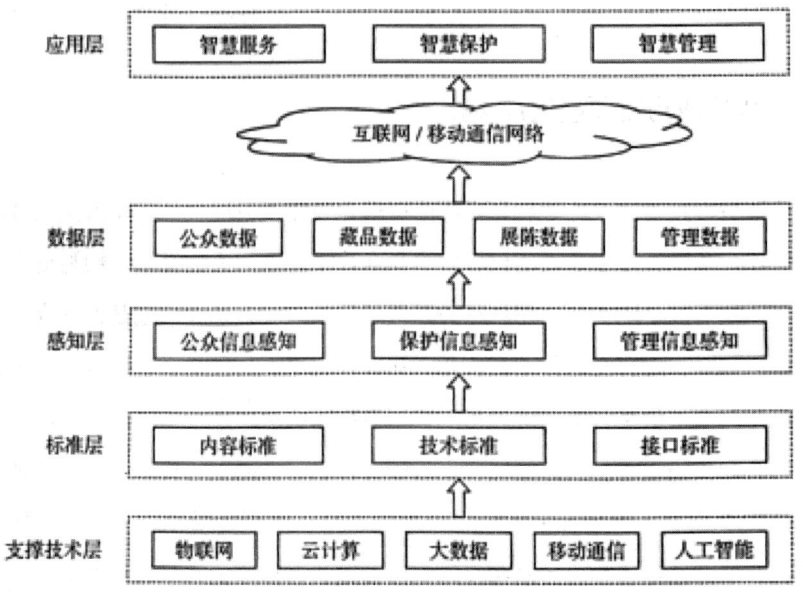

图2-1 智慧博物馆顶层设计架构

支撑技术层由物联网、云计算、大数据、移动通信和人工智能技术组成，构成智慧博物馆体系建设的基础条件。对于智慧博物馆支撑技术下文将作详述，此处不再赘述。

标准层是支持智慧博物馆多系统协作、海量信息汇聚融合和共享、多执行机构协同的基础。缺乏标准、多头建设很容易造成数据多口采集、相互隔离、缺乏同步、效率低下的局面，也难以实现不同系统之间的自动化协作体系，造成博物馆内部业务流程执行效率低下、智慧博物馆效能提升无法保证的局面。智慧博物馆标准层分三类标准：内容标准（各类博物馆藏品元数据规范、影像内容规范等）、技术标准（物联网、云计算、大数据、移动通信和人工智能等技术在智慧博物馆内的应用标准）、接口标准（各类系统、数据之间的访问接口标准）。

感知层是智慧博物馆实现其智慧的基本条件。感知层具有超强的环境感知能力和智能性，通过传感器及传感网等技术实现对藏品、设备、展厅与仓库的监测和控制，对博物馆公众、工作人员与相关资产的监测和控制，以及对博物馆范围内基础设施、环境、建筑、安全等对象的监测和控制。针对不同的服务对象，感知层面向三类感知对象，包括社会公众服务、博物馆保护研究、博物馆综合管理。

数据层的核心使命是让博物馆更加智慧。在未来的智慧博物馆中，数据是最有价值的战略资产。智慧博物馆的数据层是智慧博物馆建设中非常重要的一环，数据层的主要目标是通过数据关联、数据挖掘、数据活化等技术解决数据割裂、无法共享的问题,重点是为博物馆实现数据共享、数据活化等建立数据仓库和数据服务等。数据层主要是为应用层提供数据支撑,既包括藏品数据、展陈数据等博物馆重要的资源数据,也包括博物馆管理数据、公众数据等动态数据。

应用层由智慧服务、智慧保护和智慧管理三大类应用构成,分别面向社会公众、文保工作者、博物馆管理者。应用层是在支撑技术层、标准层、感知层、数据层之上建立的各种应用系统。宏观上智慧服务、智慧保护和智慧管理构成了智慧博物馆的智慧应用层,社会公众可以通过各种终端可视化地访问这些系统。

第三章　智慧博物馆建设之技术支撑

第一节　物联网

物联网英文名为 The Internet of Things，是物与物、人与物之间的信息传递与控制，它具有普通对象设备化、自治终端互联化和普适服务智能化三个重要特征。其概念最初由美国麻省理工学院（MIT）凯文·阿什顿和他的同事在1999年建立的自动识别中心（Auto-ID Labs）提出。他们主张将射频识别技术（Radio Frequency Identification，RFID）和互联网结合起来，为每个产品建立全球唯一的标识产品电子代码（Electronic Product Code，EPC），采用射频识别技术实现对产品的非接触式自动识别，然后通过互联网实现产品信息在全球范围内的识别和管理，形成物联网。

2005年，国际电信联盟（International Telecommunication Union，ITU）在突尼斯举行的信息社会世界峰会（Would Summit on the Information Society，WSIS）上正式确定了"物联网"的概念，发布了报告 ITU Internet reports 2005——the Internet of Things，并将物联网定义为：通过将短距离的移动收发器内嵌到各种配件和日常用品中，使人与人、人与物、物与物之间形成了一种新的交流方式，即在任何时间、任何地点都可以实现交互。随着物联网的发展，其定义和范围已经发生了变化，覆盖范围有了较大的拓展。2009年，IBM公司首席执行官彭明盛在"智慧地球"的理念中对物联网进行了如下描述：运用新一代的IT技术，如射频识别技术、传感器技术、超级计算机技术、云计算等，将传感器嵌入或装备到全球的电网、铁路、公路、桥梁、建筑、供水系统等各种物体中，并通过互连形成"物联网"；而后通过超级计算机和云计算技术，对海量的数据和信息进行分析与处理，将物联网整合起来，实施智能化的控制与管理，从而达到全球的"智慧"状态。目前对物联网较为常用的定义是：通过射频识别、红外感应器、全球定位系统、激光扫描器等信息传感设备，按约定的协议，将任何物品与互联网相连接，进行信息交换和通信，以实现智能化识别、定位、追踪、监控和管理的一种网络。物联网的基本特征是全面感知、可靠传送和智能处理。全面感知主要是指利用射频识别、二维码、传感器等感知、捕获、测量

技术，随时随地对物体进行信息采集和获取。可靠传送是指通过将物体接入信息网络，依托各种通信网络，随时随地进行可靠的信息交互和共享。智能处理是指利用各种智能计算技术，对海量的感知数据和信息进行分析并处理，实现智能化的决策和控制。

物联网的体系结构主要分为三个层次：感知层、网络层和应用层。感知层相当于人的感知觉层面，用于识别物体、采集信息，主要利用二维码标签和识读器、RFID标签和读写器、摄像头、扫描仪、GPS（全球定位系统）、传感器、传感器网络等实现。在智慧博物馆中，主要采集文物保存环境的湿度、温度、二氧化碳浓度、粉尘颗粒浓度等，参观人员的数量、行为、位置等，展品的位置、基础环境情况等。网络层主要借助于已有PSTN（公用电话交换网）、移动网络、互联网等把感知层获取的信息快速、可靠、安全地传送到各个地方，实现远距离、全方位的通信。在智慧博物馆中，主要实现部门与部门之间、人与人之间、物与物之间、人与物之间的信息交流。应用层完成信息的汇总、计算、分析、知识挖掘等，相当于物联网的控制层、决策层，提供丰富的应用项。在智慧博物馆中，应用层主要实现智慧管理、智慧保护和智慧服务。

第二节　大数据

大数据英文名为Big Data，意为一个体量特别大、数据类别特别大的数据集，并且这样的数据集无法用传统数据库工具对其内容进行获取、管理和处理。大数据的特点主要体现在以下四个层面：(1) 体量巨大，现在的大型数据集数据量一般在10TB规模左右，但在实际应用中，很多用户把多个数据集放在一起，已经形成了PB级的数据量；(2) 类型繁多，数据来自多种数据源，数据种类和格式不断扩充，已不再局限于结构化数据范畴，囊括了半结构化和非结构化数据，如网络日志、视频、图片、地理位置信息等；(3) 处理速度快，在数据量非常庞大的情况下，也能够做到数据的实时处理；(4) 价值密度低，价值密度的高低与数据总量的大小成反比，即数据量呈指数增长的同时，隐藏在海量数据中的有用信息却没有相应比例增长，反而使人们获取有用信息的难度加大，以视频为例，一部1个小时的视频，在连续不间断的监控中，有用数据可能仅有12秒。

智慧博物馆中的大数据来自日积月累的藏品、观众、环境、设施等，以及网络空间的微博、博客、播客等多方面数据，数据量异常庞大。在类型上，不仅包括结构化的数据、二维数据表等，也包括半结构化数据、邮件、资源库等，还包括非结构化数据，如藏品图像、藏品三维模型、展览视频、讲座录像、观众语音留言等，数据类型多样。在处理速度上，由于智慧博物馆要及时地为观众提供个性化的服务，因此需要实时采集、处理、分析大量与观众参观行为、使用偏好、互动交流相关的数据，数据处理速度快，响应及时。在价值密度上，智慧博物馆中的各类数据随时间的日益增加并不会将有价值的信息自动呈现出来，比如，关于5年、6年，甚至10年内的观众参观数据看上去并没有明显差异，但需要利用更为快速、复杂、智能化的数据分析方法来挖掘其中的有用信息，将信息转换为特定领域的知识，以指导决策。对大数据而言，其基本处理流程包括数据采集、数据处理和集成、数据分析和数据解释。围绕这些基本步骤，一批涉及数据存储、管理、处理和分析等的关键技术不断涌现出来，具体包括数据挖掘、关联规则学习、数据融合与集成、情感分析、网络分析、时间序列分析、分布式文件系统、分布式数据库、非关系数据库和数据可视化等。

第三节 云计算

云计算英文名为Cloud Computing，其概念和理论于2006年由谷歌在"Google 101计划"中正式提出。此后，云计算进入了公众视野。云计算是由分布式计算、并行处理、网格计算发展而来，是一种新兴的商业计算模型，也是虚拟化、效用计算、将基础设施作为服务、将平台作为服务和将软件作为服务等概念混合演进并提升发展的结果。目前，人们关于云计算的认识还在不断发展变化中，仍没有形成统一的定义。美国标准化技术机构（National Institute of Standards and Technology，NIST）的定义是：云计算是一种资源利用模式，它能以方便、友好、按需访问的方式通过网络访问可配置的计算机资源池（例如网络、服务器、存储、应用程序和服务），在这种模式中，可以快速供应并以最小的管理代价提供服务。中国网格计算、云计算专家刘鹏给出如下定义：云计算将计算任务分布在大量计算机构成的资源池上，使各种应用系统能够根据需要获取计算力、存储空间和各种软件服务。简单理解就是，云计算是一种方便的使用方式和服务模式，通过互联网按需访问各类资源池。

云计算主要有以下几个特点。

（1）按需服务。用户可以根据自身实际需求按需购买云计算资源，就像使用公共服务中的水、电和煤气一样。

（2）服务资源池化。服务提供者将各类资源（存储、处理、内存、带宽和虚拟机等）汇集到资源池中，通过多租户模式共享给多个用户，根据用户的需求对不同的物理资源和虚拟资源进行动态分配或重分配。对用户而言，具体物理资源的位置对他们是透明的。

（3）高可扩展性。用户随时随地可以根据实际需求，快速弹性地请求和购买服务资源，扩展服务内容，比如计算资源、存储资源等。

（4）广泛的网络访问。用户可以用不同的设备，包括个人计算机、手机、平板电脑等通过网络获取云计算资源，享受所提供的服务。

（5）可度量的服务。云服务系统可以根据服务类型提供相应的计量方式，报告给用户和服务提供商，并可根据具体使用类型收取费用，还可以监测、控制和管理资源使用过程。

从云计算部署的角度出发，云计算分为私有云、社区云、公共云和混合云。私有云是由一个组织进行管理和操作的。社区云由多个组织共同管理和操作，具有一致的任务调度和安全策略。公共云由一个组织进行管理维护，提供对外的云服务，可以被公众所使用。混合云是以上两种或两种以上云的组合。从云计算服务的角度出发，云计算服务类型可以分为基础设施即服务（Infrastructure as a Service，IaaS）、平台即服务（Platform as a Service，PaaS）和软件即服务（Software as a Service，SaaS）。在智慧博物馆中，云计算将各种存储、处理、分析等资源进行集中管理，实现了计算功能的超强组合，能够将大数据的作用充分发挥出来，可以实现对海量多格式、多模式数据的跨系统、跨平台、跨应用的统一管理、高效流通和实时分析，过滤无用信息，充分挖掘其价值。然而，如果没有大数据的信息积累，智慧博物馆的云平台也不能完全发挥作用，所以两者关系相辅相成，需要共同建设和发展。

第四节 虚拟现实

虚拟现实技术（Virtual Reality，简称VR）是一种可以创建和体验虚拟世界的计算机仿真系统，它利用计算机生成一种模拟环境，是一种多源信息融合的、交互式的三维动态视景和实体行为的系统仿真，能使用户沉浸到该环境中。

VR技术是利用计算机对现实世界进行仿真或是创建一个未知的虚拟环境，让使用者从视觉、听觉、触觉等方面来感受模拟的空间。如果使用者进行位置的移动，计算机可以立即进行计算，将精确无误的模拟影像传回，让使用者如同身临其境。

因此，VR 技术具有身临其境感、构建性、交互感、动作性以及自主性等特征。

目前，VR 技术多应用于医学、军事航天、工业仿真、室内设计、教育等领域，并逐渐在博物馆文物保护和科技展陈中运用，运用 VR 技术可以创建一个新的场景，特别适合于那些已经消失或者残缺文物的展示，起到文物保护的作用，同时可以对文物遗址进行复原，让观众不到实体博物馆就可以通过 VR 技术身临其境般地游览博物馆。

第五节　全息技术

全息技术是综合运用互联网、人工智能和光电信息处理的一门技术。其原理是利用光的干涉与衍射，实现对物体信息的记录与还原，其中被记录的干涉条纹称为全息图。与 VR 技术不同的是，全息技术本质上是一种投影技术，只需将影像投射到一定的介质上就可直接观看到逼真的立体影像，而无须借助特定的头戴式显示器。

目前，全息技术在博物馆领域的应用形式主要有全息投影技术和幻影成像技术，其中，全息投影技术是一种虚拟成像的显示方式，其基础原理的工作方式是：通过光源如投影仪和 LED 将制作好的三维物体视频，投射在贴着全息膜的材质片面上，通过干涉和衍射技术，使投影素材除了黑色之外的像素信息显现出来，最后给人的视觉效果集立体感和真实性于一体。另一种常用的技术是幻影成像，这种投影成像是基于四面椎体的全息膜材质，当制作好的视频内容通过光源投射到四面体椎体全息膜材质时，光线的衍射将会使光信号反射后聚集在一起形成具有真实立体效果的影像。

第六节　增强现实

增强现实技术（Augmented Reality，简称 AR），它是一种将真实世界信息和虚拟世界信息"无缝"集成的新技术，是把原本在现实世界的一定时间空间范围内很难体验到的实体信息（视觉信息、声音、味道、触觉等），通过电脑等科学技术，模拟仿真后再叠加，将虚拟的信息应用到真实世界，被人类感官所感知，从而达到超越现实的感官体验。真实的环境和虚拟的物体实时地叠加到了同一个画面或空间同时存在。

目前，移动 AR 技术正如火如荼地发展着，它的基本原理是：通过手机摄像头拍摄到现实场景,当 AR 在设计的时候确定了相关的识别源,在手机抓拍与识别源相关联的现实场景后即可触发,并通过服务器运算或者在数据库中检索到,即可实现虚拟场景和现实场景的叠加,从而实现真实世界和虚拟世界的融合再现。

一直以来,人们都希望文物能够"活"起来,AR 技术特别适用于静态场景的动态虚拟叠加,特别是在博物馆文创产品的开发中,AR 技术的应用非常广泛,比如文创电子书,让原本静态的图文变得活泼起来,更好地实现了人和物之间的互动。

第七节 智能中控

中控系统是指对声、光、电等各种设备进行集中控制的设备。它应用于多媒体教室、多功能会议厅、指挥控制中心、智能化家庭等。用户可用按钮式控制面板、计算机显示器、触摸屏和无线遥控等设备,通过计算机和中央控制系统软件控制投影机、展示台、影碟机、录像机、卡座、功放、话筒、计算机、笔记本、电动屏幕、电动窗帘、灯光、音响等设备。当把几个独立的中央控制系统相互连接起来,就可构成网络化的中央控制系统,可实现资源共享、影音互传和相互监控,协同控制计算机、影碟机、录像机、视频展台等现代视听设备,并集中控制电动窗帘、灯光、幕布等设备,通过大屏幕投影,营造出一个高清晰、高保真、受控声光背景的现代化多媒体视听教学环境。

随着信息技术的高度发展,博物馆展馆也引入大量的硬件设施设备,并充分利用声、光、电技术营造高品质的展陈形式,对此,智能中控在博物馆领域发挥着重要的作用,管理员只需要通过平板电脑、手机、触屏等终端,即可实现对展厅、展馆的所有电子设备等硬件系统进行智能化控制。可统一或单独控制展厅中各种设备开关;智能化控制展厅展馆环境设备,如窗帘、电动屏幕、音响等;对展馆内展示系统进行控制,自由调控影片的播放、切换、音量调节及影片播放的进度等,同时支持对展馆灯光可实现强度由强到弱等不同变化。

第八节 室内定位技术

室内定位是指在室内环境中实现位置定位,主要采用无线通信、基站定位、惯导定位等多种技术集成形成一套室内位置定位体系,从而实现人员、物体等在室内空间中的位置监控。

除通信网络的蜂窝定位技术外，常见的室内无线定位技术还有：Wi-Fi、蓝牙、红外线、超宽带、RFID、ZigBee（紫蜂）和超声波。

定位技术可以提供精准室内导航、人员/物品实时定位、历史轨迹查询、虚拟地理围栏、位置数据收集、系统联动、互动营销，因此在博物馆领域广泛应用，下面将分别对这些应用情况进行介绍。

一、精准室内导航

在复杂室内环境下实现基于移动智能终端的实时导航，精度一般为 1~5 米，可实现跨楼层路线导引。主要应用于大型商超为客户提供智能导购、医院为病患提供电子导医、智慧园区为访客提供智能引导等服务。

二、人员/物品实时定位

可对人员、物资、设备等目标进行精准定位，精度一般分为厘米级定位、米级精度的定位，主要应用于人员定位看护、物资定位管理。常见场景有访客定位管理、仓储设备定位管理等。

三、历史轨迹查询

可随时查看人员、物品在某个时间段内的移动轨迹，便于实现人员岗位巡查、人员行为分析、物资调度安排等。主要应用于事件历史追溯、养老院老人智能看护等。

四、虚拟地理围栏

通过系统在关键区域设置虚拟围栏，一旦人员、物资、设备，未经授权进入或离开某区域，立即预警，保障安全。主要应用于人员防走失、岗位管理、物资管控等。

五、位置数据收集

可在数万人的大型会展中实现全时段位置信息收集，全面收集人群行为轨迹，查看人员在某展位的停留时间、观览数据，提供精准营销数据，为客户回访和针对性营销提供保障，提升展会客户转化率。

六、互动营销

对于大型商超、景区、会展等场景，可以通过互动消息的推送实现线上线下互动营销,如微信"摇一摇周边"、景区智能导览等大多是基于此服务。

七、系统联动

可以与定位现场的声光报警系统、视频监控系统进行联动,实现预警的同时触发警铃或是现场视频画面,便于高效决策。

第九节 三维展示技术

文物的三维虚拟展示与参观是信息技术提供文化遗产传播最直接和最重要的形式。与传统方式相比,其优点有:可以突破时间和地域限制,极大地拓展文化遗产的影响;可以防止参观者与文物的直接接触,使得大规模的非破坏性展示成为可能,加强了对文物的保护;可以虚拟地复原出文物的原始面貌,为参观和研究提供更为丰富的资料。

三维场景编辑陈展的关键是三维建模。虚拟现实中的三维建模分为数据建模和过程建模。数据建模包括连续建模和离散建模,过程建模包括分形建模、图像建模、图形建模、几何建模和混合建模。其中,对于文物三维建模来说,整个过程大致包括三维原始数据获取、去除噪声、曲面拼接、修补"洞",最终得到一个可以在计算机上显示的具有三维特征的网格。

通过表面绘制功能,抽取三维原始数据中的表面数据,将贴图纹理附着于网格模型基础上,形成文物的三维模型。

场馆的建模方式大致类似,构建出场馆三维网格后,对场馆的整体风格进行模拟构建,呈现出一个虚拟的展厅。

可视化编辑。在构建好三维场馆和文物模型后,呈现出一个虚拟的展示效果。可视化编辑器可对临展场景进行虚拟临展的模拟,在布展未开始时,提前进行三维虚拟模拟,获得布展后效果展示,同时可对展厅的每个布展区域和内容进行设置。可视化编辑器可对每个展品信息进行编辑,针对展览的不同需要,更换展品图片和视频。

虚拟展示。三维编辑陈展引擎提供虚拟展示功能,可进行网上文物三维展示,兼容多种主流浏览器,三维模型可在网页、移动应用等终端进行展示。

第四章 智慧博物馆建设之智慧保护

第一节 藏品的监测

藏品本体监测是通过人工或利用光学、质谱、雷达、激光、频谱等探测感知设备完成文物构件质地、成分、位置、颜色、结构、倾斜、振动、应力等特征信息采集与记录，实现文物本体状态感知与信息获取。

一、文物藏品种类繁多，监测方法手段各异

文物藏品涉及陶器、瓷器、铜器、书画、玉器、刺绣、石刻、碑帖、钱币、有机物、纺织品、民族民俗文物、近现代文物（包括革命文物）等，种类繁多，其监测方法和手段各异。

馆藏典型金属文物（青铜器、铁器）氧化、环境腐蚀等监测及其表征技术。采用色谱仪、石英晶体微天平（QCM）反应性监测、大气腐蚀监测（ACM）等设备对馆藏典型金属文物成分质地、环境腐蚀进行实时监测，检测甲醛、甲酸、乙酸、氨、硫化氢、臭氧等典型气态污染物、温度等环境因素及其交互作用对典型金属文物腐蚀过程的影响。例如温湿度、二氧化碳、VOC 传感器在重庆中国三峡博物馆等重点博物馆的馆藏文物保护中得到了广泛应用，建立了馆藏珍贵文物预防性保护系统。

馆藏有机文物劣化监测及其表征技术。针对纸质文物老化、变形、颜料染料褪变色等劣化病害，通过光谱技术、扫描电镜、聚合度、颜色、数字图像技术等多种表征手段，从分子、微纳米到宏观层面，多角度反映纸质文物典型病害形成发展过程；针对馆藏丝织品文物常见老化、褪色损害，采取基于分子光谱、超高效液质、显微分析等无损或微损为主的表征技术，监测敏感微观分子结构、染料成分、力学性质变化；针对馆藏漆木器在保存展示过程中的腐蚀、虫蛀、褪色、变质、变形等主要劣化病害，采用视频、电镜、力学、生物分析等手段，检测漆木器外形及内部劣化病变变化。

馆藏壁画检测及其表征技术。针对现存馆藏壁画的主要分布地、气候环境、藏

展方式、藏展环境和保存状况不同，结合壁画的工艺特点、入藏处理（主要涉及颜料层的修复材料残余情况及现有支撑体材质等），以成像手段（高光谱分析、热像技术等）为主，结合测色、成分分析，反映馆藏壁画微劣化发展状况。

馆藏石质文物检测及其表征技术。针对现存大量馆藏佛像、石碑、石刻等石质文物破坏、盗窃、移位等情况，采用视频监测、无损探测、微痕检测、特种频谱量子点标记检测、水盐检测等新技术、新装备对馆藏石质文物本体稳定性、安全、病害等实施全方位监测。例如：馆藏文物重力重心、振动、倾斜传感器，特种频谱量子点标记及检测技术装备在对中国西南地区石质文物的检测及保护中得到广泛应用。

二、智能化监测应用，减少文物管理人工参与

人为认知能力的局限性有时会阻碍文物保护工作的有效开展。人为威胁因素是指导致文物不合理保护和管理的人为认知能力的局限性、对文物产生不良影响的各种人类活动等，如过时保守的管理模式、不适当的保护干预等。人为威胁已成为文物保护工作中需要着力解决的主要威胁因素之一。应通过智能化监测应用，减少可能对文物造成的威胁。

（一）文物本体信息自动采集与监测

鉴于文物的特殊性，现有的常用监测技术手段无法满足文物保护研究工作中对文物监测的高要求。为保护价值珍贵、数量庞大的馆藏文物，满足对文物材料质变、风化病害、破坏受损等全面监测需求，有效开展博物馆文物保护工作，确保我国博物馆发展建设进程与国际发展水平同步，有必要开展专门适用于文博行业的先进材料识别技术、红外热成像监测技术、无线感知信息采集技术、全频段高光谱图像分析系统等监测装备的研究和应用。其中，高光谱技术利用紫外到红外区域光谱（400-2500纳米全频段）对文物不同材质构建独特的光谱特征，采用图像分析系统，对考古探方内文物残留与痕迹信息进行科学提取，快速识别文物材质、分析成分，形成遗址环境文物图像分析技术、方法和体系，为考古工作者提供快速的材料性质、特征和材质的判别依据。对文物进行高光谱成像分析，既可以确定文物的大体类型，也可以确定同一种类文物之间的关联关系，辅助考古学家解读该信息所蕴含的深层次内容，还原文物真实信息和所体现的时代背景和历史意义。例如：三星堆遗址祭祀坑考古发掘配备了先进的高光谱探测装备，为三星堆世纪考古工程提供了坚实的科技装备保障。

(二)构建文物监测综合信息系统

目前,国内大多数博物馆依然存在文物系统监测与评估相对孤立的问题,各博物馆的信息系统大多为分散的"信息孤岛",应在此基础上开展共性技术标准的研究,并充分利用水文气象、地质分析、盗警、火警、社区信息等,形成完整的、系统的、互联互通的用于文物监测、管理、决策和处置的信息化平台,为科学、高效、有力的管理提供技术支撑。通过大数据、云计算、海量数据存储和传输技术、远程异构数据仓共享技术等智慧技术的应用,实现监测数据实时采集、统一存储、管理、分析、基于3DGIS的三维立体图形化交互和量化风险预警,建立多种风险指标体系和评估体系,提高文物保护的深度和力度。国家重点研发计划"基于大数据技术文物安全综合信息应用平台关键技术研究"项目的安全信息接入和融合分析关键技术及装备在信息应用平台中发挥了重要作用。

第二节 藏品的环境调控

一、外环境调控

创建馆藏文物"稳定、洁净"的保存环境,是博物馆文物保护工作的重要前提。对馆藏文物保存环境进行长期、实时、精准监测和科学、合理、智能分析,是消除文物遭损隐患、实现文物预防性保护和博物馆跨越式发展的重要手段。在当前的文物保护研究工作中,文物藏品的存放环境这一可能导致文物破损的重要影响因素往往容易被忽略。我们要克服以往文物保护工作的固定思维模式,认识到环境因素对文物材质影响的初期不可见性,通过馆藏文物保存环境的调控,达到保护文物的目的。

(一)馆藏文物保存环境监测

鉴于博物馆对外开放、难以封闭的服务性质,博物馆周围的环境污染影响着博物馆内的环境质量,区域环境质量的下降不可避免地对文物材质造成持续不断的损坏。自然环境的恶化正潜移默化地对文物材料造成不可挽回的老化、腐蚀等影响,并正以惊人的速度继续吞噬着珍贵的文化遗产。文物外环境调控对象种类及指标主要包括:①温度和相对湿度;②酸性气体,包括甲醛、甲酸、乙酸、氨、臭氧、挥发性有机化合物(VOCs)、二氧化氮等;③光照水平,包括可见光和紫外光;④生物和微生物，包括虫害和霉菌等；⑤藏展材料，包括囊匣制作材料、展陈装饰与辅助材料、文物衬垫与包装材料等。国内外已普遍利用先进传感器、物联网和数据库技术构建文物保存环境多源感知平台与监测系统，对文物库房、展厅环境和运输环境参数进行实时监测。例如：国家重点研发计划"馆藏文物预防性保护风险防控关键技术研发示范"项目的馆藏文物保存环境监测异构自组网集成技术及装备得到了广泛应用。

(二) 藏品/展品外环境调控现状

国内大多数博物馆对分布于展厅、库房、陈列展柜、存储柜、囊匣的馆藏文物保存环境调控对象仅限于温湿度，个别通过监测室内环境中二氧化碳浓度，人为调控游客流量。目前尚缺乏集物联网技术、智能图像监测等先进信息技术的高效集成、融合应用的环境调控措施。

二、遗址环境调控

(一) 馆藏文物保存环境智能调控技术

这一技术，目前国际市场主要依靠传统的暖通设备实现，如西门子公司可编程的 PLC 系列、意大利卡乐公司可编程的 PLC 系列等。在能耗管理方面，2016 年，谷歌和 Deep Mind 合作，使用机器学习的方法，优化数据中心环境控制的能耗问题。芬兰 Lean heat 公司通过物联网和人工智能技术提供的供热管控系统，解决建筑物供暖和节能问题。格力电器于 2018 年发布 GMV6 人工智能多联机、美的公司于 2019 年推广的 M-BMS 智慧楼宇管理系统，实现了精准、高效、优化的智能调温和空调能耗管理。大空间新风式免水恒湿环境调控系统，采用先进串级控制技术、通讯多级互联技术实现湿度精确控制和数据互联，实现高湿度环境下文物展存环境稳定调控。文物保存环境参数调控的数量种类、精准均匀性要求远远要高于传统暖通空调系统的效能。随着博物馆为保护文物而更多地使用空调设施，节能必将成为一种新的迫切需求。因此，应用现代先进技术，实现基于新型物联网技术的环境监测系统与传统暖通设备的联动，达到"智能、精准、节能"的调控目标，是当前发展的重点。

(二) 馆藏文物保护风险防控集成平台

(1) 馆藏文物保存环境风险评估系统

在获得海量多元异构数据后，需实现对海量环境数据的有效利用与深度发掘，

将环境数据与文物本体风险状态建立有效关联关系。在对馆藏文物本体和环境监测的基础上，通过模拟试验、数学预测等方法，建立典型环境参数变化导致腐蚀病害发展的映射关系，建立各类馆藏文物典型评估指标及其关联模型，提出馆藏典型文物风险指标防控评估准则。对主要的劣化问题和环境控制问题进行归类，形成金属文物（青铜器、铁器）、有机质文物（纸质文物、丝织品、漆木器）、壁画、石质文物（佛像、石碑、石刻）监测预警及环境风险分级防控指标体系、指标评价准则。在将监测数据与经验知识充分融合、挖掘、利用的基础上，完善环境风险状态表征的系统性和精准性，建立馆藏文物风险防控机制。

（2）馆藏文物保存环境调控管理系统

对馆藏文物智能化、精准、友好、科学的管理是博物馆履行好藏品基本管理职能，保证文物免受不合理人为干预的重要举措。运用馆藏环境分布式监控一体化成套技术与装备，采取预防性保护装备、主动监测技术、消毒熏蒸、防震抗震等多种手段调控文物保存环境，建立基于人工智能的环境精准调控机制和算法，构建馆藏文物保存环境调控管理系统，并能互联互通应用于异构监测终端和调控设施系统中，提升馆藏文物的科技保护能力。

（三）遗址环境监测

遗址现场环境恶劣，信息量巨大，以青铜器、金器、玉器为代表的无机质文物，以象牙为代表的有机质文物以及潜在的竹木器、纺织品等文物微小碎片，蕴藏着非常丰富的人类活动痕迹信息、分子与生物信息以及其他有重要研究价值的历史信息。在环境检测中，要求突破传统的环境监测方法和思维模式，科学地保护出土文物，涉及遗址环境检测、遗址考古专用装备等重点系统。

（1）遗址环境监测系统

遗址考古发掘集成平台在考古发掘工作完成后，作为博物馆永久建筑保留。其中，探方环境调控系统具备遗址发掘现场的温湿度、二氧化碳、甲烷、振动、坑壁倾斜、含水量、导电率、特种光照等遗址环境综合信息检测及通风系统等功能。根据文物保护需求，系统搭载多种类数字监测终端：采用中央空调系统调控温度；喷雾加湿系统稳定湿度；专用照明系统包括探方内特种工作照明系统和普通照明系统，构建遗址考古发掘平台的照明体系，满足各功能区照明照度要求，控制紫外线、红外线及曝光量，做到光线柔和舒适、不对文物造成影响。三星堆多功能考古发掘平台研发的温湿度、重力、倾斜等传感器监测与永久数据存储系统，为三星堆考古发掘提供了可靠便捷的环境监测保障。

(2) 遗址考古专用装备

为对遗址发掘前内部不可见因素进行预先探测，应提取探方内脆弱文物、富集文物开展实验室研究，满足文物本体结构、形貌、材料、成分元素观测与分析需求。运用 X 射线探测系统、太赫兹探测与分析系统、发掘前预探测系统等遗址考古专用装备，形成对考古与文保的重要科学支撑和基础技术支撑。

1. X 射线探测系统

在遗址考古发掘现场，利用 X 射线的穿透作用、差别吸收、感光作用和荧光作用，在荧光屏上或摄影胶片上 (经过显影、定影) 将显示出不同密度的阴影，从而对探测物体有初步的认识。配备 X 射线探测系统、荧光光谱仪，可以进入狭窄区域或在较大表面积区域活动，可快速生成高分辨率图像。对细小微结构文物应用 3D X 射线显微成像系统，满足对文物构成本体和复杂环境亚微米及微米级微结构三维建模的需求，形成遗址环境综合信息提取技术、方法及后期处理体系。

2. 太赫兹探测与分析系统

太赫兹是检测以古象牙为代表的有机质文物、以木质结构为代表的古建筑结构内部状态的最有效手段，采用太赫兹成像系统对探方平面进行快速的光谱成像分析，可发现潜在的文物痕迹，形成内部监测与外部环境分析相结合的分析保护手段，为考古工作者提供快速的材料性质、特征和材质的判别依据。

3. 发掘前预探测系统

研发以探地雷达及识别技术为代表的发掘前预探测系统，用于对土体 (砂石等) 内部的成分 (金属、非金属、有机物、无机物等)、结构 (空洞、疏松、裂缝等)、环境 (富水情况) 进行构造解释、探测识别与分析，对检测目标进行精准定位，对发掘前内部不可见因素进行初步探测及预判。

综合考虑智慧博物馆的保护功能，针对文物藏品本体管理、存放环境监控、遗址环境检测等应用场景，在明确分辨和充分融合馆藏文物多种影响因素的前提下，合理地运用计算机技术、物联网技术、数字化技术等先进技术手段，为博物馆文物藏品保护工作推陈出新、提高服务质量提供重要的决策支持，持续提升文物藏品保护工作的信息化建设水平。

第五章　智慧博物馆建设之智慧管理

第一节　藏品管理

一、藏品实物的智慧化管理

智慧博物馆的提出，让人们对博物馆与人（主要是面向观众的服务与管理）之间的关系更加重视，但同时，博物馆与物（藏品、展品）之间的关系仍不可忽略，即在从"以物为本"向"以人为本"的观念转变中，不可忽视"物"的重要性，正如段勇在《藏品是博物馆实现宗旨的根基》一文中所述"藏品是博物馆的立馆根基，是博物馆完成使命、实现宗旨的根本所在"。

（一）藏品动态管理的智慧化

藏品动态管理的智慧化首先是对藏品一般管理的流程能够进行优化，进而通过传感设备、管理系统和物联网技术达到对藏品动态管理的智慧化。

藏品征集的智慧化——首先系统通过对博物馆展陈、研究职能定位的分析和馆藏现状的分析为决策者提供征集藏品的类别范围，并能根据互联网大数据分析提供征集线索及征集方案。

藏品鉴定的智慧化——在藏品数据信息采集充分完整、藏品数字化建设完善、藏品信息分析全面透彻的基础上，对新征集的藏品进行鉴定或博物馆因其他原因对藏品进行鉴定时，完全可以依靠大量的数据信息完成智能鉴定，此外，人工智能技术的发展进步，使得 AI 鉴定在未来也可能代替专家鉴定的部分或全部工作内容，助力藏品智慧化管理建设。

藏品编目的智慧化——藏品入藏时首先将藏品基本描述信息输入数据库中，藏品管理系统根据规定的算法对新的信息和已有的数据信息进行比对，智能生成新入藏藏品的分类编号等具体的编目信息，并科学规划与管理藏品的分类入库，合理安排库房排架的使用。

藏品展陈的动态跟踪管理——随着博物馆事业的蓬勃发展，借展、巡展等展览方式已经成为博物馆举办临展的主要方式之一，相应地，藏品的动态跟踪管理成为近年来博物馆藏品管理工作中最值得关注与思考的问题。藏品展陈的动态管理应该考虑对藏品点交运输过程的跟踪管理、对外借藏品各相关数据的动态获取与管理、对借展藏品在展出前后及展览期间的管理。一般地，国内博物馆对借展藏品的管理是在合同书上写清职权，对于展柜的微环境、密封性、安全性作出规定要求，展出期间的情况只能依靠展出方自觉履行相关的义务，但此类数据展品借出方一般无法获得。动态管理不仅仅是空间位移变化的动态管理，对藏品保存与展示空间环境的变化情况以及藏品受环境影响而发生的自身变化也应能够得到智能管控。

（二）基于 RFID 技术的藏品库房管理和展厅管理

RFID 技术近年来已广泛应用于博物馆藏品的非接触管理，其技术原理可概括为：RFID 电子标签用以著录存储藏品身份信息，阅读器发射特定频率的信号给电子标签，从而驱动电子标签内部数据的输出，阅读器再接受这些数据信息，并传输在相关联的系统中，系统则负责对所有数据进行分类有序化的汇总呈现，管理者通过系统数据则可掌握藏品基本信息，并指导相关决策。

目前电子标签的种类主要有三种：被动型无源电子标签、主动性有源电子标签和半有源电子标签，博物馆常用的为无源电子标签，这主要是因为其技术相对成熟、成本低、体积相对较小等便于利用的优点，如首都博物馆、南京博物院、秦始皇帝陵博物院、大同市博物馆等都有自己相对成熟的基于 RFID 技术的藏品管理系统，该技术的应用集中在以下几个方面：

（1）藏品库房盘查工作。传统的藏品盘查工作主要依靠藏品保管部的工作人员人工手动对藏品进行逐一盘查，这对于藏品数量庞杂的大型博物馆来说无疑是一件耗时耗力的大工程，而利用电子标签技术，藏品管理者可以快速高效地完成藏品盘查工作，南京博物院曾在其金属一库文物库房中实验利用 RFID 技术对其保存的 4322 件（套）藏品进行智慧盘查，结果显示：利用手持阅读器，控制盘查距离可在 2-3 米之内，则盘查实际库藏文物共花费 193 分钟，平均每一件藏品的盘查时间为 2.72 秒；文物最多的 70 号器物柜共 447 件（套），耗时 11 分钟，每件盘查时间约 1.48 秒；理论识别率为 99.99%。以上实验结果证明了该技术应用于藏品盘查工作的可操作性、高效性及准确性。不过，RFID 技术在实际应用于藏品库房盘查工作时中，也存在一些问题，如：标签与藏品的粘结问题、射频识别信息的有效性问题、电子标签生命周期短、利用电子标签无法查验藏品保管现状等问题，对于藏品数量高达数十万的省级、国家级博物馆来说，给藏品制作电子标签本就是一项耗时耗力的工程，其为博物馆藏品管理带来便利的同时，技术本身需要投入的运营维护成本及将来所面临的技术升级问题也让很多博物馆在利用该技术时不得不谨慎考虑。此外，对于藏品盘查工作而言，利用电子标签技术确实可以在一定程度上提高工作效率，减少人力资源的投入、缩短盘查周期，因此，利用 RFID 技术进行藏品库房盘查对于小馆而言更实用，因为其藏品体量较小，实现起来更方便，大馆的藏品体量太大，从成本投入及最终可实现的效果来看，整体可行性有待商榷。针对目前出现的这些问题，从提升技术水平和改革技术手段上入手，以解决上述问题为目标，探寻更加适用于大型博物馆藏品库房盘查的技术，以提升库房盘查工作的智能化水平。

（2）藏品出入库管理。相较于藏品库房盘查工作，RFID 技术盘点速度快的特点用于藏品出入库管理倒是一种提升藏品管理工作智能化水平的有效手段。藏品出入库管理需要对藏品数量和具体信息及出入库前后的状态进行清点盘查，除了对文物现状的盘查无法识别外，藏品的数量清点和信息盘查均可通过电子标签和阅读器进行快速准确的识别，从而缩短藏品出入库盘点的时间。在出入库盘查时还可以通过系统连接，自动生成点交清单的确认信息，最后管理员确认签字即可。

（3）藏品展厅管理。RFID 与 GIS 技术和各种传感技术结合，定位藏品具体的展陈位置，检测藏品展陈环境的变化情况，完成数据采集，并与 RFID 电子标签中藏品信息结合，既能实现对展厅中藏品的日常盘查，又能实现对展示过程中藏品相关数据的采集存储，并通过对以上数据的分析，实现对展厅中藏品的科学管理。

RFID 电子芯片技术的基础依然是数据库，没有数据库的支持，芯片也无法起到相应作用，数据库如果不完整、不准确也没用，给馆藏文物贴电子标签实际相当于将藏品信息数据库要一一重新校对一遍，这无疑也是一个相当大的工程，需要投入大量人力、物力、财力；其二，芯片的物理粘合问题一直没有解决，如果贴在盒子或囊匣，文物从盒中取出后标签的存在也就没有了意义，如果要与文物紧密接触，通过何种方式保证这种结合的有效性（不可分离的效果）同时保证不对文物本体产生影响，这些问题都还没有一个很好的解决方案。藏品的智慧化管理需要分步骤慢慢推进，RFID 技术用于藏品库房管理存在一定弊端，但用于藏品出入库盘查和藏品展厅现状的监测管理等工作中能在一定程度上实现智慧管理的要求。

（三）基于物联网和环境监控系统的藏品预防性保护管理

物联网技术可以实现"万物互联"，其实质上是"利用传感技术，按约定的协议，把所有物品与互联网相连接，达到信息交换和通信的目的，以实现对物品的智能化识别、定位、跟踪、监控和管理的一种网络。"物联网的发展从根本上提高了博物馆对信息进行实时采集和整合管理的能力,也将促进博物馆在宏观与微观的调控能力,最终实现"以人为中心"的博物馆智能化建设。

藏品管理本就包括"管"与"理"两个层面的含义,对藏品的"管"又包含"保管"之意,这也是藏品管理工作中保证藏品安全与保持藏品原状的工作职责之一,为此博物馆需要在藏品管理的过程中对藏品采取预防性保护的相关措施。预防性保护的管理,就是能在入藏之处的藏品及现有的藏品保管状态做出合理的分析,并对其在将来的保存过程中可能遇到的风险进行预测,提前做出应对风险的保管措施,如:对纸质文物的保护,考虑其会受到温湿度、虫蠹、微生物、酸碱物质、光照中的紫外线等因素的影响,在保存过程中注意对此类影响因素的控制与检测,并制定特殊囊匣和存储柜、展柜进行存储和展示。这体现了藏品管理过程中让文物尽可能长久保存的意识。对于藏品的预防性保护来说,首先是对藏品进行分类、分库、分架管理,并针对不同材质、不同保管需求的文物配备专门的保存囊匣或定制专门的展架展柜,其次是通过环境检测系统实现对环境的实时监控和数据采集,最后在监测的基础上实现对藏品保管环境的人为调控甚至智能调控。预防性保护的理念主要是通过有效的监测、评估、调整、管理,抑制各种环境因素对文物的危害作用,使文物处于一个"洁净、稳定"的安全保存环境,尽可能阻止或延缓文物的物理和化学性质发生改变,达到长久保存文物的目的。通过预防性保护的手段可以实现从对文物抢救性的被动修复到预防性的主动保护的一个转变,从而有效防护文物保存环境对文物可能带来的损伤,最大程度地保持文物的原有状态,延长文物寿命。

从智慧博物馆建设的角度出发探索藏品的预防性保护管理在国内多家博物馆已开展相关研究与应用。广东省博物馆的预防性保护措施首先是对藏品进行分类分库管理,并保证库房的恒温恒湿,一般由库房中央空调控制温度变化,湿度由调湿剂、除湿器、加湿器等试剂和设备调节,对于容易受环境影响而发生改变的藏品配置专门的储存柜,对于展厅内的藏品,在展柜中添加试剂调节微环境。同时,利用环境监控系统和保护信息管理系统实现对藏品环境的实时监控。成都博物馆的预防性保护首先是针对其所处地理位置容易发生地震灾害的情况对库房建筑及展柜等做了防震处理,其次建立了馆藏文物保存环境监测系统,并安装检测终端设备——温湿度监测终端、二氧化碳(CO_2)-温湿度合一监测终端、有机挥发总量(VOC)-温湿度合一监测终端、光照度-紫外线-温湿度合一监测终端等,通过将所有的监测终端和数据接入系统中,管理员登录管理系统就可以进行监控。从目前预防性保护的实践来看,其智能监测水平已初步满足智慧博物馆建设的要求,但对于检测数据的分析、利用以及针对检测结果做出智能调控的水平还有待提升。

（四）藏品现状的可视化管理

藏品现状可视化管理的实质是对各种数据的统计、分析与展示，其内容可分为宏观和微观两个方面。宏观的可视化管理就是通过综合的管理系统和可视化平台，为管理员展示博物馆藏品管理的整体现状，包括馆藏总量，各分类体系下的藏品数量，藏品库房保管现状，藏品展厅展示现状等；微观的可视化管理是通过聚焦到一件藏品上，并以类似思维导图的形式展示藏品相关的所有信息，同时，还能对藏品保管现状的变化进行实时监测与动态跟踪，让人眼无法轻易识别的藏品微观变化通过技术手段的检测和数据分析展现在可视化管理平台中，从而为更加科学合理的管理与保护提供依据甚至是相应的问题解决方案。

可视化管理的实现也需要应用物联网、云计算、大数据等技术手段，其核心在于对数据的统计分析，并以图表、模型图示、动画、视频、音频等方式展示于可视化中心平台。如：上海博物馆目前已构建了可视化数据中心，其所展示的内容包括：客流参观、观众服务、馆藏文物、传播教育、文创成果、基础信息六个板块，并对以上板块的信息可做到实时更新。

二、藏品信息的智慧化管理

对于藏品基本信息的管理，各博物馆都建有藏品管理系统，对藏品基本的档案信息进行存储与管理，但总体上，藏品管理系统目前的功能建设依然存在不足，各个馆应该根据自身情况及各部门的需求对系统的功能建设再次完善，国家标准只能作为一个参考标准，而博物馆应该在此基础上充分考虑自身条件和业务需求，建设跟高标准的藏品管理系统。同时，应加强标准化建设与个性化建设的结合，探索更多的模式和方法，创建满足本馆管理需求的藏品管理系统。

（一）藏品基本信息的智慧化管理

藏品基本信息主要是用以描述藏品本体特征、现状及流传经历等要素的信息，其就像藏品的基因，如果能在藏品入藏前对其所包含的各种信息（包括人眼可见的外形、大小、颜色、质地等和人眼不可见的内含物、微量元素或成分、内部结构等）进行"基因测试"并生成专属的"基因报告"，存储在藏品信息数据库中，就可以对藏品信息实现更科学的管理与利用。管理过程生成的各类藏品信息作为"藏品基因"，对于藏品的预防性保护与监控、藏品的修复复原都具有重要意义。

藏品基本信息的智慧化管理首先应该实现信息的智能采集，传统博物馆在数字

化建设中的数据采集基本靠人工操作完成，这个过程包括专家对藏品的鉴定过程、管理员对藏品尺寸的测量和基本信息表格的填写制作过程、对藏品进行二维图像拍摄和三维扫描的过程，整个流程对人力、物理、财力的消耗非常大，且各种流程下来需要对藏品进行多次的出入库管理。智慧采集能够依靠传感技术和数据分析系统，合并重复的数据采集动作，缩短数据采集消耗的时间成本，并在一定程度上避免在复杂的数据采集流程中对文物安全保管产生的威胁。完成数据的智能采集后，还要实现对数据资源的智能分类，分类标准由管理部门根据博物馆业务工作的需求制定，在数据采集时对数据进行规范与标记，这些标记也将作为系统进行智慧分类的依据。对于数据信息的日常管理，在保证数据信息安全存储的前提下，尽可能提高其开放度，加强数据内部的关联互通。对内部实现藏品信息的公开透明，一来方便研究利用，二来在进行换岗交接时减少繁琐的藏品盘查流程，通过藏品信息系统对藏品现状的可视化展示，让藏品账目清晰明确。

从智慧管理的角度出发，对基本信息的数字化管理首先需要规定数据采集内容、规范数据采集标准，其次，对数据管理系统的建设要做到功能全面、便于操作，且系统的稳定性要能长期适应技术升级更新的变化。随着数据存储与处理技术的进步与发展，博物馆数字资源管理系统，应有意识地采集存储更高清更丰富的藏品数字信息资源，这些信息对于藏品的研究、文创开发利用、社教宣传会有更大的用途。数据的采集是基础，更重要的是数据库的管理、维护，最终的目的是保护和利用，并实现数据共享，这也就要求加强各数据库系统之间的互相关联。理想的关联性强的数据库系统，在进行数据的后期维护时，使用者和数据库建设者（信息中心）可以是从两个不同的角度进行维护，信息中心通过后台进行数据管理，使用者在使用过程中发现系统存在的问题时也可以进行数据的上传更新或者清理、整理。数据库的开放使用权限与数据库的维护工作也应该是一体的，即负责该工作的人员还需掌握判断数据库中信息的有效性、准确性、全面性的能力，能读懂这些数据信息所表达的深层次内容，这样才能掌握对数据开放的决定权。对于藏品数据信息全面统一的管理维护，也能实现文物的数字化保护，并为文物修复、博物馆灾后重建等提供可靠的依据。

（二）藏品综合信息的智慧化管理

藏品综合信息包括藏品基本信息及与藏品相关的业务活动开展时产生的各类信息，即更加全面、系统的藏品信息。藏品信息的智慧化管理是建立在藏品信息数字化的基础之上的，但相较之下，智慧化管理就应该收集管理更加全面的藏品信息，并能完成信息的智能化分类、关联与管理，藏品信息的综合管理系统是对藏品信息系统、数字资源管理系统、藏品保管环境监测系统等藏品相关管理系统进行综合管理的平台。

广东省博物馆的"项目管理系统"就是对藏品信息综合管理系统建设与应用的尝试，其"项目管理"式的信息管理机制是针对某一项目的综合管理，"基于共享式的业务框架，汇聚平台上关于人、物、财、数据等资源，以项目的目标管理，里程碑设定、信息管理的新型组织模式，以期建立起一套适用于博物馆自身特点的标准化、流程化、一体化的业务管理机制。"这种基于共享型的业务框架的优势在于：业务可以不断开展，而系统不用无限扩张。该系统实现了项目内所有信息的关联互通，也在一定程度上打破了不同部门间信息管理的壁垒。系统中储存的数据来源涵盖展览、社教活动、藏品研究、文物保护、信息化、工程建设、人员培训等博物馆业务的各个方面，数据内容包括预算、藏品信息、图片、视频、音频等各种各样的数据以及项目各个阶段的总结等信息，并在同一项目中可以进行分类查看与管理，但同时，这些数据也会构成这个系统资源池中的元数据，可以进行数据的再分配、再利用。项目相关的数据均可以录入系统，项目之间也可以进行互相关联，系统就相当于一个资源池。

藏品综合信息的智慧化管理重点在于对除藏品基本信息外的其他相关信息的获取与管理，这需要不同业务部门之间的相互配合，做到对信息资源的随时上传，其最终的目的依然是为了实现信息的互联互通与综合利用。比如，构建多维度的藏品信息数据库管理系统和多端口的藏品信息查询系统，对于管理者来说，可以登录管理系统，构建"展览相关藏品信息"和"藏品相关展览信息"维度的数据库内容，同样的，用户登录查询界面，也可以从这两个维度查询自己需要的相关信息。以上两个维度的区别在于，"展览相关藏品信息"针对本馆历来举办的各种展览而言，其可能包含本馆藏品信息，也可能包含借展藏品（非本馆藏品）的信息（当然，对于借展藏品信息的开放乃至开发权利，需要双方达成一定的协议共识，或从国家层面得到相关法律的支持）；"藏品相关展览信息"则主要针对本馆藏品参展信息的著录与开放，即该系统可查询本馆任意一件藏品被展出的展览全信息，包括本馆展览与藏品被借展展出的其他展览（非本馆展览）信息。同时，这两个维度也是互通互联的，即通过"展览相关藏品信息"找到目标藏品信息后，也可以点击链接查询目标藏品的"藏品相关展览信息"，反之亦然。

藏品信息的科学管理可以为博物馆的科学研究、展教活动、文创开发等业务工作服务，同样的，对藏品的科学管理也离不开这些数据信息的采集、分析与管理。

综合管理系统可以实现实物管理与信息管理的互联互通,并在管理中互相作为各自科学管理的参考依据进而优化管理。

三、藏品智慧化管理的前景

对于藏品实物的智慧化管理和藏品信息的智慧化管理过程就是对藏品智慧化管理系统的构建过程,该系统也应该满足智慧博物馆的三个特征:"全面透彻的感知"、"宽带泛在的互联"、"智能融合的应用"。全面透彻的感知意味着藏品智慧化管理系统能够做到藏品信息数据的智能采集、藏品现状动态变化的智能感应、藏品保管环境的智能监控;宽带泛在的互联就是要加强信息间的互联互通和智能反馈;智能融合的应用则表现在智能调控(前提是智能监控与感应)、数据的分析应用、知识的再生产等方面。

基于藏品智慧化管理的基础,通过云计算、大数据、人工智能等技术手段,实现藏品数据信息的深度挖掘与藏品相关性研究是未来发展的前景所在。

云计算和大数据可以协同完成对博物馆海量、多源数据的存储、计算、分析与信息挖掘,并基于其集约化的模式从多个维度为用户(包括面向外部观众和面向内部的管理者和使用者)提供个性化的服务。对与博物馆的内部管理工作来说,搭建博物馆藏品管理、信息共享的云管理、云办公平台,一方面有利于加强博物馆各部门间的协同合作,另一方面,云平台的搭建,可以有效避免信息孤岛的产生,也能降低对分散的单个操作系统的软硬件设备要求,节省管理成本。大数据初现于2012年,人们用它来描述和定义信息爆炸时代产生的海量数据。随着技术的高速发展,人们每天产生的数据量是不可估量的,而且这个量还在持续上升。相对于社会舆情信息的数据量,博物馆在数字化过程中产生的数据量似乎还不足以达到大数据的范畴,但如果将与藏品相关的各种信息统筹在一起,包括藏品保存或者展示现状的动态变化信息、、观众用博物馆的官方APP或者其他社交软件与藏品产生的互动关联信息,也将形成大数据资源池。大数据有四大特征,第一是数据量大,第二是种类繁多(由于新型媒体技术的诞生,其种类越来越多,包括音频、视频、图片、文字等等),第三是价值密度低(虽然信息的感知无处不在,但海量信息的价值密度并不高),第四是速度快、时效高(这是大数据区分于传统数据挖掘最明显的特征)。然而事实上,面对如此的海量信息,即有的技术架构和管理模式并不能达到对这些信息进行快速、准确、有效处理的要求,所以,对于使用者来说,如果进行了巨大的投入来采集管理这些信息却无法得到及时、有效的反馈信息,将得不偿失。正因如此,大数据时代的来临,对人们的数据驾驭能力提出了新的挑战,同时为人机配合之下获取更全面透彻的数据分析结果提供了前所未有的空间与潜力，并随之带来了一种知识创造的新模式，藏品管理工作亦是如此。

云计算和大数据分析对数据信息的协同处理能力让博物馆藏品信息的知识图谱构建成为可能。作为一种可视化的研究和展示工具，知识图谱可以绘制、分析和显示学科或学术研究主体之间的相互联系，并揭示科学知识的发展进程与结构关系。知识图谱可以描述多个对象之间的强关系，连接不同的知识库，并进行相对应关系的匹配，究其本质，仍然是对数据的一种管理和根据算法要求对数据进行智能关联与匹配过程。博物馆通过知识图谱的构建，对内，可以使藏品信息资源池中的数据互相关联，对外，可以关联其他博物馆的相关信息和网络信息、，并能通过不同数据间的智能识别，构建智能检索与问答系统，增强知识间的关联性，为藏品的深入研究与利用提供更便捷的方式。博物馆利用知识图谱还可建立可视化的数据关联系统，随时监控博物馆数据的各种动态变化情况，为博物馆的科学管理与运营提供依据。

人工智能（AI 技术）是"研究、开发用于模拟、延伸和扩展人的智能的理论、方法、技术及应用系统的一门新的技术科学，其领域研究主要包括：机器人、语言识别、图像识别、自然语言处理和专家系统等。"作为成熟的人工智能技术，其需要具备的特性有：敏锐的感知力——信息捕捉能力；超强的记忆力——信息存储能力；精妙的思维能力——信息的计算、比较、分析、判断、关联能力；全面自主的学习能力——基于其强大的信息捕捉、存储、分析能力展开的对多个专业领域的深入学习能力；良好的自适应力——能够及时感知到人机互动环境及网络生态环境的变化并对下一步的工作作出及时的调整，从而保证与环境变化的协调发展的能力；运筹决策的能力——不仅能为管理者提供科学合理的决策方案，也能在突发的危急情况下通过自主决策以使得风险最小化。将人工智能技术应用于博物馆是未来促进博物馆服务与管理不断优化的重要途径。

人工智能的价值，不仅在于他能根据人的命令作出规定的动作和反应（这只能算是自动化和初级的智能化的体现），人工智能能够完成自我学习、独立思考与自主创作，即机器（人工智能）通过一段时间的学习，分析研究人员知识创造的过程，掌握知识创造的逻辑、语法、语义、语境等规则，从而具备一些知识创造的能力。相信在未来，人工智能技术与知识图谱技术的结合可以开展博物馆知识创造工作，同时应用区块链技术为信息存储和传递中的安全性提供相应地保障，且其智能合约技术或可解决数字化管理过程中相关技术壁垒造成的格式不通等问题，完成格式的智能转化。

四、藏品智慧化管理的意义

(一)万物互联,打破系统边界

对于智慧博物馆来说,最核心的是博物馆智慧系统的建设,其内容包括搭建完备的建筑智能化系统、构建完整的数据通信系统、建成基础的业务管理系统、形成合适的数据管理系统、建立可靠的决策和学习机制,通过博物馆智慧系统的建设,让博物馆系统能像人一样思考问题、分析问题、解决问题,为博物馆的使用对象(包括观众、研究人员、管理人员等)提供智能服务和个性化服务(有针对性的服务),博物馆可以智能识别用户需求,可以智能监测、调控和管理藏品库房和展厅的存储环境,甚至可以自主策划一个完整的展览,可以把真实世界用虚拟手段展现,也可以将虚拟世界再现于真实展厅中;智慧博物馆能够实现人、物、信息之间的多向互动,并实现对这些对象的交互信息的动态分析与调控,以更好地服务于对象。这些美好设想的实现,有一个共同的基础,那就是智慧博物馆内各系统间的相互关联与信息交换,所以,智慧博物馆的生态系统是一种强关联的生态系统,内部结构为一种复杂的网状结构。

从智慧博物馆建设的角度来说,万物互联最基础的就是各数据库之间的互联互通。传统博物馆的各项业务工作分工明确,权责分明,即便是博物馆数字化建设中构建的各系统间也是弱关联的状况,智慧博物馆的系统建设就是要打破系统边界,实现"人、物、数据"间的交互,且这种交互应该包含纵向的各系统内部数据的交互关联及横向的不同系统间数据的关联共享。

智慧博物馆的建设本身就是一个复杂的系统工程,通过分层分级的系统设计,合理分配资源与任务,以达到对博物馆业务工作最优规划、最优设计、最优管理和最优控制的目的。在这样一个分层体系中,总系统负责联通各个子系统,并维持整个系统平衡,各子系统分别服务于不同的业务需求,并通过系统间的协调配合,以最优方式完成系统任务。在整个系统的分层制度下,最基层的系统就是一个个不同类型的数据库系统,承担着资源池的功能,上层系统根据其功能需求可以调取相关资源池的数据,即基层子系统并不唯一服务于上层某一个系统。藏品的智慧化管理是智慧博物馆建设中的一个重要组成部分,藏品智慧管理系统内的各个子系统是需要互联互通的,同时,藏品智慧管理系统与其他系统之间也要互联互通,通过信息交换以为管理决策提供充分有效的依据。当各系统实现了互联互通,资源池中的数据就能够形成强关联,资源的活化利用在资源获取上就能实现畅通无阻。

（二）以管为用：藏品管理的最终目的——保护与利用

"藏品管理的目的不仅是为了管理，而且主要为了使用；不仅为了今天的使用，更是为了明天的使用，子孙万代的使用。"所以，"管理是一种手段，使用才是目的。"无论是传统的藏品管理还是智慧化的藏品管理，最终的目的都是为了实现藏品的保护和对藏品及其相关信息的研究、利用，并最终为实现博物馆的各社会职能提供基础保障，而在智慧博物馆建设中的藏品管理工作，更要凸显藏品的预防性保护和文物的数字化保护，加强藏品信息数据的开放利用。藏品的预防性保护亦是藏品科学管理的体现，一方面预防性保护可以对藏品管理过程中可预见的危险危害防患于未然，另一方面对不可预知的文物病变、病害做到早发现早治疗，藏品管理系统和环境监测系统中对数据变化的统计与分析可以不断形成对保护效果的反馈，从而为更好地保护与管理提供决策依据。

文物的数字化保护可以加强对藏品数据信息的研究利用而减少对藏品实物的提取利用，降低人工干预，同时可以避免文物因自然风化、衰老而造成文物本体所蕴藏的珍贵信息的流失，以敦煌数字保护项目为例，历史二十多年，敦煌研究院完成了对壁画信息的全部采集，实现了对文化遗产信息的永久保存，保护了"行将消失的国宝"。文物数字化保护对博物馆灾后重建也有重要意义，令人痛心的悲剧在不同的时段上演：2018年9月，巴西国家博物馆这座有着两百多年收藏史的国家级博物馆在一场大火中损失惨重，两千万件的馆藏文物中有90%在大火中被焚毁；2019年4月，有着850多年历史并作为古老巴黎象征的巴黎圣母院也毁于一场大火，大火不仅让这座辉煌的历史建筑毁于一旦，教堂所藏的大量珍贵文物和艺术品也严重受损。这些文化遗产的损毁不可挽回，对于灾后重建工作，巴西国家博物馆曾联合世界各地广泛搜集一切相关的文物信息资料，中国腾讯公司也曾携手巴西国家博物馆开展"数字巴西国家博物馆"资料征集活动，并以数字化手段助力巴西国家博物馆数字化重建。这也从另一方面为世界各地的博物馆和文化遗产保护单位敲响警钟，文物的数字化保护工作刻不容缓。

藏品信息的开放利用是对藏品信息的数字化管理进行成果转化、延伸管理价值的过程。随着人们对知识创造和版权保护意识的增强，藏品信息、尤其是数字信息的管理必须要考虑到授权问题，博物馆对于藏品实物的管理实际上是执行代为保管的权利，而对于藏品信息的管理是基于一定的所有权的基础上进行的管理、利用。"博物馆在其藏品和有关信息被他人使用上要承担特殊责任，需要考虑其机密性与安全性带来的是使用限制。信息的开放首先应该实现博物馆内各部门各系统间的无障

碍应用，无障碍并不代表不受任何限制，而是通过分级分层的权限设置，为系统访问与资源利用提供路径，同样的，面向社会公众的资源开放与利用也可以通过权限设置在确保数据安全与知识产权的前提下，实现资源最大限度的开发利用，盘活数字资源，提供智能服务。相应地，用户对信息资源的利用行为在网络上留下痕迹，形成新的数据信息，而对这部分数据的统计与分析可以作为优化藏品管理的依据。

信息资源的开放利用为博物馆的知识创造提供了基础，就好比做面包需要面粉，煮粥需要大米，而对这些资源的研究利用就是进行知识生产的过程，其结果就是将原有的信息资源转化为新的知识成果，可将其称之为"知识再创造"的过程，这一过程也是博物馆在藏品管理过程中实现其责任、义务与权利的重要体现。

博物馆学多学科交叉融合的特性不应仅仅体现在博物馆的内部管理上，作为二十一世纪的博物馆，更应该体现在与观众及其他行业、组织的多元互动与合作上，藏品管理部门的身份也因此发生了转变，其不再是一个面向内部组织机构的部门，不再只是管理好藏品、清点好账目就万事大吉的部门，其需要更多地面向外部用户，协同多个部门、组织，提供更多元的输出服务，实现博物馆的"供给侧结构性改革"，达成共用资源、共同研究、共享成果的美好愿景。

第二节 资产管理

除文物藏品外，博物馆还拥有大量的文件档案、图书、仪器设备以及其他数字化资源，如何对这些国有资产进行科学合理化管理也是智慧博物馆建设要解决的重要问题。近些年，国家对于资产管理工作进一步加强重视。2014年财政部成立资产管理司；2016年财政部组织了全国范围内的资产清查工作，进一步对资产家底数据进行核实。2017年10月，财政部印发《政府会计制度》并于2019年1月1日执行，对资产管理中固定资产折旧与无形资产摊销的范围和规则带来改变。2018年1月，《中共中央关于建立国务院向全国人大常委会报告国有资产管理情况制度的意见》发布，由于报告数据主要来源于国有资产管理信息系统，资产管理信息系统的数据准确性至关重要。2020年9月，财政部再次发布《关于加强行政事业单位固定资产管理的通知》（财资〔2020〕97号），因此亟须通过数据专项治理的工作方式，借助信息化手段，进一步提高资产信息系统数据质量。

资产管理就是针对博物馆内除文物藏品之外的资产，基于自动识别技术、智能感知技术等，实现资产的逻辑关联、有序管理，便于管理工作人员和科研人员随时快速查找，主要包括博物馆内文件档案、固定资产、大型科研仪器设备等的管理。文件档案、图书资料管理的智慧化体现在无纸化、便捷查询上；固定资产管理的智慧化体现在自动定位、智能识别上；大型科研仪器设备管理的智慧化体现在及时共享、智能监管上。

一、文件档案、图书资料管理

博物馆有大量的文件档案、科研文献资料，不少博物馆还积累了很多图书资料，合理流通利用，是实现这部分资料成果分享和资源利用最大化的重要挑战。需建立文献资料管理系统，不仅对文件档案、图书、文献等实体资料进行管理，而且要对其数字化后的资源进行集中管理，方便馆内工作人员、研究人员借阅查看。

二、固定资产、科研仪器设备管理

固定资产管理是博物馆日常管理的重要组成部分，是保障各项业务工作顺利开展的重要物质基础。如何对不断增加的固定资产和设备加强管理，是博物馆面临的重要问题。由于盘点工作量大，信息反映不及时，经常导致资产重复购置，无形中使单位成本大幅增加，影响博物馆运行效率。为了加强资产管理，提高内部管理水平，越来越多的博物馆引入条码技术或采用 RFID 对固定资产实施管理。

河南博物院数字资产管理系统项目为数字资源管理建立起了新的业务模式，建立了馆内各业务统一的数据总线，消除了数据孤岛，规范了数据文件格式，使馆内数字资源的统一管理和资源有效再利用得以实现，并达到了全程可记录、可追溯的效果，提高了馆内各业务部门和工作人员的日常工作效率。数字资产管理系统建设已形成10大模块（系统台账、数字资源入库、数字资源编目、数据格式转换、组织管理、浏览检索、输出利用、存储管理、数据统计分析、系统管理监控）和34个子功能模块，建立了河南博物院数字资产库，可存储、整理、发布河南博物院现有的多种类型数字资源，包括文物影像、新闻影像、三维数据、音视频数据、工作文档和软件资产等，基本满足了河南博物院对于数字资产管理的主要业务需求。

第三节　人员管理

博物馆人员管理主要包括两部分：博物馆内部工作人员、志愿者和观众管理。对于博物馆工作人员，基于 RFID、图像智能分析等技术，实现工作人员的有序管理，重点在于工作人员与文物藏品和馆内资产管理的关联，以物定人，以人管物；对于观众，基于RFID、图像智能分析、红外热像、环境传感等技术，综合利用室内定位技术、智能终端及智慧服务体系的交互服务等，监控观众流量，分析观众行为，并与文物本体数据来源和环境信息融合，分析提供应急预处理功能，产生藏品管理的决策辅助支持，并提升博物馆的安防预警技术水平。

一、人力资源管理

人力资源管理通过信息技术，建立组织、职务、岗位、人事档案的信息化管理，提高内部员工的满意度、忠诚度，从而提高员工的绩效，帮助管理者实现有效组织管理。组织人事管理是通过建立组织结构，规定职务或职位，明确责权关系等，以有效实现组织目标的过程。组织管理的具体内容是设计、建立并保持一种组织结构。组织管理的内容有三个方面：组织设计、组织运作、组织调整。考勤管理是博物馆人员纪律管理的最基本工作，通过约束的手段来统一全体员工的工作态度，规范全体员工的工作行为，提升全体员工的工作积极性和效率。薪酬管理作为提高员工工作热情最有效的激励手段，是人员管理中较为敏感的、共性的、永恒的话题。绩效管理帮助评估和识别潜在人才，协调战略和目标，帮助组织和员工不断弥补能力短板，并通过继续教育等方式持续改进。员工档案库记录包括任职情况、奖惩情况、工作经历、培训、合同信息、薪资变动信息。记录员工所获取的证书，了解员工的技能；记录员工的工作经历，便于人事调动时参考。实现对劳动合同的信息化管理，包括订立、变更、续签、解除、终止的全面信息记录和查询管理；人事异动主要包括人事变动、奖励信息、惩罚信息、培训信息、职称变动，记录个人在单位的职业轨迹。提供多种查询统计方式，如按部门统计、按学历统计、按性别统计、按年龄统计。

二、志愿者管理

志愿者是机构因其成立宗旨与服务需要招募而来的，不计报酬，关心社会福利，本着个人自由意愿，以奉献个人的时间、精力，主动参与各项社会福利服务活动的人。在目前博物馆公共文化服务中，志愿者所发挥的作用越来越大，志愿者数量众多，人员来源复杂，有学生、企事业单位人员、博物馆爱好者等。如何有序高效管理志愿者是当下博物馆要考虑的重点。

志愿者前端功能包括志愿者网上申请、个人信息管理、服务时间查询、活动参与记录、活动信息查询、编辑修改志愿者信息、分享空间、志愿者留言版块。志愿者后台功能包括注册及审核管理、考核培训管理、信息发布管理、岗位班次管理、上岗考勤管理、人员考核管理、资料管理、服务记录管理、留言管理。

三、观众管理

鉴于博物馆的观众流量很大，实现重点区域的人流密度可控、安全是博物馆面临的重要挑战。建设客流统计分析管理系统，相对准确地统计出入指定区域（通道）的人数（流量）及流速等信息，统计分析当前人数状态和变化趋势，实现实时监测观众位置、客流量和异常情况，查看馆内人员分布，为博物馆制定或调整管控措施提供参考决策依据。同时，针对异常情况，可采取分流疏散、错峰、限流、预警等应对措施，保证参观秩序，预防安全事件发生。

重庆中国三峡博物馆的智能客流数据采集分析系统利用铺设在展厅中的前端采集设备——人脸检测摄像头，捕捉人脸数据。通过人脸检测、边缘计算技术获取游客参观数据，在后台对参观人数、游客性别、年龄、停留时间等数据进行统计和分析，形成大数据直观展示，从而帮助博物馆了解观众对展品的关注度，为博物馆策展提供决策依据。

秦始皇帝陵博物院在陈列展览中引入"博物馆观众数据调查与分析综合管理系统"。该系统综合应用红外热成像技术、RFID技术、数据挖掘技术等技术手段，建设自动监测、智能感知及带有交流、互动功能的博物馆观众数据综合管理平台，采集观众进出展厅的实时数据，并按照不同时段、时间尺度进行统计分析；对观众参观过程中的停留时间、行走轨迹等行为数据进行采集和综合分析；通过互动平台，实现展览数字化展示以及观众背景信息的采集，为展览的策划与设计、博物馆的管理与运营提供精准的决策支持。

广东省博物馆观众数字化管理系统可分析任一时段的观众到访量、来源地以及任意展厅的观众数量、行为，这些数据全部都由计算机自动记录和统计完成。有了大数据，博物馆未来怎么发展、往哪个方向发展，电脑的分析都能帮上大忙。

第四节　行政管理

行政管理主要是实现博物馆的综合信息化管理和智慧人性化监督，同时也是博物馆实现办公自动化、管理现代化、工作高效率的重要步骤，是博物馆与时俱进、开拓创新的重要途径和必然选择。

一、办公自动化

为实现博物馆内部信息化办公,博物馆需要一个高效、便利、智能的现代化信息平台,利用先进成熟的技术和运用体系,构建统一的网络系统,是当今国内外科学管理手段。办公自动化利用现代化设备和信息化技术,代替办公人员传统的部分手动或重复性业务活动,优质而高效地处理办公事务和业务信息,实现对信息资源的高效利用,进而达到提高生产率、辅助决策的目的,最大限度地提高工作效率和质量、改善工作环境。

2014年上半年,山西博物院加入了省政府办公厅公文交换传输平台系统,这是一套以公文管理为核心,实现了各省直单位的上行、下行、平行公文交换共享,要求专网专用,集成CA认证、电子公章、二维条码、手机短信系统,实现了公文实时传送。

二、博物馆定级评估及运行评估

《博物馆定级评估办法》《博物馆定级评估标准》是衡量博物馆质量的重要指标。评估共设有综合管理与基础设施、藏品管理与科学研究、影响力与社会服务3个一级评估指标,其下分设13个二级指标、78个三级指标以及15个加分项。博物馆可以根据评估办法及标准,随时监测博物馆的指标是否达到等级标准。

《国家一级博物馆运行评估指标体系》是反映国家一级博物馆的总体情况、变化趋势和特征结构,用以评价国家一级博物馆总体发展状况的一整套指标体系。国家一级博物馆要以科学理论为指导,以科学的分析、测量和评估方法为支撑,以深刻把握国家一级博物馆运行的实质、特征和现实表现为依据,确保一级博物馆的持续高质量运营发展,而其他博物馆也可以此为标准促进博物馆发展。因此,博物馆需建设定级评估系统,特别是运行评估监测系统,帮助博物馆根据指标平稳高效运行。

第六章　智慧博物馆建设之智慧服务

第一节　展示与体验

针对非现场观众，基于高清图像技术、三维重建技术、3D全景技术等先进数字化技术，以及多媒体技术、多元多维输出展示技术、社会门户增设、主题影片制作等，博物馆研究、采集馆内藏品的全方位数字化信息，并通过高速数据处理、相关历史文化关联、历史场景再现、高清和超高清图像互联网站展示、文物三维图像展现、博物馆全景漫游等方式，制作云展览等。观众可以足不出户，观看博物馆藏品及展览，实现"永不落幕的展览"。虚拟式预览服务应用的建设，打破了博物馆传统的时空界限，可远程为社会大众提供博物馆及藏品的丰富信息，提高了博物馆文物的开放力度，拓展了博物馆的公众服务时限和广度。

针对现场观众，博物馆基于传感技术、RFID技术、虚拟现实技术、增强现实技术、多元通信技术等各类先进物联网技术及交互式导览、移动终端等，建设观众体验与互动服务应用，拉近观众与藏品的距离，提供高质量、沉浸式的文化产品。

一、博物馆云展览

博物馆云展览是互联网环境下通过资源集成和服务共享方式向公众传播文物数字化信息及相关知识图谱的信息服务系统，是文物数字化信息的可视化呈现，是基于网络环境下共建共享的知识网络系统，是便于使用的、没有时空限制的、可以实现文物信息跨馆共享的知识平台。根据云展览的实现技术与呈现形态，博物馆可建设制作三类云展览：一是图文在线展。即将展览脚本/大纲搬到网上，类似电子的展览宣传册，易于实现，成本低廉，但与观众鲜有互动，因此并不能引起观众太大兴趣。还有藏品信息管理数据库，即将博物馆现有的数据库开放部分权限给公众，可以浏览藏品的信息及图片。二是实景三维展。运用专业相机等将线下实体展完整、细致地拍摄记录下来，然后制作出虚拟空间，让观众置身于三维展厅立体空间里参观。制作过程中加入重点文物详情介绍，以及场景跳转、点赞、分享、评论等互动功能。三是三维虚拟展。基于文物的数字化信息，一个博物馆或多个博物馆跨馆合作，选取某一主题对信息进行组合加工供观众浏览。这类展览并没有对应的线下实体展览，而是按类别或主题汇集了较为丰富的而原本又是十分零散的博物馆藏品信息。

二、多媒体触摸屏服务

多媒体触摸屏服务主要通过建设多媒体触摸屏设备，为观众提供会员登录、路线推荐、地图导览、线上预约、文物三维环视等互动功能。系统包括客户端系统及后台管理平台，客户端系统主要面向观众提供服务，后台管理平台方便博物馆管理人员及时发布、更新多媒体触摸屏系统中的内容。多媒体触摸屏包括信息发布屏、导视屏、多媒体拼接屏。

信息发布屏服务在博物馆入口处设置 LED 显示屏，实时显示入馆须知、当前在馆人数、当前临展等各种信息，可以为在场外排队进馆的观众简要提示博物馆的当前信息。在博物馆服务台上方设置信息发布屏，进行日常宣传展示，展示场馆介绍、服务信息、展厅及最热展览信息、观众服务大数据信息等，帮助刚入馆的观众及时了解博物馆的场馆资讯信息，方便观众参观游览。

多媒体导视屏为观众参观提供导视和交互服务，在观众参观过程中，在不同展厅之间游览时提供完善导视信息和数据交互的服务规划。同时，导视互动屏具有人脸识别功能，可识别出馆内会员，显示会员信息和会员的参观数据信息。导视屏主要为在馆参观观众提供每一层的展厅导视服务，也可在公共区域提供服务信息查询及青少年活动教育的多样性体验。保证观众到达某一楼层后能够以最便捷的方式了解本层展厅布局和展览主题等信息，突出馆内专题展厅的信息展示，使参观更具目的性。多媒体导视屏提供馆内地图展示及导航、公共区域查询、教育互动、展厅介绍、建议行程等功能服务，并支持观众选择需要的信息推送至手机或智能导览设备。

多媒体拼接屏设置于观众进出经过的公共区域，为观众提供来馆参观信息展示交互及离馆留言分享等功能，能够展示馆内特色展项、内容并提供互动服务。通过多样化、精美的展项内容和展览数据展示，为观众提供丰富的展示交互及导览服务，并且支持观众进行互动。

秦始皇帝陵博物院先后与腾讯、百度等互联网公司开展深度合作。与百度公司合作推出的 200 亿像素 360 度全景兵马俑坑展示、百度 AI 秦始皇兵马俑复原工程等项目，与腾讯公司合作的"互联网＋智慧服务""你好，兵马俑""寻迹始皇陵""秦朝的你""千里驰援"等互动体验和 H5 小程序互动游戏，以其丰富的服务功能、新颖的

传播方式在文博界产生了不小的影响。尤其以腾讯地图为依托的"寻迹始皇陵"智慧导览产品的上线,精准地为游客提供了博物馆概况、手绘地图、语音讲解、设施查找、路线规划、馆内导览、VR全景地图等服务,让秦陵文化遗产保护利用在新媒体时代焕发出新的活力。

南京博物院研制了全国博物馆中首部用于视障和行走障碍观众的全自动导览车。车载计算机控制车辆前进的路径和展示点,可前行、倒退、拐弯、避让,到达展示点后自动触发感应装置,播放展品的讲解语音。

第二节 教育与研究

通过挖掘和整理博物馆及藏品蕴含的历史、艺术、科学、社会等背景信息,建立新型的知识组织方式,推动研究与教育的互动,把博物馆及相关线上平台等打造为学生的第二课堂和公众终身教育的空间。

一、博物馆云教育

教育是博物馆的首要功能。随着博物馆研学概念的不断发展与深化,新兴的云教育、线上研学模式出现,成为互联网新技术与传统博物馆深度碰撞融合的新产物,研学教育的场所由线下转移到线上,摆脱了传统线下研学规模有限、深受地理情况制约等不利影响,线上研学拓展了受众范围,提升了教育内容标准化程度。

目前,博物馆可以通过直接面向观众或通过与第三方平台、第三方机构合作的方式开展云教育。

博物馆在线课程教育是指博物馆通过互联网建造一个平台,观众通过平台获得相关的在线课程的教育模式。从交互性看,有简单地将内容呈现给观众的方式。例如湖南省博物馆官网的在线课程,面向儿童及家庭、学生及教师和成人这三类观众,为他们提供了适合他们年龄和身份的在线课程。为儿童提供诸如人物故事、手工小作坊、小游戏、动漫学院等服务,通过3-5分钟的视频,辅以小游戏等,吸引儿童的兴趣,让儿童能够感受到在展厅实地参观无法比拟的参观体验。也有让观众参与互动的方式。如2017年5月,四川博物院博教所与四川省电化教育馆确定了四川省教育公共资源平台"文博教育"栏目的设置方案。方案包括博物馆课程在线点播、专家答疑、互动体验、数字文物展示等功能。"文博教育"栏目可以实现全省几百万注册师生共同线上学习与交流。博教所与石笋街小学利用移动教务教学平台系统,

首次推出博物馆实景课堂,通过博物馆、学校多媒体教室、户外研学地等实现三地多师共同施教,突出教育内容的综合性、情景性、实践性,实现教育资源多维度的实时注入课堂,提高学生学习兴趣,激发学生学习的主动性与积极性。

博物馆也通过与慕课平台合作、博物馆进驻的形式,向观众提供在线网络教育课程。Coursera 是由斯坦福大学教授达芙妮·科勒创立的营利性教育技术公司。平均高等教育资源,让更多人平等、免费地接受教育是她创立该平台的最初目的。美国现代艺术博物馆通过 Coursera 平台,发布了"透过摄影看世界"系列课程。课程通过介绍影响摄影作品的创意、手段与技术,讨论"看照片与真正理解照片之间距离的问题"。平台会定期发布观看视频、阅读在线教材、完成随堂练习等阶段性学习任务,一般是以一周为一个阶段,在结课前还会有结项任务,总评到达合格标准的观众,平台还将颁发结课证明。再如 Future Learn 慕课平台,是英国的第一个慕课平台,由英国公开大学建立。英国莱斯特大学博物馆学系和利物浦国家博物馆合办的"21 世纪博物馆的景象背后"课程由慕课平台 Future Learn 提供免费在线学习。课程通过介绍博物馆的职责和目的、博物馆观众等内容让观众对博物馆的使命等方面有一定的了解。观众在完成课程后,可以付费申请修课证书或通过实体考试获得结业证书。网易云课堂于 2012 年上线,是网易公司打造的"在线实用技能学习平台"。国家文物局入驻网易云课堂平台,通过网易云课堂,分别开设"丝绸之路与我们的生活""走进博物馆"以及"长城"系列公开课,还通过"穿越古今,领略文博之美"系列在线课程,拓宽展现文物的渠道,观众足不出户也能感受文物的魅力。天津博物馆专门搭建在线教育平台(http://museum.easyexam.cn/)对此进行线上推广。目前,合作学校的师生可凭借账号登录观看学习,每个账户登录后可在视频下方留言区撰写个人评论,进行互动交流。平台还为教师特别开设了"个人管理系统",以了解本班学生的学习和观看情况。首期上线的慕课课程是天津博物馆宣教部和南开大学合作开发的精品文物系列视频课程,主要介绍天博珍宝馆所藏清乾隆款珐琅彩芍药雉鸡纹玉壶春瓶、《雪景寒林图》、汝窑盘等 20 件国宝级珍贵文物,以文物为主角,进一步增加趣味性和故事性,从文物本身的制作工艺、历史沿革、艺术鉴赏等角度入手,全面生动地讲述文物背后的故事。每个视频介绍一件文物,时长在 3-6 分钟不等。页面下方配有同视频内容一致的文字介绍,方便回顾阅读。

博物馆也可以与机构合作,向观众提供在线网络教育课程。故宫博物院和中信出版集团合作推出了《我要去故宫》少儿读本和配套的公益视频课,其中的在线课程专门为孩子系统讲解故宫的文化。《我要去故宫》在线课程通过对故宫宫廷建筑、历史文化、文物精品的介绍和解读,让孩子足不出户就能欣赏故宫建筑及藏品之美,了解故宫的文化内涵。又如"作业帮"面向全国中小学生，是一个专门提供学习辅导服务的软件。"作业帮"下设"作业帮一课直播课堂"，学生可以通过直播课堂进行互动学习和交流。2018年，"作业帮一课"推出"探秘博物馆"精品课，与国内外知名专家和博物馆进行深度合作，多维度挖掘博物馆的价值。课程涵盖国内外知名博物馆，深度发掘每座博物馆的特点，通过富含趣味的方式，为孩子们带来有关历史、人文、科学、自然、天文与艺术等多个领域的知识，丰富孩子的艺术审美情趣，增加孩子的社会生活经验。

  2018年9月，"陌陌公益基金"正式成立，旨在通过"直播+"赋能乡村美育教育。2019年，北京网络文化协会指导，途梦教育联合陌陌科技主办的直播公益课"带乡村孩子走近博物馆"，邀请了张经纬、王纪潮等十大知名博物馆的馆员，向来自全国150多所贫困乡村小学的数万名孩子介绍各馆的国宝。陌陌以"云直播"的形式给乡村孩子们带来博物馆课程，让企业在树立自身良好形象的同时鼓励大众参与公益。2020年，博物馆纷纷通过直播等方式智慧化地服务公众。"在家云游博物馆"直播活动由国家文物局指导，中国国家博物馆、敦煌研究院、南京博物院等9家博物馆联合抖音主办。各博物馆均派出优秀讲解员担任主播，将原本只能在博物馆现场才能感受到的文化氛围通过直播加讲解的方式呈现。抖音也通过"云游博物馆"活动从泛娱乐化平台转型为娱乐加教育平台，塑造企业文化形象。大英博物馆在2020年2月通过"博物馆有意思"等快手号，面向中国进行博物馆直播。大英博物馆的讲解员常吉的讲解内容丰富又有深度——从两河文明中的古代亚述，到古希腊罗马文明的帕台农神庙，到古埃及墓葬文化，再到中国青铜与瓷器文化，古往今来、古今中外的文物都囊括其中，让中国的观众在国内就能享受视觉盛宴，了解不同文明的精神内涵。快手直播的技术优势结合大英博物馆的文化底蕴，开辟了足不出户的线上文化新体验，促进了文化传播和交流。

二、博物馆知识图谱

  知识图谱能够实现丰富的知识表达、开放互联和基于知识的服务，它在精确语义检索、知识问答、关联挖掘、可视化呈现等方面展现出来的优势，使其能弥补传统信息流带来的获取信息片面化、角度单一等缺陷，有效打破信息茧房。

  从技术角度看，智慧博物馆可以通过深层感知全方位地获取博物馆数据；通过广泛互联将孤立的数据关联起来，把数据转变为信息；通过高度共享、智能分析将信息变为知识；把知识与信息技术融合起来应用到业务中形成智慧。知识图谱具有的特点可为博物馆提供良好的支撑能力。它具有构建跨越部门、机构和国界的博物

馆知识库的能力,可以扩展博物馆现有数字资源的广度和深度,支撑智能应用,建立知识图谱,补全因果链条,打破信息茧房。

2011年,大英博物馆将文物数据映射到本体CIDOC-CRM上,共发布了1亿条三元组,并将数据链接到世界范围的知识图谱上,在此基础上开发了语义检索系统。2014年,荷兰国立博物馆以关联数据的形式发布的藏品数量为548785件,包括2000万条三元组信息,与盖蒂AAT词表建立了链接。通过关联开放数据,实现了多语言的访问,显著增加了网站访问量和到访参观观众量。Europeana知识图谱整合了来自欧洲27个国家的200多家博物馆、图书馆、档案馆的数据资源,并成功实现了1500个数据生产者数据之间的链接,发布了3000万条数据记录,共37亿个三元组、几百万个外部链接,成为知识图谱中最大的文化节点。

第三节　分享与传播

随着社会环境变化、技术革新,博物馆的社会功能及其与公众之间的关系也在不断调整。博物馆与社会大众之间,应该是一种动态的关系,如同一场正在进行中的"革命"。博物馆的"观众典范"显然需要转变,从注重"博物馆对社会大众的期望"转变成"社会大众对博物馆的期望"。博物馆观众远非策展人和博物馆工作人员想象的那样是被动、机械、易被操纵的,大多数观众来到博物馆是主动的、有主见的、有着自己的议程,观众在展览中成为"积极的意义创造者"。观众开始参与博物馆,从文化体验中建构自己的理解及意义。在博物馆展览传播中,公众并非单纯的受众,某种意义上也转化为传播者。博物馆陈列展览由注重知识灌输到注重观众的情感获得,由灌输式的单向传播向平等交流的双向传播转变,观众由单纯的知识消费者变为知识生产者和传播者。

观众是由单独的个体组成的,但也是一个有着共同兴趣爱好的群体。移动网络与终端为社会搭建的虚拟社交网络日益成熟,为博物馆观众服务研究带来新的理念和方式。通过虚拟社交网络,观众可对博物馆与文物参观感受、拍照、点评等互动结果进行"一键分享";博物馆展览、活动等也可实时推送到用户手持终端;这种泛在式的分享为博物馆文物藏品提供了"病毒式"的传播途径,同时也为博物馆的展陈设计、文物信息阐释、展览评论等提供真实有效的反馈和参考咨询。例如云展览观众的点击、转发、评论等个别行为集合起来,都可能对信息传播产生影响。特别是观展中的评论,在很大程度上代表着个体的态度并可能形成群体效应,造成很多观众对信息的评价往往不是基于自己的独立思考与判断,而是在传播中通过观看他人评论等互动后形成的一种认识。每个观众都可能参与到云展览的信息传播中,观众成为传播者、甚至引导展览议程话题的形成,云展览平台某种意义上成为观众的虚拟社交空间。

上海博物馆 Smart Muse Kids 亲子教育平台于第七届博博会期间,推出了"郭爷爷的博物馆之旅"在线课程,目的是开拓博物馆亲子教育新路径。在辑录中的每一期都会有固定的主题,根据主题从博物馆的收藏中挑选若干件文物,教授文博知识。"郭爷爷的博物馆之旅"最大的特色是引入在线问答这一互动机制,自此,单向输出的博物馆教育模式转变成为双向互动的教育模式。

"螺俚螺说"是上海自然博物馆创设的一个"揭秘类"教育栏目,旨在通过可视化的手段,直观地向公众展示发生在自然博物馆内的故事,直播馆内专业人员的科研动态和最新发现。首期节目精选了上海科技馆自然史研究中心的五个研究专题,结合馆内已有的展品展项,从科学家的科研工作与日常生活的相关性角度制作纪实视频,挖掘科学领域里鲜为人知的幕后故事,刻画了科学工作者的理性追索,展示科学探索过程。

第四节 宣传与推广

博物馆应探索建立文化产品设计、制作、推介、交易平台,提供丰富、快捷、个性化的博物馆文化产品,满足观众把博物馆带回家的诉求。

一、融媒体服务

融媒体服务采用多种前端展示的方法,包括官网、移动网站、微信公众号、微信小程序、抖音、微博、头条等不同的媒体手段对博物馆进行宣传展示,让观众在互联网上就可以对博物馆进行虚拟参观游览,带来逼真的参观游览体验。通过对多种媒体进行融合应用,达到资源通融、内容兼融、宣传互融、利益共融的效果。

小程序是一种不需要下载安装即可使用的应用,具有用完即走、触手可及的特点。博物馆参观这种低频需求的应用场景,特别适合小程序应用。最关键的,小程序后面是数据和人工智能,这些大数据融合起来,通过人工智能的手段可以把博物馆的互动体验、参观体验、传播效果做到极致。小程序内容可以包括博物馆介绍、展览介绍、馆藏介绍等模块,按需分类,向用户推荐。互动方面包含导览、客服、商城等部分，方便观众，提升观众体验和满意度。同时，对于博物馆的管理人员来说，强大的管理后台支持自定义栏目分类/名称，可自主上传相关内容文件，并可进行权限管理、数据统计等。

博物馆 App 的功能设计包括馆内文物及介绍、资料查阅、博物馆导航等，保证能够无缝接入票务系统，除了预约门票、预约活动功能，同时接入官网介绍信息等内容，观众可以进行地图导航，了解展厅展品的详细情况，了解文物背后的详细信息，可以自主选择参观游览路线，个性化安排自己的出行计划。观众甚至可以通过 App 查看博物馆周围的地理位置信息，如酒店、餐馆、娱乐等场所位置信息，方便观众全面掌握自己的出行路线。App 内置博物馆介绍，呈现博物馆的布局、文物数量、发展历程、精品文物介绍，观众可以了解重点文物的历史价值、文化价值和社会价值。观众还可通过 App 获得参观的历史记录和藏品信息，提高观众和博物馆之间的黏性。App 满足观众从预约到参观全流程服务需求。

例如，观众在新疆阿克苏博物馆自助导览机前，可点击浏览场馆展览和各展厅重点文物信息。同时，观众可使用智能手机或平板电脑在服务台扫描二维码下载阿克苏博物馆手机 App。软件分为 5 大分栏、18 个板块，分别涵盖了场馆介绍、展厅地图导览、参观指南、宣教活动、视频赏析等。通过展馆导览，来到现场的游客可以拿出手机扫描想要了解的文物的二维码，就会有相应的讲解，即便错过讲解员的现场解说，也可自主进行参观。阿克苏博物馆手机 App 中，录有馆内 124 个场景、文物及历史背景的解说，用图片、声音进行全方位展示；游客还可打开手机的蓝牙功能，App 会自动提示附近文物的具体位置，当参观者走进蓝牙感应范围，便会自动讲解，协助观众第一时间找到相应展品。针对老年参观群体，博物馆还增加了智慧讲解笔，每个展厅都有贴着蓝色的 NFC 展品标签，游客用笔对准 NFC 标签轻轻一点，智慧讲解笔会震动提示有语音讲解，将笔举至耳边，即可轻松收听详细的语音信息。

二、博物馆文创综合管理系统建设

为促进文创相关业务科学管理、有序进行，博物馆需建设文创综合管理系统，对文创 IP 开发、文创 IP 版权管理、文创产品的销售与库存进行综合管理。文创 IP 开发管理主要是针对文创素材的发布使用、文创作品的征集与审核、文创作品的发布与展示。文创 IP 版权管理包含授权的种类（制造权、销售权、代理权、主题空间授权、促销宣传广告授权等）、授权期限管理（短期授权、长期授权）、授权的权利（著作权、商标权、专利权）、授权区域、授权销售渠道等各种功能细节的管理。文创产品的销售与库存管理包含进货管理、销售统计、订单管理、退货管理、商品管理、库存管理等功能模块。功能涵盖商品编号、商品类别、商品名称、规格型号、进货单价、数量、合计、进货时间、进货人、供应商、备注等信息的管理。同样对应销货单价、销货数量、销货合计、销货时间等信息管理,还包含合作厂家的信息管理、合作方式、对应的过程文档信息资料登记、留存、收银记账、利润统计等功能。

上海博物馆借助互联网大数据的优势,在2007年建立了商场网络销售系统,通过销售数据库可以供后台分析消费情况。数据很详细,包括产品种类、销售额等。哪些产品旺销、哪些产品滞销,都是可以从数据上反映出来的。

第七章 智慧博物馆生态系统构建研究

第一节 智慧博物馆生态系统内涵与特征

一、智慧博物馆生态系统理论基础

（一）数据驱动

随着智能化和数据时代的到来，对于知识获取可以不依靠专家学者们的经验，以数据为核心，通过智能化工具对数据进行挖掘分析，即可获得隐藏在数据背后有价值的信息，这就是数据驱动。吉姆·格雷（Jim Gray）在2007年以范式角度提出科学第四范式：新研究模式是通过仪器收集数据或通过模拟方法产生数据，然后用软件进行处理，再将形成的信息和知识储存在计算机中。科学家只是在这个工作流中相当靠后的步骤才开始审视他们的数据。此后，人们则把数据驱动与数据密集型科学这两个概念相等价。

根据维基百科对于数据驱动的定义："数据驱动是利用各种数据采集手段获取到数据，再将数据加工组织转换成信息，之后将信息进行分析、整合和提炼，最终训练生成能够自动决策的模型过程。"遇到新情况出现，自动决策模型生成可以对新生成的数据进行智能决策。整个系统运行过程表现为：首先对数据加工清洗，去除影响信息生成的杂乱数据；信息经过分析、重组累积成为知识，对知识赋予辨析能力转化为智慧，最终智慧用之决策后生成新数据，并不断循环，实现整个系统螺旋上升趋于完善。

如果从数据获取和分析能力的视角，对博物馆管理模式进行分类，可将博物馆管理模式划分为"经验型"决策——"科学型"决策——"数据型"决策三种决策模式转变。最初，博物馆管理模式以"经验型"决策为主，博物馆工作人员在组织策展以及藏品保护的决策过程中，大多依靠博物馆工作人员长期的工作经验进行决策。由于人获取分析数据的能力有限，决策过程常常依靠其直觉，并且会受到周围环境，以及决策者主观偏好等因素的影响，导致做出决策在一定程度上呈现出低理性特征。

随着博物馆学以及其它学科地不断发展，相关理论成果不断走进博物馆，博物馆工作人员通过实地调查并结合相关学科的理论成果为基础，对博物馆内相关业务做出决策，其决策方式从"经验型"转向"科学型"决策，但由于技术限制，博物馆所采集数据大多以描述性信息为主，并且博物馆工作人员所能采集到的数据规模较小，采集到的数据缺乏完整性，其决策容易受到"小数据"样本的限制。随着信息技术不断发展，智慧博物馆利用相关信息技术，实现对博物馆运行全过程进行数据采集，并利用数据挖掘分析方法，挖掘数据间的关联性以及其他更深层次的信息，实现博物馆服务能力和管理能力的提高，更好发挥博物馆的社会价值。

（二）生态学与生态系统

1866年，德国生物学家Haeckel首次将生态学定义为："生态学是研究有机体与周围环境——包括非生物环境和生物环境相互作用（交互作用）的科学。物质交换与能量流动是生物与环境之间相互沟通的主要方式，美国著名的生态学家奥德姆根据生态学原理，认为生态学应当推广到人类社会，并与经济学相融合，使人类生态学由此发展起来。生态学研究经历了由有机体个体到种群生态学到群落生态学的过渡，随着对生态系统研究重视，对于生态系统研究与管理已成为生态学研究的主流。

生态系统概念最早由英国生态学家Tansley于1935年提出，认为整个系统（从物理学的意义来看），不仅包括复杂的有机体成分，还有环境这个复杂的物理要素，上述复杂因素共同构成了一个物理系统，统一称为生态系统，并且生态系统具有不同的大小和种类。笔者认为，生态系统是指在一个特定的范围内，由各生物群落与环境之间发生物质、能量交换而形成的整体。

（三）生态系统的构成

生态系统主要由生物成分和非生物环境构成，其中生物成分以生产者、消费者和分解者三者为主。生物成分可以从非生物环境中获取维持自身生存的能量以及营养成分，而非生物环境则为生物成分提供了适宜其生长的生活环境。生态系统内部各组成要素之间相互关联且相互之间发生作用关系，形成一种相对固定的组织结构。常见的结构形态为食物链和食物网，主要由各个物种之间取食和被取食所构成。

智慧博物馆生态系统是生态系统理论在博物馆领域的移植与应用，笔者认为智慧博物馆生态系统的"生产者"包含两方面内容：一方面，指智慧博物馆运行过程中，对人、物所产生数据进行数据采集的信息技术；另一方面，指智慧博物馆中的藏品研究人员和展览策划者。系统的"消费者"也包括两方面内容：一方面是指博物馆运行过程中，对所采集到的人、物数据，进行数据挖掘分析技术手段；另一方面指的是智慧博物馆中的观众以及藏品。系统的"分解者"同样包括两方面内容：一方面是将分析挖掘到的数据结果作用于需求主体；另一方面则主要指的是智慧博物馆中，对于观众和藏品进行分析评估的工作人员"非生物环境"则指对推动博物馆事业发展的政策文件、法律规范等环境因素所构成。由此形成的一个稳定的智慧博物馆生态链接与生态回路，实现了智慧博物馆的良性发展，促进我国博物馆事业的发展。

二、智慧博物馆生态系统内涵

从生态学的角度来说，生态是指生物在自然环境下生存发展的一种状态，在这种环境下，生物与生物之间、生物与非生物环境之间的营养关系并不是一种直线关系，而是一种复杂的网络关系，各要素之间相互影响、相互制约、相互促进，形成了生态链。

以生态系统理论视角，研究智慧博物馆内各组成元素之间活动关系，是将数据当作链接博物馆中人、物以及博物馆各业务流程中的能量，探究数据在智慧博物馆里的采集、分析、分发及其与外部环境之间的影响关系，赋予数据在智慧博物馆生态发展内涵。

由此可看出，在数据时代背景下，智慧博物馆生态系统主要指的是数据在智慧博物馆发展与价值创造的过程中所涉及的相关环节，以及各环节利用利用数据结果，所产生的影响的一种相互关系。数据采集、数据处理、数据分发等环节使这种关系更加细化和系统化，在这之中任何因素、任何环节的变化都会影响智慧博物馆生态系统的健康发展，影响智慧博物馆价值的实现。

三、智慧博物馆生态系统生态特征

在自然生态系统中，生物群落之间相互竞争与合作的关系共同构成了食物链以及不同生物的圈层关系。群落与群落之间，群落与环境之间的相互作用，构成了生态系统内的动态平衡，使群落内物种处于共生和谐的状态，群落内的物种互为联系，共同发展。由此可见，任何一个系统均包含着整体性、动态性。智慧博物馆生态系统是生态系统理论在博物馆领域的移植与发展，所以智慧博物馆生态系统也存在上述相关特征。

(一)整体性

智慧博物馆生态系统具有整体性特征。整体是由部分组合而成，离开了整体，部分便不复存在，整体与部分之间相互链接，相互促进。

在智慧博物馆中，数据来源广泛，对于"人"的数据不仅涵盖了数字博物馆阶段对博物馆工作人员对藏品的管理数据，还包括参观对象的背景数据以及参观对象的行为数据等。"物"的数据来源不仅涵盖了数字博物馆阶段藏品的基本数据，还包括与藏品相关研究数据、不同材质藏品的保护数据以及博物馆空间环境数据，数据规模有较大增长。智慧博物馆的核心便在于数据，智慧博物馆生态系统作为一个整体，包含着数据生成、数据采集、数据加工以及数据应用四大组成部分，数据采集是智慧博物馆生态系统的源泉，离开了数据采集，数据挖掘和数据应用便无从谈起。数据挖掘是实现数据增值的主要手段，离开了数据挖掘，智慧博物馆所采集到的数据价值便无法彰显，所采集到的数据便只是杂乱无序的原始资料，无法透过数据，提高智慧博物馆各项业务的管理水平，不仅使得对智慧博物馆内"人、物"数据采集缺乏意义，而且导致"数据应用"环节缺乏相应的指导，难以完成智慧博物馆相应的功能。因此，在智慧博物馆生态系统建设过程中要树立系统观念，从整体出发建设规划智慧博物馆，关注藏品、观众等方面数据的采集和处理以及应用各个部分的发展，促使智慧博物馆生态系统达到整体最优的系统效果。

(二)动态性

智慧博物馆生态系统具有动态性特征。智慧博物馆生态系统的形成是各因素之间相互影响产生的。智慧物馆生态系统的构建过程中，以"数据"作为主体，以数据采集、数据加工、数据应用为链条，强调在博物馆这一特定的环境之下，各组成要素之间相互影响、相互促进、相互制约，彼此之间并非是静止平衡的，而是处于动态循环过程。

智慧博物馆生态系统的动态性体现在智慧博物馆内部数据来源广泛，各方面的数据相互之间存在联系，一个环节数据的改变，便会导致相关联的数据出现变化，数据之间形成了一种互为因果的动态性特征。因此，智慧博物馆生态系统建设应该注重把握各要素之间的动态发展脉络，实现系统内的动态平衡。

第二节　智慧博物馆生态系统构建及运行

笔者认为构建智慧博物馆生态系统可以从两个方面的视角看待，一方面从技术的角度构建智慧博物馆生态系统，另一方面从博物馆组织流程的视角构建智慧博物馆生态系统。在智慧博物馆生态系统运行过程中，主要是由人对技术进行操纵，所以在智慧博物馆生态链的运行过程中，则需要将人与技术两者相结合起来，并对具体的工作流程进行分析，促进智慧博物馆发展。

一、智慧博物馆技术生态系统体系构建

智慧博物馆技术生态系统是关于智慧博物馆人、物、空间数据的聚集地，涵盖智慧博物馆数据的采集、分析、传播各个环节，其构成要素可以分为微观因素和宏观因素两大类。其中，微观因素指的是构成智慧博物馆生态系统最为基础因素，由不同"种群"构成，宏观因素则指的是智慧博物馆生态系统所处的环境因素，主要由外部环境因素构成，是智慧博物馆生存发展环境。

（一）智慧博物馆技术生态系统构建

智慧博物馆技术生态系统构建依托于生态系统理论，在生态系统中每一个物种都会对生态系统的运行产生重要的作用，根据物种的功能和物质传递的过程可以将其分为生产者、消费者、分解者以及非生物环境四部分，系统中不同的生态主体，均发挥着不同的功能与作用。因此在分析智慧博物馆技术生态系统的构成之前，首先要根据不同要素的功能、作用以及能量传递的过程，对其进行归纳分析。

以数据采集为代表的数据生产者在生态系统中扮演着"生产者"的角色，给整个生态系统中提供最为基础的能量；以数据挖掘、云计算为代表的数据加工则生态系统中扮演着"消费者"的角色，消费采集到的数据，即对数据进行挖掘分析，找到隐藏在数据内部的关联信息，并将挖掘分析得到的结果传递给下一个环节；以数据可视化技术、虚拟现实、增强现实等技术扮演着数据"分解者"的角色，将所挖掘到的藏品信息利用技术手段，分发给需求主体，加快智慧博物馆的物质循环，提高博物馆的业务服务与管理水平；针对博物馆等文化产业的相关政策指引、法律法规，则为整个生态系统的运行提供外部环境的保障。上述的相关主体之间相互依赖、相互影响、相互制约形成了各要素之间关系紧密的生态系统，各个主体不仅能够影响系统内部功能的发挥，同时也会影响整个生态系统的运行，具有整体性和动态性

的特征。

(二)智慧博物馆技术生态系统构成要素分析

(1)生产者

其主要职责是对采集智慧博物馆运行过程中的人、物数据。在智慧博物馆中，数据是智慧博物馆运行的基础，数据采集的全面与否，决定了数据资源利用的前景。博物馆在运行过程中产生的数据，主要以藏品数据、管理数据和观众数据为主。

在博物馆信息化阶段和数字博物馆阶段，已经完成了对藏品数据和藏品管理数据的数字化采集工作。智慧博物馆中的数据生产者，主要利用自动识别技术采集场馆内的观众数据和环境数据。

自动识别技术指的是，利用机器识别对象技术的总称。具体来看通过被识别物品与识别装置之间接近活动，自动获取被识别物体的相关信息。自动识别技术可以采用光识别、磁识别、射频识别等多种识别技术，是集计算机、光、点、通讯和网络技术为一体的高科技学科。在智慧博物馆中，自动识别技术主要指的射频识别、观众位置识别、视频摄像头、以及声、光、热等传感器，实现对于博物馆空间环境、观众等要素进行感知。

传感器技术是智慧博物馆建设的重要技术之一。根据工作原理可以将传感器分为物理型传感器、化学型传感器和生物型传感器三大类。目前市面上的传感器主要由温度、湿度、光敏、声敏、压力等多种传感器。智慧博物馆利用传感器，可以对馆内的温度、湿度、二氧化硫等有害气体进行实时感知，实现对与场馆内环境的实时监控。因此，可以将传感器看作人的五官，主要负责对博物馆场馆内环境数据的全面感知。

室内定位设施主要采集观众行为数据，目前室内定位技术主要有基于蓝牙定位、基于RFID射频定位技术、基于Wi-Fi定位技术以及基于UWB的定位技术，笔者认为基于Wi-Fi的定位技术较为适用于博物馆的应用场景。

无线局域网络（Wireless Local Area Network）技术是在指有限的空间，利用无线分配法链接两台或多台设备的计算机网络。由于无线局域网络具有传输速度快、稳定性好、传输数据流量大等优点，能够方便与智能终端相结合，应用于室内位置定位服务，弥补了GPS在建筑群或者室内使用时，出现的信号传输不稳定，导致定位系统定位不准确等等问题，从而有效扩大了定位系统的运用范围，提高了定位精度。基于WLAN的无线定位系统工作原理分为两个阶段，即模型建立阶段和在线定位阶段。目前基于接收信号强度算法（RSSI）即智能终端采集周边AP的无线信号强度，同时向定位服务器提供信号特征,定位分析软件根据无线信号强度,与原先场地测试时电子地图与位置信息建立的映射关系进行定位计算,该方案对硬件设备要求较低,使用较为广泛。馆方运用该技术手段,不仅可以采集观众参观路线、停留时间等数据,而且可以根据观众的位置信息,向其推送相关的藏品信息,丰富观众的参观体验。

(2)消费者

主要指的是对自动识别技术进行数据捕获以及对捕获到的数据进行挖掘分析。对于数据的捕获主要依靠物联网。物联网(The Internet of things)是利用传感器技术,通过无线传感网络协议,将所有物品和互联网相连接,进行信息交换和通讯,以实现对于物品的智能化识别、定位、跟踪、监控和管理的一种网络应用与服务。其本质是利用传感器、射频识别技术、无线通讯技术、定位系统等设备对需要监控、跟踪的物体进行数据采集,利用互联网技术将所采集的数据通过传送给数据处理中心进行数据的交换处理,实现对于物以及环境数据的实时捕获。

数据挖掘分析技术指的是:对物联网所捕获的相关数据运用云计算平台对其进行挖掘,实现数据价值的增值。

在数据挖掘的平台上,传统的数据挖掘系统通常运行在客户——服务器的二层结构或者客户——Web——服务器的三层结构平台上,其数据挖掘运行方式通常是,将需要挖掘分析的数据加载至数据仓库进行储存后,将数据仓库中的数据迁移到服务器上后,对相关数据进行挖掘分析,最终将处理后结果传送至客户端。

随着数据时代的到来,面对海量的数据,如果采用先存储后分析的数据挖掘方法,存在着数据挖掘效果无法达到预期、用户交互体验不佳,以及数据挖掘系统难以纵向拓展等问题。面对传统的数据挖掘系统存在的不足,云计算则给数据挖掘提供了空间。云计算是指利用互联网实现随时随地、按需、便捷地访问共享资源池(如计算设施、存储设施、应用程序等)的计算模式。博物馆用户不需要自己去建设数据存储以及计算中心,而是交由专业的云计算服务商根据博物馆内数据的规模以及计算要求提供资源池,同时为博物馆用户提供基础设施(IaaS)平台服务(PaaS)和软件服务(SaaS)等多层次的信息资源服务,帮助博物馆实现低成本、高可靠性和高可拓展性的预期目标。

数据挖掘(Data Mining, DM)产生于20世纪80年代末,其定义是从不完整的、不明确的、大量的并且包含噪声,具有很大随机性的实际应用数据中,提取出隐含其中、事先为被人们获知、却潜在有用的知识或模式的过程。目前常用的数据挖掘方法主要以关联分析、描述性分析、聚类分析为主。智慧博物馆常采用的数据挖掘方法，主要以关联分析和聚类分析两种数据挖掘分析方法为主。

关联分析又称之为关联挖掘，以目标数据中的信息为载体，找出其中存在的项目集合或者对象集合之间的频繁模式（关系）、关联以及相关性与因果结构。通俗来说，就是分析目标数据之间存在的联系，常用的关联数据的算法主要是 Aprior 算法、FP-growth 算法等。

聚类分析指的是根据目标数据的特征，对其进行分类整理，降低研究对象的数目。聚类研究通常对于未知事物进行研究，对具有相同特征的实物统计分析。智慧博物馆通过使用聚类分析的数据挖掘方法，可以看到同一背景、同一参观目的观众之间的需求以及参观行为之间的相同之处，在设计展览的过程中，能够更好的满足观众需求。

智慧博物馆利用云计算数据挖掘分析处理平台，能够及时、准确的对所采集到的数据进行挖掘分析，帮助智慧博物馆找到隐藏在数据之间的关联或者聚合关系，并及时的将所挖掘到的信息传送至智慧博物馆内的需求主体，实现对智慧博物馆内各项业务的精准服务与管理。

（3）分解者

数据的分解者主要指的是将数据挖掘的结果分发至需求主体。目前智慧博物馆生态系统中的分解者主要由以下部分构成：

数据可视化是指"运用计算机图形学和图像处理技术，以图表、地图、标签云、动画或任何使内容更容易理解的图像方式来呈现数据，使数据表达的内容更容易被理解数据环境下，博物馆数据资源价值密度低，数据结构多样化，对于数据的分析处理难度较高，数据可视化将错综复杂的数据以简单明了的方式展现给用户，使得用户可以从中找到数据的内在规律，及时发现运行过程中出现的问题，指导用户的决策。

无线射频识别（Radio Frequency Identification，RFID），是一种非接触式的自动识别技术，通过射频信号自动识别目标对象并获取相应数据，识别工作无需人工干预，主要由射频标签和阅读器构成。在观众服务上，传统博物馆观众与藏品之间存在信息割裂，观众无法直接与藏品产生信息交流。而无线射频识别设备的出现改变了藏品与观众处于信息割裂的局面，观众通过手持智能终端或者无线射频阅读器，通过扫描藏品下方的射频标签，便可以获取有关于藏品的相关信息，例如音频、藏品图片、藏品文字介绍等信息，实现观众与藏品之间的信息交互。在藏品管理方面，在传统博物馆藏品与博物馆之间也同样存在这信息割裂，利用无线射频技术可以实现藏品和博物馆之间的信息交互，博物馆可以随时检测藏品的位移信息，保证藏品的安全，另一方面在定期的藏品盘查时，博物馆工作人员通过无线射频阅读器，便可以轻松实现对藏品的盘查，实现了对于藏品管理的精确化，降低工作人员的工作强度。

虚拟现实（Virtual Reality）是指一种计算机仿真系统，通过对三维世界的模拟传造出的一种崭新的交互系统，利用计算机生成的一种模拟环境，是一种多元信息融合的交互式三维动态视景和实体行为系统仿真，使用户沉浸到该环境中。利用虚拟现实技术的展示方法，观众通过创造出来的虚拟环境，使观众能够隔绝周围环境的干扰，提高观众的注意力，观众可以专心的了解他想要获取的信息，并在结束参观之后，能够在展示内容的基础之上与自身的相关认知相结合产生联想，建立自身的认知体系，增强博物馆的信息传播效果。

增强现实（Augmented Reality，AR）是一种利用计算机对使用者所看到的真实视景进行图像增强，并叠合附加信息的技术。增强现实技术系统主要包括显示技术、跟踪技术、界面和可视化技术以及标定技术，是各种数字化技术的发展和延伸。跟踪技术与标定技术确定真实物体与虚拟物体的位置和方位，并将相关位置和方位数据传递至增强现实系统，实现真实的物体与虚拟的物体位置坐标的统一，达到虚拟物体与观众所处的现实环境的相互融合。博物馆传播的藏品信息，多是以理性的知识类信息为主，博物馆利用增强现实技术，能够将之前理性枯燥的知识类信息转换成多通道的视听体验，使观众透过智能终端与藏品直接互动，帮助观众从娱乐中获取知识。

(4) 非生物环境

在智慧博物馆生态系统中，非生物环境作为智慧博物馆生态系统的支持系统，为生态系统的平稳运行和生态系统的发展提供了保障。近些年党和国家对于我国文博事业的发展呈现出前所未有的关注。

习近平总书记多次指出：要系统梳理传统文化资源，让收藏在博物馆里的文物、陈列在广阔大地上的遗产、书写在古籍里的文字都活起来。

《关于加强文物保护利用改革的若干意见》中指出，充分利用互联网、大数据、云计算、人工智能等信息技术，推动文物展示利用方式融合创新。

《关于进一步加强博物馆宣传展示和社会服务工作的通知》提出要进一步发挥博物馆宣传展示和社会服务功能，更好的保护祖国优秀文化和自然遗产，增进人与社会、人与自然的亲融和谐，普及科学文化知识、促进社会全面进步。

《关于进一步加强文物工作的指导意见》中明确指出，实施预防性保护工程，对展陈珍贵文物配备具有环境监测功能的展柜，完善博物馆、文物收藏单位的文物监测和调控设施。为智慧博物馆生态系统的功能提出了要求,指出在生态系统中一方面要充分挖掘藏品内涵信息,并通过虚拟展示、增强现实等多媒体手段将藏品内涵信息有效的传播给观众,另外一方面要求加强对于馆藏文物的保护,保护我国珍贵的文化遗产。

国家文物局也颁发了相应的国家标准。《博物馆定级评估标准》明确指出在信息化建设方面,要有一整套适用于智慧保护、智慧管理、智慧保护的业务系统,能够通过信息化手段支撑博物馆业务流程;《馆藏文物保存环境质量检测技术规范》中针对馆藏空间环境的布点数量位置、采样的方式频次等都做了要求。这些行业标准的建立明确了智慧博物馆建设要求,同时也规范了智慧博物馆生态系统内各要素活动。

二、智慧博物馆组织流程生态系统构建

智慧博物馆组织流程生态系统指的是由数据、博物馆以及博物馆观众三者之间构成的一种数据流转的链式依存关系,是根据生态系统的相关原理所构建起来的组织流程生态系统。在该生态系统中,智慧博物馆将各种资源整合起来,并将各方面力量系统筹起来达到资源配置最优的执行效果。从实质上看,智慧博物馆组织流程生态系统是以智慧博物馆业务流程为中心的数据流转,数据流转主要包括数据流动和数据转化两方面,数据流动指的是数据从一个种群流动至另外一个种群,同时也包括数据在种群内部的流动。数据转化主要指的是对于数据内容的加工处理和数据载体形式的变化。

(一)智慧博物馆组织流程生态系统构建

以挖掘藏品内涵,策划展览,以及制定藏品预防性保护方案的博物馆工作人员,主要扮演"生产者"的角色,给整个生态系统中提供基础的能量;在该生态系统中以观众和藏品为代表的,则扮演着"消费者"的角色,但是博物馆的运行过程中则会出现角色的转化,观众和藏品在消费博物馆所提供产品的同时,不断通过自身的变化,向外发送数据,其角色由消费者,转化为生产者;对场馆运行情况进行评估的博物馆工作人员,则扮演着"分解者"的角色;博物馆的内部需求则为该系统提供有力的外部保障,帮助该系统健康的运转。

(二)智慧博物馆组织流程生态系统构成要素分析

(1)生产者

其主要职责是利用信息技术对博物馆的"人、物"数据进行采集,并对所采集

到的数据进行加工处理。一方面对采集到的藏品数据进行挖掘分析，深度挖掘藏品内涵，并根据挖掘出的藏品内涵，利用数据分发的手段，将藏品内涵信息向受众传递，呈现给受众一个更加人性化、智慧化的空间。另一方面，通过对藏品本体数据和博物馆的环境数据进行采集，并针对其进行分析处理挖掘，使博物馆能够针对不同材质、不同特征的藏品，制定不同的藏品预防性保护方案，为博物馆的展览工作奠定物质基础。

观众和藏品在参观展览和接受博物馆预防性保护措施的同时，也在生产着相关数据。首先观众通过参观博物馆的相关展览，会将展览内容与观众自身的相关经历相结合，产生相应的体会感受，并通过社交媒体等渠道向外发送相关数据；其次，观众在消费博物馆所生产的相关产品的过程中，会产生行为数据。博物馆信息传播效率，往往会受到周围环境影响、他人干扰或博物馆疲劳等多方面因素的影响，而观众行为数据，直接反映了博物馆信息传播效率；最后，目前观众需要通过网上预约参观博物馆，在填写预约参观信息的过程中，观众会将自身的背景数据传递给博物馆。

在藏品方面，藏品在消费博物馆的预防性保护措施后，藏品会通过自身状态，向外界传递相应的数据，以检验博物馆预防性保护措施是否有效。因此观众和藏品存在身份转化，一方面扮演着"消费者"的角色，另一方面也扮演着"生产者"的角色。

(2) 分解者

其主要职责在于对智慧博物馆运行的过程中，采集观众和藏品所生产的相关的数据，并对其分析挖掘。利用数据采集手段，对智慧博物馆运行过程中对观众、藏品的进行数据的采集，利用数据挖掘分析的方法，对智慧博物馆运行的实际情况进行评估，将评估后的相关结果传送给生产者，根据评估结果，组织流程的生产者根据观众和藏品的分析结果，一方面，及时了解观众文化需求的变化，策划出更符合各层次观众需求的展览，另一方面，帮助智慧博物馆优化预防性保护方案，帮助博物馆做好文化遗产的守护者，保证所收藏的文化遗产的安全健康，实现整个生态系统的闭环运转。

(3) 外部环境

依托政策和技术的支持，中国博物馆经历了20年的高速发展，在藏品、展览、教育等方面已经取得了显著的成就，为满足博物馆高质量的发展，奠定了良好的基础。

中国博物馆目前的发展趋势同我国经济转型发展步伐保持一致，由之前追求博

物馆建设数量、追求参观人数猛增，转变为提高软件建设、提升社会服务能力，建立良性循环的转变。随着"博物馆热"现象的出现，观众对于博物馆的参观兴趣越来越高，博物馆接待观众的能力趋于饱和，如何为观众提供更加优质的服务成为博物馆在观众服务方面所要面对的问题。

对于藏品采取预防性保护，已经得到了博物馆界的共识。但是根据"全国馆藏文物腐蚀损失调查"项目的调查结果显示，目前我国博物馆馆藏文物有50.66%的藏品出现了不同程度的病害，特别是对环境特别敏感的丝织品、漆器等藏品出现中度以上的病害已达半数，文物腐蚀损坏现象严重。如何为藏品提供稳定、洁净的生存环境，达到延缓藏品劣化的目的，成为当前博物馆在藏品保护方面所面对的问题。

针对上述情况，博物馆为了更好的实现自身的社会价值，对博物馆的各项业务进行精确化管理已是大势所趋。笔者认为精细化管理，指的是转变过去粗放化的管理模式，将管理过程中存在的问题进行量化，从根本上理解问题出现的原因，并根据问题出现的原因对其调整，实现管理水平的提高。

数据具有客观性、真实性的特征，针对自身存在的问题，智慧博物馆利用信息技术手段，对博物馆运行过程中所产生的数据进行采集和分析，能够量化博物馆在运行过程中存在的问题，帮助博物馆从根本上了解问题出现的原因，博物馆便能根据问题的原因对其各项业务进行调整，实现博物馆在观众服务和藏品保护等核心业务管理水平的提高。

在观众服务方面，在智慧博物馆阶段，利用相关的信息技术对观众行为数据以及观众背景数据进行采集，并利用数据挖掘分析的方法，一方面，能够帮助博物馆人员分析场馆内的信息传播效率，另一方面，将观众行为数据与观众的背景数据相结合，对不同地域、不同年龄段观众需求进行分析，帮助博物馆能够更加精准的了解不同类型的观众，并向其提供他们所需的相关服务。

在藏品的预防性保护，随着信息技术在智慧博物馆的应用，首先利用环境监控设施，以及无接触扫描设备对博物馆环境和藏品本体的病害情况进行数据采集，其次利用数据挖掘，分析藏品保存环境对不同质地藏品的影响作用机制，并根据不同质地的藏品制定不同的预防性保护措施。最后在实施的过程中，实时监控博物馆环境和藏品本体状态，并采集博物馆环境数据以及藏品本体状态数据，对其进行分析，评估预防性保护措施对于藏品的有效性，并将评估结果上传至藏品保护研究人员，使博物馆的预防性保护措施能够不断地完善，帮助藏品找到属于它自身最适宜的生存环境。

三、智慧博物馆生态系统的运行

在前文笔者从技术角度以及组织流程两方面，分析了智慧博物馆生态系统的主要由智慧博物馆技术生态系统以及智慧博物馆组织流程生态系统两方面构成。

笔者认为，在智慧博物馆生态系统中，起主导作用的是组织流程生态系统，智慧博物馆技术生态运作，是在智慧博物馆组织流程生态系统要素之内进行运作，即智慧博物馆组织流程生态链中的生产者，首先利用技术生态系统中的相应技术，对藏品的相关数据进行采集，其次对所采集到的数据进行挖掘处理，最后运用数据可视化等数据展示方法，将挖掘到的结果进行展示。即在智慧博物馆组织流程生态系统中，生产者的主要功能的实现，是通过智慧博物馆技术生态系统来操作实施的，实现整个智慧博物馆生态系统的运行。

根据博物馆的功能，笔者认为在智慧博物馆生态系统的运行主要实现两方面的功能，第一，为观众提供智慧服务，其主要功能是，智慧博物馆组织流程生态系统中的生产者利用技术生态系统，首先对藏品数据进行采集，根据藏品数据并结合观众的需求，深入挖掘藏品内涵，并将藏品内涵利用数据分发系统，向观众多维度地展示我国璀璨的文化。观众即智慧博物馆组织流程系统中的消费者，在消费生产者所生产的文化产品时，同时也在向外发送相关数据，组织流程中的分解者，利用智慧博物馆技术生态系统生产者，对场馆内观众的相关背景数据和行为数据进行采集，采集完成后，技术生态系统的消费者对采集到的数据进行挖掘分析，将相关的数据结果，传递给组织流程中的生产者，实现整个生态链的闭环运行。

第二，以"预防性保护"为原则，为藏品提供智慧保护。智慧博物馆组织流程生态系统中的生产者，利用技术生态系统的生产者对藏品本体数据、博物馆环境数据进行采集，技术生态中的消费者，即数据挖掘，对藏品数据和博物馆环境数据，进行数据挖掘的分析，找到藏品与保存环境之间的相互作用关系，制定不同类型藏品的预防性保护方案，技术生态中的分解者，将藏品的预防性保护方案，通过博物馆内部气候调节设备传递给藏品，为其提供一个"稳定、洁净"藏品保存环境。藏品即智慧博物馆组织流程系统中的消费者，在消费博物馆提供的预防性保护方案的，也通过藏品本身的变化，向外传递数据。组织流程中的分解者，利用智慧博物馆技术生态系统中的生产者，对藏品本体以及博物馆环境数据不断地进行采集监控，其次，技术生态系统中的消费者，对其进行相应的评估，并将评估结果传递给组织流程中的生产者，生产者根据评估后的数据，有针对性地对预防性保护方案进行调整，实现整个生态系统的闭环运行。

（一）数据采集

在组织流程生态系统中生产者环节的任务，主要是由智慧博物馆技术生态系统发挥相应的作用，在此阶段主要采集藏品与观众两方面数据。

藏品数据主要由"状态数据""管理数据"这两部分构成：

藏品的状态数据主要由四项基本数据构成。

第一，藏品的基本数据，主要指的是藏品的名称、类别、尺寸、重量、形式描述、藏品现状、创作者、时代、产地、等数据；藏品的局部数据主要指的是特定文物形式，需要从局部文物特征来反映它与其他文物形式的本质区别。

第二，藏品局部数据，主要包括藏品的款式数据和纹饰信息。款式信息指的是对藏品本体上的记号、符号等做出识别描述，纹饰数据指的是藏品在创作的过程中所使用的工艺以及藏品在外观上的显著特点。

第三，藏品的背景数据，其主要包括藏品在创作和存在的过程中，与之相关的政治、经济、文化事件以及藏品所属的遗址等相关数据。

第四，藏品的病害数据，主要依据国家文物局所颁发的《可移动文物病害评估技术规程》为标准，利用直接观察法或者间接观察法，对馆藏陶制、金属、竹木漆器等藏品的病害数据进行采集，如果藏品存在病害，则需要对藏品出现病害的面积、长度、宽度等方面数据进行采集。

藏品的管理数据主要由两项基本数据构成：

第一，藏品的环境数据。主要包括博物馆库房、展厅、展柜以及藏品修复场所的环境数据，主要采集的数据类型为温度、湿度、污染物、颗粒物等影响藏品健康的相关环境指标。

第二，藏品的保护修复数据，主要包括保护修复所应用的材料、工具、设备、操作流程等相关数据。

观众数据的采集主要由"背景数据"和"行为数据"这两部分构成：

第一，观众的背景数据主要包括观众的性别、年龄、来源地等个人背景数据。

第二，观众行为数据，主要指的是观众在博物馆中的参观过程中所产生的行为数据，以及观众在参观博物馆后产生的评价数据。

表 7-1　智慧博物馆数据采集类别

数据类别	藏品数据	藏品状态数据	藏品基本数据
			藏品局部数据
			藏品背景数据
			藏品病害数据
		藏品管理数据	博物馆环境数据
			藏品保护修复数据
	观众数据观众背景数据		观众背景数据

数字博物馆阶段，完成了藏品基本状态数据以及藏品管理数据中的藏品保护修复数据的数据采集工作，并建立了属于本部门的数据库，但馆内各部门之间的数据，并不能实现互联互通，导致了"信息孤岛"的现象的发生。

在智慧博物馆阶段，组织流程生态系统中的生产者，主要通过技术生态系统中的生产者，即自动识别技术对场馆内的观众数据以及博物馆环境数据进行采集。例如，利用定位系统可以分析观众在各个展柜之前停留的时间；利用RFID技术获取观众使用线上数字资源推送的频率与数量；透过人机交互的数据采集，可以分析各种类型的数字交互设备对于观众的吸引程度。

由于智慧博物馆在管理方式发生了变化，需要从数据中找到事物之间彼此的关联，并根据数据的关联结果做出相应的调整。因此，在智慧博物馆阶段应建立一套完善的数据资源管理系统，改变以往传统的数据管理模式，实现各部门之间的数据互通共享，一方面，能够对数字博物馆阶段所采集的数据进行有效的管理，为智慧博物馆建设提供原始数据上的支持，另一方面，智慧博物馆阶段，由于信息技术的使用，实现了对场馆内人、数据不间断的数据采集工作，与数字博物馆阶段相比，数据规模更大，其数据类型也由之前的结构化数据，转变为半结构化数据甚至非结构化数据，数据类型也更加的丰富，建立一套完善的数据资源管理系统，能够更好的对采集到的数据进行管理。在之后的数据挖掘时，数字博物馆和智慧博物馆阶段所采集到的数据，能够同时发挥作用，使描述的对象更加的准确、形象，更好的实现博物馆的价值。

（二）藏品研究

数据采集为数据应用提供了坚实基础，但是采集的数据并不具备直接使用的条件，必须对所采集到的数据进行分析处理，以满足各方面应用需求。智慧博物馆组织流程的生产者利用智慧博物馆技术生态系统的消费者，对所采集到的数据进行挖掘分析,一方面帮助藏品研究人员以直观方式了解藏品的背景信息,并根据藏品背景信息,深入挖掘藏品内涵,以多样方式向观众进行展示、传播。另一方面,通过对数据分析,能够了解藏品生存环境与藏品病害之间的作用机制,更好对藏品进行保护。

(1) 构建藏品与观众之间联系

当前观众的需求更多是想通过博物馆藏品构建历史与自身之间的联系。因此要求博物馆研究人员对藏品研究应从"历史之镜"转变为"历史之境"。通过研究藏品与相关人之间的存在的联系,挖掘藏品对于相关人发展产生的影响,让藏品成为人活动的体现,利用关联数据的数据挖掘方法,能够找到藏品相关人与藏品之间存在的联系,并利用数据可视化的方法向研究人员进行展示,帮助研究人员从多维度对藏品进行了解,并从藏品的不同维度出发,生产出适合不同类型观众的文化产品,满足观众的文化需求。以上海博物馆的董其昌数字人文项目为例。

董其昌(1555—1636),作为明代末年杰出的书画家,留下大量书画作品。他的书画作品对于后世产生了很大的影响,在他的一生中扮演着多重角色,同时又有着复杂的经历。上海博物馆针对馆藏董其昌的相关书画作品,以及董其昌书画作品的相关研究资料进行了数字化采集工作。采集工作完成之后,确立了首期项目主要从人文脉络出发,根据董其昌的书画作品,梳理出对他的书画生涯产生影响的鉴藏、交游、教育、传承等多个人文脉络。在项目实施过程中,利用关联数据挖掘技术,并运用人工智能解析和重构数据,并以可视化的方式呈现数据间的关联和数据图景。在项目的展示过程中,运用数字可视化的技术方法,向外展示三方面内容。

首先是董其昌大事作品年表,在该大事作品年表中,将董其昌的书画作品数量、董其昌年龄与明代的大事记以及同时期欧洲大事记相结合,研究人员通过该大师作品年表中可以帮助藏品研究者:

第一,发现董其昌的作品创作数量的发展趋势,例如通过董其昌大事年表中的时间轴(图7-1)可以发现,可以发现董其昌个人经历与艺术创作数量之间的关系,如在董其昌在准备科举的那几年中,其创作数量则比较少。第二,探寻董其昌创作的作品与明代史实之间的联系,以及董其昌在绘画创作的中,所受到明后期艺术氛围的影响。第三,通过该大事年表,不仅能让藏品研究人员了解董其昌的艺术作品在中国国内所产生的影响,同时该大事年表也将国外同时期著名的绘画艺术作品与同时期的董其昌的作品相对比,帮助藏品研究者,将董其昌书画作品研究视野放大至全球化的视野,在策展的过程中,不仅能够充分的展示董其昌的相关艺术作品,同时也能向观众展示同时期的西方代表性的艺术作品,观众在参观的过程中,能够从中体会到中西方艺术文化之间存在的差异，扩大观众的视野。

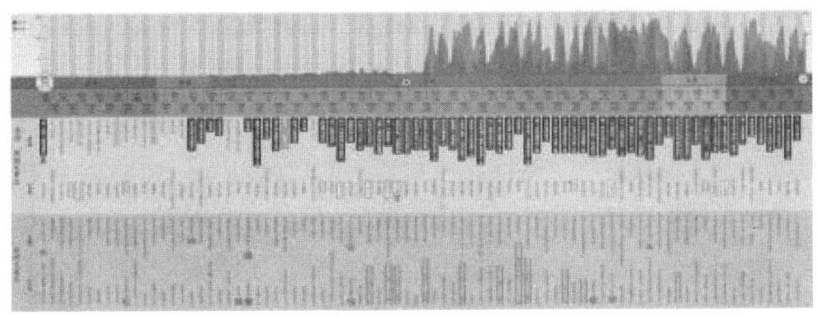

图7-1 董其昌大事作品年表

其次，利用数据可视化的技术，将董其昌社会关系网络图以家族、官场、科举三个板块，向研究者进行展示展示（图7-2、图7-3）。通过该图表，扩大了藏品研究人员的视野，能够从更加宏观的角度，对董其昌的性格特征、交友的趋向等多角度，对其进行研究。

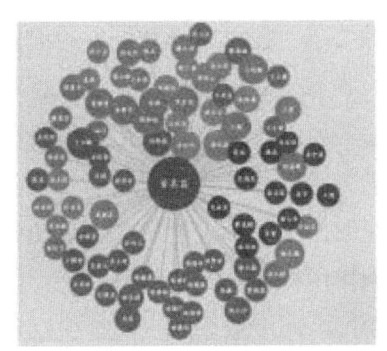 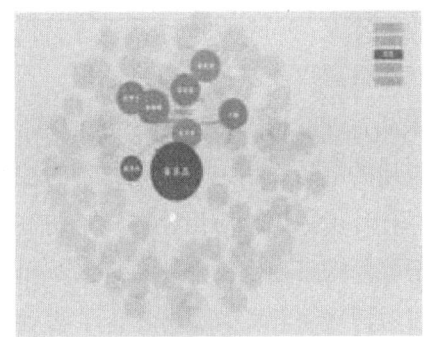

图7-2 董其昌社会关系图　图7-3 董其昌社会关系图详细

最后，在书画船项目中，将董其昌的出行活动以及路线与地图相结合，从而能够帮助研究人员，对明代文人纪游的现象与书画创作之间的关系，提供了可量化研究依据。

对所采集到对观众数据的分析进行挖掘分析。技术生态系统中的消费者，利用聚类分析以及关联分析等数据挖掘方法，对观众的背景数据以及观众行为数据进行挖掘分析。第一，利用聚类分析的数据分析方法，将具有相同性质的观众进行聚类，从中寻找，具有相同性质特征观众之间存在共性，在展览设计中，策展人根据不同类型的观众的的参观特性，有针对性地采用相关的展示方法，提高藏品信息传播效率。第二，将聚类分析后的观众数据与其所关注的藏品进行关联数据分析，了解具有相同性质观众的对于藏品的兴趣趋向，描绘用户画像。对到馆的用户，利用数据分析结果，为不同类型的用户提供不同类型的藏品信息介绍，并为其制定不同的参观路线，为观众营造个性化的参观体验。当观众离开展馆后，根据到馆观众与藏品之间存在的关联关系，分析单一观众的参观喜好，向其推送相关的藏品信息或者其感兴趣的相关博物馆活动，构建观众与博物馆之间的联系。

（2）藏品保护研究

国家文物局《馆藏文物预防性保护方案》（WW/T00066—2015）对预防性保护的定义为：通过有效的管理、监控、评估、调控，抑制各种环境因素对文物的危害作用，使文物处于一个"洁净、稳定"的安全保存环境，达到延缓文物劣化的目的。

"洁净"环境指的是要控制藏品保存环境中污染物的浓度不超过规定的阈值。"稳定"环境主要指保证藏品保存环境在规定的指标下要保证相对湿度、温度等环境因素的稳定，防止出现大幅度的变动。

实施预防性保护首先从源头控制藏品保存环境的污染物、光照病虫害等影响藏品健康的因素，加强对藏品保存环境的监控与评估，其次藏品保存环境中主要以湿度控制优先，最后要针对不同材质不同类别的藏品在适度原则下，采取相应的措施。

根据国家文物局对藏品预防性保护提出的要求，技术生态系统中的消费者，对藏品的状态数据以及藏品的管理数据，利用关联数据的数据分析方法，对藏品状态数据和藏品管理数据进行挖掘分析，判断藏品的风险等级，并根据藏品的风险等级对不同材质的藏品，制定个性化的预防性保护方案。其次，根据藏品的病害数据和藏品的保存环境数据，对保存环境与病害之间的作用关系进行研究，帮助藏品保管人员了解藏品病害发生的作用机理，从而根据作用机理更好的对藏品进行保护。最后，通过对博物馆环境数据分析，了解对博物馆内环境数据的变化规律以及分布状况，并根据上述的规律，制定博物馆环境的调控计划，使藏品始终处于"稳定、洁净"的保存环境。

以宝鸡青铜器博物馆为例。首先，宝鸡青铜器博物馆对陈列室、库房、修复室等文物保存环境利用无线传感器、手持式环境监控仪器等对馆内的环境进行实时的监控并对馆内环境信息进行实时不间断的采集工作。其次，自2016年1月份下旬开始，宝鸡青铜器博物馆对馆内设置的97个测量节点的温湿度、光照、紫外线、二氧化碳、石机挥发物、QCM等环境数据进行数据采集，通过半年的运行所采集到的相关数据进行分析后得出，宝鸡青铜器博物馆内的平均湿度为50.96%，各个展厅的平均温度在15℃左右，在空间分布上，库房的湿度最高，展柜内的湿度相对于展厅的湿度较低。地下库房的温度波动变化最小，展柜与展厅之间的温差相对较小，但是部分展柜内的温度波动幅度大于展厅。而馆内的大气污染物，在6月份后馆内的二氧化碳、二氧化硫、石机挥发物等三种大气污染物，由于受到季风性温度升高的影

第七章 智慧博物馆生态系统构建研究

响,馆内的装饰材料因温度的升高,加剧了污染物的释放,造成了6月后馆内大气污染物会有显著的提升。最后,根据数据分析后的相关结果,宝鸡青铜博物馆一方面,利用电子恒温器以及抽湿净化器对展柜内的温度和湿度进行调节,保证在展柜内的温度湿度保持在规定的范围中。另一方面,在外部气温升高之后,利用空气净化设备对展馆内的空气进行净化处理,降低污染物的含量。

(三)数据分发

在深入挖掘藏品内涵后,博物馆便根据挖掘到的藏品内涵布置展览。

在智慧博物馆的展示阶段,"物证与现场"的传统观念得以重新得到认识,物联网技术的应用实现了"万物互联"取代了数字博物馆阶段"万物虚拟"。数据挖掘和云计算的融合能够给观众提供一个更加人性化、智慧化的空间,使得受众与藏品之间的互动更加的便捷更加的立体。智慧博物馆在一定程度上是在数字博物馆和虚拟博物馆的基础之上的再发展,因此数字博物馆和虚拟博物馆的相关元素也会融入进智慧博物馆的信息传播中,使得智慧博物馆成为了包容性更强的信息聚集空间。智慧博物馆组织流程生态系统中的生产者,运用智慧导览系统、虚拟现实以及增强现实等数据分发技术,给到馆的观众即消费者,提供立体式、沉浸式的参观体验,提高博物馆信息传播效率。

首先,博物馆的导览以往大多是看导览图自己参观,或由讲解员引导讲解参观,通过语音导览机辅助参观。但是每一种导览方式均存在一定弊端,第一,观众初次进入博物馆,大多对于馆藏资源不甚了解,观众运用导览图进行参观,需要自行规划线路,而当前博物馆展览面积普遍较大,仅依靠图示,观众在规划路线以及寻找藏品的过程中,往往会耗费大量体力,导致过早出现"博物馆疲劳"现象,降低了博物馆信息传播的效率。第二,采用讲解员引导参观,讲解员所向观众介绍的有关于藏品的导览词,大多为提前制作完成的,无法满足观众的个性化的需求,另外讲解员之间存在水平差异,而且有些讲解员为了满足观众猎奇的心理需求,在讲解过程中会在一定程度上歪曲藏品的意义,另外,在讲解过程中,观众必须与讲解员保持同步,当观众对某一件藏品没有兴趣的时候,也必须如此,这在一定程度上造成了拥挤。第三,利用语音导览机是当前博物馆最为主流的导览方式,与讲解员导览模式相比,语音导览机只是将导览词转换成数字化形式,当观众靠近藏品时按下播放键,便自动播放提前录制好的藏品介绍词,虽然便利,但是观众与藏品之间缺乏实时的交互以及灵活性。

智慧博物馆利用智慧导览系统,则能够为观众与藏品之间建立有效的沟通与联系。首先，智慧导览系统能够自动识别藏品的位置，当观众抵预设的感知方位后，无需观众操作，便可以自动播放藏品的相关介绍，增强了观众与藏品之间的互动。其次，智慧博物馆的智慧导览系统会与观众的分析数据向结合，能够根据观众背景信息以及行为信息，自动为其制定个性化的参观路线以及藏品的相关信息。最后，智慧导览系统进行版本升级也较为便捷，智慧博物馆可以不断地对智慧导览设备进行升级，给观众提供更好的参观体验。

以山西博物院智慧导览系统为例。山西博物馆馆藏资源丰富，观众如果不加以选择的参观馆内所有的藏品，会造成观众的疲劳，降低博物馆的信息传播效率，因此，先对采集到的观众数据进行整合，将观众数据与藏品数据，运用关联分析以及聚类分析等数据挖掘方法，建立不同类型观众的参观兴趣模型，在该模型中，根据不同类型观众的参观兴趣，为其制定不同的参观路线。当观众进入山西博物院进行参观，智慧导览设备通过观众的基本信息，与观众参观兴趣模型相比对，便能够根据观众的基本信息，为其制定个性化的参观路线，降低"博物馆疲劳"的发生时间。观众在欣赏藏品的过程中，希望从对维度对藏品的相关信息进行了解。山西博物院的智慧导览设备，能够根据不同类型观众的兴趣趋向，对藏品的相关信息做出筛选，有选择性地将藏品的相关信息提供给观众，较少观众筛选信息的时间，带给观众更加个性化的参观体验。同时，为满足观众分享的社交需求，山西博物院为其提供个性化参观数字合影以及个性化游记生成服务，观众在参观的过程中，可以选择自身感兴趣的藏品加入心愿清单，到博物馆的相关位置与藏品进行合影，同时也可以将藏品的虚拟图像叠加在观众的手上进行合影。在观众离馆之后，山西博物院能够为观众的生成一份个性化的参观游记。

其次，随着"物证与现场"的观念重新得到重视，智慧博物馆利用增强现实的技术能够为观众营造更加立体的传播空间。

第一，在展前宣传方面，博物馆传统的宣传方式大多依靠宣传册、海报等平面媒体进行宣传，关于展览的相关信息无法透过平面向观众进行表达。智慧博物馆利用增强现实技术，能够将展览的相关内容以动态的形式向观众展示。例如，洛杉矶自然博物馆为了庆祝建馆一百周年与Blippar公司合作，利用增强现实技术为展前的宣传活动造势，通过推出4款不同系列的海报和明信片，在博物馆、学校、图书馆等场所进行的分发。当观众使用移动设备扫描该宣传册时，便能够出现一只3D的霸王龙在观众的移动设备当中，观众能够与其进行合影，并通过网络进行分享。通过这种方式，通过动态的形式，能够帮助观众了解展览的相关内容，并对展览的相关内容产生兴趣，促使观众到馆参观，同时，观众与三维动画拍摄的照片通过网络进行分享，使更多的人了解该展览，达到宣传该展览的目的。

第二，在馆内展示方面。观众参观博物馆，不仅包含着物理上活动，与此同时观众还需要不断地对应藏品以及藏品的文字介绍，很容易造成信息过载的情况以及疲劳现象的出现，在展示的过程中利用增强现实技术，能够暂时折叠一些不需要的信息，观众能够对藏品有框架上的认识，在观众需要对藏品有深入了解的兴趣后，观众还能根据自身的兴趣点，有选择性地对相关藏品信息进行挑选并叠加在藏品的实物旁边，观众便有了一定的参照物，在一定程度上会降低观众对应藏品与文字介绍的时间，减轻了观众参观疲劳，以及信息过载情况的出现。同时利用藏品的相关数据，能够将藏品还原至原来的历史场景中，使观众以更加生动形象的方式了解藏品。以加拿大安大略博物馆（Royal Ontario Museum）举办的名为"终极恐龙：来自冈瓦纳的庞然大物"（"Ultimate Dinosaurs: Giants from Gondwana"）的展览，使用了AR技术观众使用移动终端照射恐龙的骨骼便可以透过屏幕看到"复活"的恐龙，通过使用增强现实技术，增加了藏品的展示效果，帮助观众以更加生动形象的方式了解藏品。

目前，信息传播的渠道越来越多样化，信息数量越来越庞大，观众在参观博物馆的过程中很难长时间保持注意力集中。利用虚拟现实技术，以藏品相关研究数据为基础，根据藏品的存在背景，利用计算机图像技术制作藏品存在的虚拟环境，能够帮助观众隔绝周围的干扰，提高观众的注意力，使观众可以专心的了解他想要获取的信息，结束参观之后观众能够在展示内容的基础之上产生联想，并建立自身的认知体系，增强博物馆的信息传播效果。以金沙遗址博物馆为例，金沙遗址博物馆保留了金沙考古范围内最为重要和最为典型的场景，反映出古蜀金沙时期祭祀文化从兴盛到衰落的全过程。利用传统文字和展板的展示手法，观众无切身体会到古蜀国的文化内涵。因此，金沙遗址博物馆充分利用虚拟技术，再现了古蜀国金沙时期祭祀区的形成和演变的过程，观众通过搭建的场景，能够身临其境的感受古蜀国人历经几千年的祭祀盛况，帮助观众能够更加深刻的理解古蜀国的文化内涵。

（四）运行评估

智慧博物馆运行的过程中，场馆内的人和物也在不断地向外相关数据，智慧博物馆组织流程生态系统中的分解者，利用智慧博物馆技术生态系统中的生产者，即室内定位系统、藏品病害检测设备、传感器，持续地采集智慧博物馆运行过程中的，观众、藏品以及馆内的环境数据，并将采集的数据传送至智慧博物馆技术生态系统的消费者，即数据的挖掘环节，对所采集到的数据进行挖掘分析，实现对智慧博物馆的运行情况进行不断地评估，并将评估结果传递至组织流程生态系统中的生产者，生产者根据评估报告，对场馆内的相关构成元素进行优化调整，一方面为观众提供更好的服务，吸引更多的观众到博物馆参观，帮助博物馆获取更多观众数据，使智慧博物馆能够更加精准的了解观众的文化需求，并针对不同类型观众的需求策划展览，另一方面，根据评估报告对藏品预防性保护方案进行优化调整，准确分析藏品与保存环境之间的相关作用关系，实现整个智慧博物馆生态系统的良好运转。

在展览方面，首先，对观众参观数据的不断采集挖掘，精准的了解观众在空间形态下的认知心理以及学习行为，策展者在策划展览的过程中，便根据不同类型观众之间在认知心理和学习行为之间的差异，有针对性地进行展览设计，满足大部分观众的参观需求。其次，博物馆作为非正式教育机构，在传播中要善于将抽象的、理性的、深奥的科学知识转换成感性的、美的和有趣性的信息，这就有一个将理性内涵用感性的形式表达出来的任务。智慧博物馆通过对观众使用媒介的相关数据进行分析，对不同媒介之间存在的传播效率有着清晰的了解，策展的过程中能够根据藏品的不同信息，运用不同的媒介进行传播，从而提高藏品信息传播的效率。

以南京博物院在"法老·王——古埃及文明和中国汉代文明的故事"展和"帝国盛世——沙俄与大清的黄金年代"展为例，南京博物院运用智慧导览系统，对观众行为数据进行采集，数据采集完成后运用聚类分析的数据方法对所采集到的观众数据进行数据挖掘，了解观众的相关行为特征。

南京博物院首次在"法老·王"以及"帝国盛世"的展览过程中，运用智慧导览设备对观众的参观行为进行采集。"法老·王"从2016年12月7日正式开始应用，并于2017年1月9日结束。整个项目共部署50台智慧导览设备，观众通过抵押身份证的方式免费租用，在特展期间，累积借用达6262人次。"帝国盛世"展览与2017年6月10号正式开展，并于2017年9月10日闭展，在三个月的展期中，共租借32908人次，为了更好的了解各个层级观众的参观行为特征，在数据挖掘分析的环节中，将租借讲解器所登记的观众年龄、性别、参观时间等信息与观众的参观行为数据进行聚类分析，得到有助于提升展览展示和观众服务水平的相关信息。根据此次对于观众参观行为的分解后所得到的相关信息可知。

将观众行为和年龄，并结合观众的参观时间进行聚类分析，能够在一定程度上反映博物馆观众的具体状况，以及目前博物馆展示过程中应关注的群体及其属性。根据此次数据结果显示，第一，女性在参观时间，以及使用智能导览器了解藏品的次数上与男性相比更占据优势。第二，如果从年龄上对观众的参观行为进行分析，可以发现70岁以上的观众的参观时间与其他年龄段的相比，其参观时长史久。在智

能导览器的辅助之下，10岁以下的观众的参观时长史久。第三，如果从地域角度对观众进行分析后可以看出，内陆观众与沿海观众相比参观时间更长。第四，根据汇总的观众参观路线以及停留时间等数据相叠加可以看出，在展厅中观众更喜欢带有故事性描述、带有视频讲解类以及带有拓展性质的展示手法。

在藏品保护方面，首先，对博物馆环境数据的不断采集和分析，能够精准了解博物馆环境地变化规律以及空间分布状况，使智慧博物馆能够更加精准的地调整馆内的环境，给藏品营造"平稳、洁净"的保存环境。其次，通过对藏品预防性保护方案的不断评估，能够准确的藏品病害与环境之间的作用关系，能够提前对藏品加以调控，从而延长藏品的寿命。最后，随着藏品风险模型的不断应用，能够提升对于藏品风险判断的速度，并且能够及时的发现藏品中未知的病害知识以及病害发生的规律。

第三节 智慧博物馆生态系统运行支撑体系构建

一、以多向度视角关注用户数据安全

(一) 博物馆应制定用户数据隐私保护政策

《网络安全法》第四十一条规定"网络运营者收集、使用个人信息、应当遵循合法、正当、必要的原则，公开收集、使用规则，明示收集、实用信息的目的、方式和范围，并经被收集者同意。"

因此，智慧博物馆在网络或者现场收集观众的身份信息时，应该明确的告知博物馆观众数据采集和应用的相关政策，同时在采集观众的相关数据时应得到观众的同意等。例如大英博物馆在其官方网站上的发布的关于用户隐私保护声明，在这份声明中，明确提出了，采集个人用户数据的类型、利用什么技术手段采集个人用户数据、对于个人用户数据怎样利用，以及采用什么技术手段保障个人用户数据的安全。同时在该声明中，指出观众对于个人数据的相关权利，以及投诉方式等内容。从在这份声明中，梳理了博物馆保护观众隐私的思路，以及明确了参观者隐私数据的使用情况与控制权限，具有非常重要的参考价值。

(二) 博物馆全流程保护用户数据

博物馆信息化阶段以及数字化博物馆阶段，都需要数据进行整理和采集。例如数字博物馆阶段，对于藏品数据信息的数字化采集和保存，关注度最高的是有关于数据的版权这一具体问题。随着智慧博物馆时代的到来，智慧博物馆利用新一代的信息技术，对用户数据进行挖掘整理分析，希望能从观众数据中了解观众的需求，实现对于观众的精确化管理。

但是近几年用户数据泄露情况时有发生，观众开始对自身数据的安全越来越重视，使得观众对于向博物馆提供自身数据存在一定的质疑，博物馆运用合理合法的手段获取观众相关数据信息变得越来越困难。

针对用户数据应采用分级、分模块的对用户数据进行采集和存储。在数据采集阶段，首先根据应用用户数据的内容和用途决定用不同的方式进行采集，并且在数据采集时便对用户数据进行保护。从满足智慧博物馆优化管理的角度，对到馆用户群体进行行为采集的数据，应尽可能的采取匿名处理的原则。

在对用户提供个性化服务，或者了解各层次观众的参观特征时，应采用隐私数据挖掘（Privacy Preserving Data Mining，PPDM）。在采集观众敏感数据的过程中，利用相关算法对用户隐私进行随即转换，避免了传统对于原始数据的储存办法，在一定程度能够为智慧博物馆的收集数据的完整性，和准确性上提供保障，同时降低了原始数据泄露造成的观众隐私数据泄露等问题。

而在数据存储阶段，对于敏感性的数据应存储在博物馆本地存储平台中。敏感度不高但需要频繁调用的数据，存储在安全程度较低的存储环境中。而对于非敏感数据在进行匿名化处理后，可以将其数据存储在云端中。

而在数据应用的过程中，应明确用户数据应用的制度，从制度上规范相关人员的对于数据访问的权限，同时明确博物馆馆员出现泄露用户数据之后要接受的处罚。

二、以整体的理念加强博物馆内部数据融合

数据资源是智慧博物馆的核心，也是智慧博物馆生态系统的源泉，缺少了数据的支持，智慧博物馆生态系统也就无法运转。对于智慧博物馆生态系统，对于数据的采集、整理、挖掘、应用的各个阶段都应制定统一的数据接口以及数据存储规则，只有对数据采集、挖掘、应用的各个阶段对数据进行统一，保证各个数据流通的各个阶段畅通无阻，才能够保证整个智慧博物馆生态系统能够健康的运行。

（一）制定统一的数据采集接口

数据采集环节的统一化，是智慧博物馆内部环境、内部设施系统运行的首要阶段，目前数据感应环节的各节点之间，存在较多的数据交换协议，采集到的数据之

间的融合性较低，并且在数字博物馆阶段采集到的数据存储较为分散，因此需要制定一个统一的数据采集接口，保证各个各个系统之间的数据能够相互整合，成为数据挖掘分析环节的关键。

(二) 建立数据资源管理系统

经过了多年数字博物馆建设，我国博物馆已经建立了有关于藏品、研究、展示、宣传、教育等多方面的数据资源，这些数据资源为智慧博物生态系统的运行提供了坚实的数据保障。

当前博物馆所积累的数据资源日趋庞大、数据资源种类丰富。博物馆对于数字资源的存储与管理，大多是依靠文件夹等形式进行管理，并且各部门之间由于缺乏统一的数字采集和储存标准，长期延续下来的分散式储存方法，在客观上造成了数据孤岛现象，导致数据对于博物馆服务以及业务能力的支撑不足，数据资源的价值得不到充分的发挥。数据是智慧博物馆的核心，智慧博物馆生态系统的运行便是依靠对于数据的采集、挖掘、应用这三部分进行的，特别是在数据挖掘阶段，需要统一的、规范化的数据管理方式，帮助智慧博物馆能够更加迅速更迅速高效的对数据进行挖掘，促进智慧博物馆生态系统的高效运行。

三、加强博物馆工作人员的职能转化

在智慧博物馆生态中，博物馆可以利用遍布场馆的感知技术、以及数据挖掘技术即时准确的掌握智慧博物馆中的观众以及藏品在不同场景中的需求，并根据其需求给观众和藏品提供最恰当的服务。所以笔者认为智慧博物馆生态系统中的智慧博物馆工作人员，应当从观众和藏品的需求出发，以专业的视角帮助观众和博物馆藏品进行知识的组织与挖掘，并对知识进行有效的集成化加工，为观众和藏品提供个性化、智能化、场景化的知识增值服务。

(一) 设立数据分析部门

目前博物馆的部门设置中并没有专门的数据分析部门，但是在智慧博物馆中对于数据挖掘找到数据内隐藏的信息是智慧博物馆中"慧"的关键，随着智慧博物馆中对于数据的重视程度不断的提升，数据挖掘馆员岗位的设置成为智慧博物馆数据分析的重要标配，数据时代的馆员，不仅应具有较好的数据分析、数据挖掘等数据处理能力，还要具有满足用户精准需求的数据服务能力。

(二)通过培训提高馆员的专业技能

在建立专门的数据分析单位之前,首先应提升存量人员的专业技能,通过有针对性的对新媒体、新技术、新业态对现有的博物馆工作人员进行培训,一方面让博物馆现在的工作人员具备一定的数据采集、挖掘、应用的方面的专业知识,推动智慧博物馆专业人才队伍不断地得到提升。另一方面,通过对新技术的培养,帮助博物馆工作人员更加熟练的操作相关新技术,能够帮助博物馆工作人员提高工作效率,促进整个博物馆管理效率提升。

四、智慧博物馆集群发展

我国博物馆的资金来源大多来自于政府拨款等性质,相比之下,大型的国有博物馆能够有充足的资金和人员支持智慧博物馆建设,而对于占绝大多数的中小型博物馆来讲,构建一套完整的智慧博物馆生态系统对于中小型博物馆来讲则比较困难,应促进各智慧博物馆集群发展,促进我国博物馆事业的发展。

智慧博物馆集群发展,其主要由产业集群理论延深而来的,产业集群理论指的是将大量不同专业背景的产业或者企业有关相关部门、辅助性机构等在一定区域内的柔性集聚,以密集的合作网络形成联系,并且根植于其所在区域不断创新的社会文化环境中,反映的是在集群基础上基于信息和知识联系的"创新链"机制。其中产业集群具有合作网络特征明显以及根植性特征,首先,产业集群内的各主体企业之间交流频繁,并同时进行集群内交易,以此推动区域内经济的发展,其次,集群内各主体往往有着相近或者相似的文化背景或者共同的价值取向,容易在各方面达成共识。

因此,针对智慧博物馆集群的定义是:各智慧博物馆及相关类型的智慧博物馆集中分布,并共同从事于智慧博物馆相关的工作和活动。根据博物馆集群发展的类型,笔者认为智慧博物馆集群主要分为两种,一种为服务型水平合作模式和共享性水平合作模式两种。

服务性水平合作模式,主要指由一家或者数据实力较强的智慧博物馆利用自身优势,聚集大量的中小型智慧博物馆,帮助其发展,使得资源利用效率最大化。通过水平合作型智慧博物馆集群,可以弥补中小型博物馆在数据分析人员方面上的不足。在此背景下,针对于人力资源不足的情况下,处于核心地位的智慧博物馆内的数据分析人员可以协助中小型智慧博物馆进行数据分析,帮助解决中小智慧博物馆数据分析人员缺少的现象。在人才的引进方面,规模较大的智慧博物馆在人才引进上，相较之于中小型博物馆更加的有优势。在一定程度上，中小型博物馆存在无法吸引高素质人才的现象，通过智慧博物馆集群发展，处于核心地位的智慧博物馆的相关业务人员，可以协助培养中小型智慧博物馆的相关业务人员，帮助中小型智慧博物馆的发展。

智慧博物馆中数据资源的数量以及数据资源的完整性，决定着智慧博物馆数据挖掘的准确性，对于中小型智慧博物馆来讲，处于核心地位的智慧博物馆受因为人流量和藏品数量，以及场馆内布设的自动识别装置数量等方面的影响，在一定程度上可能会出现对数据挖掘的质量以及精准度，比大型智慧博物馆逊色不少。在智慧博物馆集群中，大型博物馆可以将自身对于数据挖掘得到的相关知识传送给中小型智慧博物馆，同时中小型智慧博物馆所采集到的数据也可以共享大型智慧博物馆，帮助大型智慧博物馆的数据规模更大，促进智慧博物馆集群的共同发展。

在共享性水平合作模式中，各个智慧博物馆之间处于合作关系。并没有某个智慧博物馆在整个集群中占据绝对的主导地位。但是并不代表意味着，在集群内各智慧博物馆拥有相同的资源或能力，主要指的是各个场馆自身有独特的自身资源，通过集群内各馆之间的协同合作，分享彼此之间的资源，达到共同发展的目的。

在此集群模式下，各个博物馆之间在数据资源、人才上并没有很大的差异，但是数据挖掘的精确度取决于数据规模，数据规模越大，挖掘的准确度也就越强。各智慧博物馆彼此之间交换所采集到的数据，帮助智慧博物馆所做的数据分析的更加的精确。

同时根据不同智慧博物馆在数据挖掘方面存在一定的实力差异，通过彼此之间的交换和分享，则有可能挖掘出之前并没有发现的关联或者聚合关系，帮助集群内各博物馆之间的共同发展。同时因为有着丰富的实践经验，在集群中的博物馆可以总结出智慧博物馆的相关建设经验，促进整个智慧博物馆的发展。

第八章 智慧博物馆建设的实践探索

第一节 革命文物智慧博物馆建设

一、网络信息化建设

(一)"互联网＋红色文化"的门户网站建设

作为红岩文化的网络承载体——门户网站,在信息化高度发展的今天,门户网站成了博物馆面向受众的第一窗口,红岩联线创建了红岩网、特园网、红村网三大网络资源,在极大程度上整合了信息资源,在传播红岩文化、宣传红岩精神方面发挥了重要作用。

网站始建于2002年,2007年完成整体改版(见图8-1),整合了新闻专题发布系统、数字博物馆、文物史料查询库、视频点播系统、网络购物等互动功能,每年报道红岩联线相关新闻1200余篇,编辑全国范围内相关文化信息2000多条,发布各类活动图片5000多张,刊载文字150余万字,每年定期制作各类大型纪念活动专题10余个,年点击率突破200万人次,形成了一套集设备、人才、采编流程、管理制度相对成熟的媒体框架,成为全国最具影响力的爱国主义专业网站和未成年人网上革命传统教育基地。

图8-1 重庆红颜革命历史博物馆网站

特园网作为中国民主党派历史陈列馆官方网站（见图8-2），始建于2010年，它从不同角度全面宣传介绍中国政党体制，各民主党派的形成、发展、变革等历史事件，宣传报道民主党派陈列馆的参观动态、最新信息等。网站还同步推出了三维虚拟漫游，观众可以通过网站虚拟漫游整个中国民主党派历史陈列馆，以身临其境的参观方式、选择性的参观路径、娓娓动听的虚拟讲解，将观众带回到那段历史岁月。

图8-2　中国民主党派历史陈列馆网站

中国红村网（见图8-3）坚持"红村网+"的发展方针，运用互联网思维打造红岩升级版，树立"红色资源+互联网思维"的发展理念和"大红村融大文化，大网媒带大旅游，大数据促大联盟，大创意铸大品牌"的发展目标，创建成为中国第一个智慧型爱国主义暨党性教育基地、中国第一个红色资源公共数据库（云服务）平台、中国第一个多介质效益型新兴网媒集团、中国第一个"互联网+红色文化"创意产业研发基地，目前已完成"中国红村网""红村游手机网"等"十媒一体"的系统搭建，初步形成"红村网+红色资源"格局。即：中国红村网、中国红村网手机版（App移动端）、红村游手机网（720°全景图移动导览服务平台）、中国红村搜（红色百科搜索平台）、红村微信、红村掌媒、红村微博、红村视频（红色微电影、微纪录平台）、红村视窗（LED多频协作互动平台）、中国红村多介质全媒体杂志（红村故事汇、老照片讲故事、老视频看历史、老文物说往事）。根据不同受众形态各异的用户需求，通过十大平台的不同功能、不同介质、不同传播手段，推送传播红色文化，生成提供红色文创产品，实现深度挖掘并整合共享红色资源。

图 8-3 中国红村网

(二)红岩联线局域网的建设

如今,互联网已在中国形成规模,互联网应用走向多元化,互联网越来越深刻地改变着人们的学习、工作以及生活方式,甚至影响着整个社会进程。截至 2014 年 12 月,中国网民数量突破 6.49 亿,全年新增网民 5580 万,互联网普及率逐年提高,手机类普及率更是以 194.6% 的提升率上升,我国互联网在整体环境、互联网应用普及和热点行业发展方面取得了长足发展与进步。

对此,局域网的搭建成了红岩联线开展智慧化建设必须解决的首要问题,红岩联线管辖的景区地理位置分散,办公地点分布在多处,并且呈现跨区的特点,2017 年 6 月至 2018 年 10 月,经过一年多的努力,红岩联线建成了连接烈士墓、上清寺、红岩村三大片区的单位局域网,三个片区之间采用 VPN 接入技术实现互联建成大局域网,并采用 IPSec(互联网连接协议)方式对传输的数据进行加密。同时,在网络边界部署防火墙,保护内部局域网免受来自外部的攻击,保证内部人员的上网速度和互联网用户的访问体验。在内网部署上网行为管理设备,防止非法信息恶意传播,避免敏感信息泄漏;并可实时监控、管理网络资源使用情况,提高针对局域网用户以及 Wi-Fi 接入用户全面而灵活的上网行为审计能力，提高整体工作效率。

通过部署红岩联线办公网络所需的接入交换机、汇聚交换机等相关设备，提供防火墙、上网行为管理器、VPN 设备及办公 OA 服务器等相关设备，实施局域网和馆际互联网专线网络建设，满足了红岩联线信息化数据安全、访问需求，为后续智慧博物馆的搭建创建了基础网络环境。

二、数字影像创意制作

(一)《愈炸愈强》三曲面裸眼 3D 视频（见图 8-4）

深入挖掘历史资料，以重庆大轰炸为主题，红岩联线制作了 5 分钟时长 3D 裸眼视频《愈炸愈强》，本片是重庆大轰炸的历史缩影，视频内容涵盖了大轰炸前民国时期的生活场景、轰炸时的悲壮场景、轰炸后废墟重建的决心，生动地展示了中共南方局在整个大轰炸中不畏艰难，浴血奋斗，坚持抗日民族统一战线，领导重庆人民抵抗侵略的历史画面。

视频内容均来自历史的还原，在视频中，我们对民国时期的解放碑十字街空间布局进行真实还原，其中涉及具体的街道、地标老建筑等，所有建筑都比照老照片和采集的建筑数据进行 3D 建模。

影像采用电影级的 4K 模式，并设置成用于三曲面投影的播放格式，具有很大的视觉冲击力和历史沉浸感。

图 8-4 《愈炸愈强》3D 视频画面

(二)《西迁》三曲面裸眼 3D 视频（见图 8-5）

西迁是极其有特色的历史题材。该视频以《新华日报》西迁和中共南方局八路军办事处（以下简称八办）成立为主线，阐述了西迁前毛泽东论持久战的先见论断，西迁时中国共产党在日军轰炸和三峡险滩中绝处逢生的坚强意志,西迁后《新华日报》作为抗战利器所发挥的巨大作用。

视频资料均源自真实的历史资料,在视频中运用3D技术烘托了三峡的壮美、西迁过程的艰险和日军轰炸的惨烈。

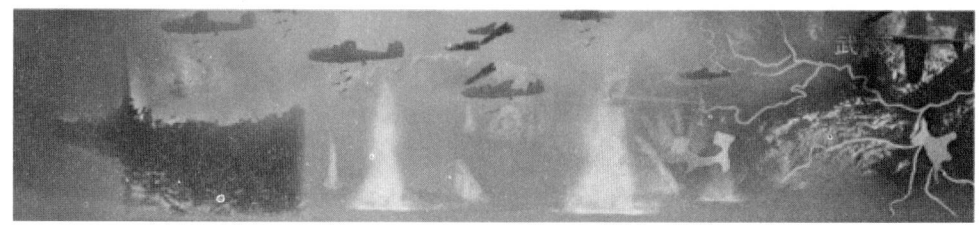

图8-5 《西迁》3D视频画面

(三)毛主席书写《沁园春·雪》全息影像制作(见图8-6)

通过3D技术还原渝中半岛,一只雄鹰从渝中半岛上飞过,吸引着观众的视角来到红岩村。随着镜头的推近,展现出傍晚夕阳照耀下的中共南方局驻重庆办事处大楼,月上枝头,灯火初燃,穿过八办楼体,一扇办公大门缓缓开启。在大幅三曲面投影的左侧呈现夜光下的八办轮廓,右边全息视频展现真人版毛主席正在办公室桌前写下《沁园春·雪》的诗篇,并起身朗诵,全息门逐渐关上,出现大幅蜡梅盛开、大雪纷飞,伟大领袖毛主席屹立万里长城的宏伟画面,最后伴随着激扬的音乐结束播放。

三曲面投影和全息影像的结合方式为国内首创,两者相得益彰,取得了非常好的展示效果,全息门采用全自动设计,与片子的配合达到巧妙的无缝衔接,该作品充分展示了高科技的现代化陈展。

图8-6 毛主席书写《沁园春·雪》全息影像画面

(四)动态重庆民国版《清明上河图》(见图8-7)

通过对重庆地方史料的研究,我们整理了一系列重庆民国时期的具有地方特色的老建筑和遗址,如重庆抗建堂、国泰剧院、建设银行、纪功碑、华华公司、新华日报营业部旧址、吊脚楼等,将这些遗址串联起来,设计出富有创意的重庆民国版渝中半岛画卷,最后在四川美术学院知名画家笔下勾画出重庆民国版《清明上河图》的巨幅油画。

我们采用摄像机无缝采集技术对这个油画进行采集,并实现油画中的人物、马车、火轮、长江水在静态的画面中动起来,这种动静结合的方式,将原本沉寂封存的历史以活灵活现的方式呈现在观众面前,让人们更加直观地感受民国时期重庆的地方特色和传统文化。

图8-7　重庆民国版《清明上河图》

(五)以红岩景、英雄事、遗址忆为主题的系列专题片

制作以红岩景、英雄事、遗址忆为主题的系列专题片反映了今日红岩、红岩英豪、红岩历史,《今日红岩——生态红岩》视频内容来自红岩四季风景照,红岩联线不仅是一个博物馆,也是一个遗址群,更是重庆的美丽花园,吸引着绶带鸟、猫头鹰、小松鼠等各种野生动物嬉戏于此,也招揽着无数摄影爱好者不远千里来到红岩联线定格画面,《今日红岩——生态红岩》将红岩的美一览无余地展现给观众,让城市中疲惫的心灵得以洗礼。

红岩联线作为全国首批党性教育基地,吸引着全国各地的观众来到红岩接受革命教育,红岩小说家喻户晓,可能许多人都听说过江竹筠、许云峰、华子良、小萝卜头的故事,"11·27"大屠杀后在世的脱险志士少之又少,他们同样是共产主义革命斗争的勇士,我们应该尽可能地让更多的人来认识他们,了解他们,真实感受他们所经历的那段风起云涌的过去,在心灵深处感受共产党为人民解放、人民幸福所做出的巨大贡献。对此,我们与时间赛跑,积极开展脱险志士采访,制作了《郭德贤纪录片》,以郭德贤口述历史为脉络,穿插各种历史资料,让我们真切了解脱险志士郭德贤在家、国、情、义中时刻体现出的对党忠贞的伟大的革命意志。

红岩联线有几十处遗址,其中渣滓洞是一个热门打卡地,如何让文物活起来,了解文物背后的故事,让遗址类纪录片更加富有情感,更加生动,我们一改以往解说词似的拍摄手法,以拟人的方式将她的故事向观众们娓娓道来,穿插渣滓洞实景演出,以讲解员、观众、作家的视角解析渣滓洞,让观众对渣滓洞和她的故事有更深层次的了解和更直观的认识。

三、陈列展览的数字展示技术及应用

依托国家科技支撑计划课题"区域特色旅游文化传承和挖掘关键技术应用与示范"(课题编号:2015BAK41B02)第二子课题"红岩文化展演与传播技术集成与示范课题研究",综合运用多通道双曲面投影、三维数字影片、全息投影、AR 展示、VR 展示、壁画雕塑、文创产品制作等多技术无缝融合的创新展陈模式,将厚重的历史、前沿的科技、新颖的创意相结合,提升展览的艺术性、技术性、历史性、参与性。

(一)红岩记忆数字体验厅

红岩记忆数字体验厅致力于从传统展览向数字化、集成化、网络化、智能化方向迈进,在实际应用中不断开发新的数字技术,使体验厅在蕴含更多内容的同时,突破图片、文字等传统手段,呈现出立体的、多元的、互动的态势,满足不断求新求变的观众需求。

该体验厅以数字化展览为主,结合观众被动观看与主动参与的两种模式,集多通道投影、三维数字影片、全息投影、AR 展示、VR 展示、油画雕塑、文创产品制作等七大功能于一体,集约化、数字化、一体化地展示红岩精神。这是目前国内所有纪念馆乃至博物馆中所未曾出现过的,具有极大的示范作用。

(二)三曲面投影技术

红岩记忆数字体验厅采用三曲面投影,墙长 18 米,宽 4 米,目前国内科技厅多呈现单曲幕、双曲幕,还没有三曲幕的先例,相对于单曲幕、双曲幕,三曲幕对视频制作要求更高,视频内容投在三曲面上必须无明显畸变,同时内容的制作要考虑到大场景的体验感,对视频的精度要求极高,我们制作的《愈炸愈强》《西迁》裸眼

3D 影片将投影畸变控制在适度的范围内，达到了画面 2/3 直射视角范围内无明显畸变，实现电影级 4K 分辨率。

（三）油画与 AR 技术融合展示（见图 8-8）

我们绘制了一幅呈现包含红色三岩、精神堡垒等重庆地标性建筑的全景油画，但单一静态壁画已无法满足游客的多元需求。为此，我们在油画中的多处场景设置了 AR 系统，游客可通过移动终端扫描展示该地标建筑的三维立体模型，游客可以在指尖 720°翻转、放大、缩小三维模型，穿越历史同该景点合影，力求让壁画生动起来。

图 8-8　油画与 AR 技术融合

（四）三曲面投影与全息技术无缝衔接

在三曲面投影系统中，开设了全息技术展示区，通过在曲面投影系统中设置可开启的机械门，在门内空间里安放了影像前沿技术：双幕全息投影系统，以达到观众视线穿越机械门，观看用全息技术呈现的毛主席在红岩村书写《沁园春·雪》的影像。在观众观看毛主席书写《沁园春·雪》影像时，双曲面投影系统根据场景起渲染和补充作用，以达到双曲面投影与全息技术的完美结合。

（五）VR 系统同三曲面投影系统结合探究

三曲面投影系统的功能不仅限于使观众被动地接受系统所播放的影片，还希望强化观众的主动体验参与程度。为此，我们将 VR 系统融入曲面投影系统中，观众一人佩戴 VR 头盔体验民国时期重庆风貌街虚拟漫游场景，同时曲面投影系统播放佩戴头盔的观众所体验的第一视角虚拟漫游画面，形成一名观众带领全场观众体验重庆风貌街的体验模式。

(六)互动触摸程序开发(见图 8-9)

引入时下高新技术开展独立创新的多媒体项目,通过各种科技手段,将历史的厚重与前沿的创意相结合,提升科技体验厅的可看性、观赏性、互动性、参与性。应用高分辨率显示大屏、触摸技术,选取 30 件经典的红岩一级文物数字化采集成果,含镇馆之宝——《新华日报》印刷机——高清动态 3D 模型于一体,开发触摸屏程序,观众只需要轻轻点击任意文物就可以多角度查看文物信息;在采集的巨幅油画中嵌入多处遗址热点,拖动油画点击图中遗址热点,即可出现文物遗址的图文介绍,同时将八办、饶国模故居、桂园、周公馆、渣滓洞、白公馆、蒋家院子、《新华日报》营业部旧址精细 3D 模型和遗址自动虚拟漫游整合在互动触摸系统中,让观众可以选择性地点击遗址模型和自动漫游,不用亲自到现场也能真切地了解文物遗址。

图 8-9　互动触摸程序演示

(七)集成式平台的设计

体验厅以三曲面投影系统为基础,将 AR 系统、VR 系统、全息投影系统、文创产品制作系统融入曲面投影系统中,搭建了多系统融合的集成平台。此平台为开放式、兼容性平台,预留了内容升级的技术条件,其播放内容可不断更新和丰富。所有多媒体项目实现了集中控制管理,远程控制系统将场馆内所有电子展示设备均纳入智能化控制范畴,全面实现场馆一键式开关机,实现全面化、模式化、一体化的智能控制。管理员只需通过控制室的控制终端进行模式控制或分项控制就可以简单方便地掌控各类复杂的子系统设备,包括以下内容:

(1)控制场馆内每台投影机的开机、关机、视频切换,并且延时断电保护投影机散热;

(2)控制触摸屏、图文播放设备的电源开关;

(3)控制电脑的关机、开机、音量调节;

(4)当游客进入某些指定区域,向虚拟讲解系统发出信号,让对应点的虚拟讲解系统开始播放内容;

(5)展馆一键式开闭馆、定时开闭馆等,达到科技体验厅的全面智能化。

(八)火烧渣滓洞墙体投影实景演出

渣滓洞遗址一直以来是重庆热门打卡地,为了给观众更好地了解渣滓洞,更加直观而形象地展示渣滓洞"11·27"大屠杀事件,我们在结合原有的实景演出的基础上,设计了火烧渣滓洞墙体投影,实现演员实景演出和高科技投影手段的融合。

墙体投影近几年才开始在博物馆中运用,比如敦煌莫高窟的大型实景演出就运用了大量的墙体投影,渣滓洞墙体投影是建立在对渣滓洞建筑遗址本身以1:1:1的比例3D采集的基础上,通过制作火烧视频,实现了投影内容和实际墙体完全吻合,并通过染色灯从建筑背部往屋顶打红光灯,创建出更逼真的火烧场景,同时制作渣滓洞逃生墙垮塌视频,再现"11·27"大屠杀血和泪的生死之战(见图8-10)。

图8-10 火烧渣滓洞墙体投影画面

四、文物数字化保护及数据成果转化

2015年6月,我们向国家文物局成功申报立项"红岩革命历史博物馆数字化保护"项目。

以此项目为依托,我们对红岩联线二级以上可移动平面类和实物类文物实施数字化保护,降低对实体文物的使用频率,减少文物伤害,实现对文物信息进行抢救性最大化提取,同时也选取了八处文物遗址,采用精细3D建模方式采集遗址信息,为文物修复提供数据支撑,并依托数据,开发出一系列文创产品。

（一）红岩文物数字化采集（见图8-11）

数字化采集主要采用高清拍摄技术、高清扫描技术以及文物环拍技术。严格遵守文物保护原则和相关藏品管理制度，以确保文物安全为第一原则，因地制宜采用符合红岩联线文物特征的采集方式。红岩联线一级文物中纸质类文物约占80%，包括报纸、壁报、书籍等，因此选择使用高清拍摄和高清扫描技术。高清拍摄采集标准为图片的格式：PSB（大型文件格式），高清扫描采集标准为图片格式：TIF格式，图片的像素：800DPK英寸点数），图片的文件大小不低于60M。针对本馆实物类文物，采用360。高清环拍的文物采集方式。目前已经完成红岩联线三级以上平面类文物采集2656件，基于三维激光扫描、高清纹理拍摄技术，对重庆红岩革命历史博物馆八处革命旧址：八办、饶国模故居、桂园、周公馆、渣滓洞、白公馆、蒋家院子、《新华日报》营业部旧址进行三维扫描建模、纹理采集及展示。

图8-11　红岩文物数字化采集

（二）文物数据库的建设与应用

红岩革命历史博物馆作为重庆革命文化历史见证的载体，承担着以物证史、向社会公众展示宣传重庆厚重的红色文化责任。自建馆以来，博物馆累积了大量的业务资源数据，包括博物馆日常管理、业务资料、人物档案、遗址档案、烈士墓档案等方面，既有电子文档，也有纸质资料，这些数据也是博物馆信息化的重要对象，同时也是后续博物馆构建现代化的服务体系的重要基础。

因此，红岩联线建立数据资源库，依据和参考国家博物馆行业数据规范，以及馆藏文物著录规范制定统一的数据采集实施方案以及数据存储和分类标准，并进行详细讨论论证，保证数据收集的质量和效果。然后根据《国有馆藏文物著录规范》《第一次可移动文物普查规范》《博物馆管理规范》等标准规范将红岩革命历史博物馆内所有的相关数字资源，比如博物馆文物数据信息、档案资料、展陈、活动照片、媒资库中已存资料等进行统一管理。整合利用旧软件，使用统一的标准导出旧数据，并进行格式转换，存储至新的数据库，具备数字资源录入管理、加工管理、利用管理、发布与展示、资源检索、统计分析报表等功能模块，满足日常业务文物数据需求。

（三）三大主题陈列720°全景数据采集加工

720°全景漫游极具真实感。全景漫游取材完全来自于现实场景，再加上它本身的三维特点，让用户有身临其境的感觉。基于该特征，为了拉近公众与这些固定在地表而又珍贵的文保单位的距离，我们采用基于HDR（高速数据传输技术）的高清全景技术采集重庆红岩革命历史博物馆的720°高清全景数据，为全景漫游采集素材。

720°地面HDR高清全景，是利用专业相机环拍720°所得的一组照片，再通过专业软件无缝处理拼接所得的一张全景图像，然后采用HTML5技术制作，通过拥有的全景与激光点云匹配技术制作720°地面HDR高清激光全景数据。该数据成果可以用鼠标随意上下、左右、前后拖动观看，亦可以通过鼠标滚轮放大、缩小场景。图像内部可安放热点，点击可以实现场景的来回切换。除此之外，还可以插入语音解说、图片及文字说明。目前，已经完成我馆所有三大主题陈列和红岩村720°全景漫游，并且在红村网旅游频道（http://www.hcwqq.com/Tour）正式上线，达到了模拟和再现场景的真实环境的效果，虚拟还原出不可移动文物，深受观众喜爱，打破不可移动文物传播范围的限制。

五、四个业务子系统开发

根据红岩联线业务需求和对外服务的需要，建成数字资源管理系统、藏品管理系统建设、办公自动化系统建设、智慧票务系统四个业务子系统。该部分将在下个章节中具体介绍。

六、AR、VR技术在文创产品开发中的应用

（一）AR明信片和ART恤（见图8-12）

在"红岩记忆"数字体验厅的体验过程中，为避免观众陷入走马观花、风过无

痕式的体验模式，而是希望能将每位观众自身的独特体验感受带回家。为此，我们设计出了 AR 技术同文创产品开发相融合的方式。制作手绘画版的红岩记忆系列明信片，集中展示了饶国模故居、八办、桂园、周公馆、渣滓洞、白公馆、蒋家院子、《新华日报》营业部旧址等文物遗址，同时将以上遗址制作成文创 T 恤，游客关注红岩掌媒微信公众号，通过下载"红岩记忆"App 即可通过 AR 技术扫图，呈现动态 3D 模型，使观众能将红岩记忆的数字化体验带回家。

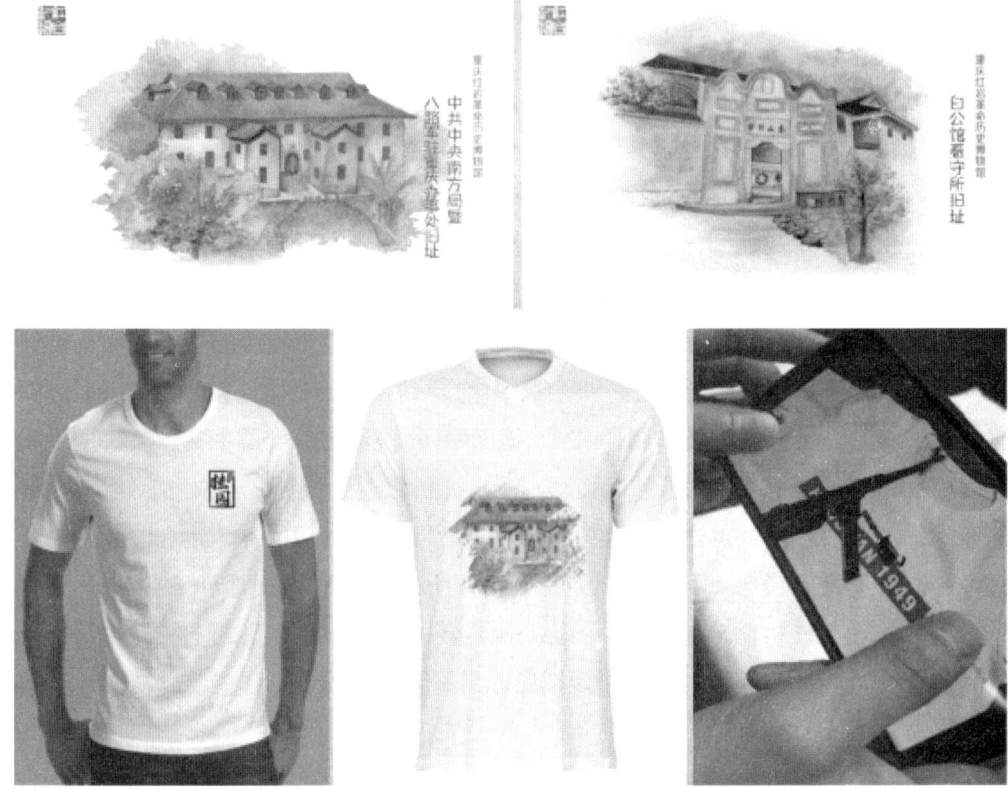

图 8-12　AR 明信书与 T 恤

（二）与毛主席在一起 AR 技术

通过手机关注红村掌媒微信公众号，下载与毛主席在一起 AR，在红岩村八办二楼毛主席办公室，通过扫描毛主席的办公桌，即可在手机端呈现毛主席书写《沁园春·雪》的视频。

（三）巴渝往事 AR 技术

详见油画与 AR 技术融合展示，这里不再赘述。

（四）虚拟现实技术应用

在 VR 应用方面，我们设计开发了红岩联线八处遗址 3D 虚拟漫游、夜游民国街、渣滓洞越狱的 VR 作品。

其中，遗址 3D 虚拟漫游中，我们通过遗址内陈列的实物类文物进行 3D 采集，带上头盔，通过手柄可以实现与遗址内陈列物品的互动。

夜游民国街：我们通过还原解放碑十字街，让观众有身临其境夜游民国街的感觉，耳边环绕着民国时期的小曲，通过手柄的操作可以选择乘坐黄包车并到指定的地方去，同时将红岩联线几处遗址放入其中，观众可以随意指定任何一个景点，即可实现景点的自行漫游。

渣滓洞越狱：带你体验一把越狱的惊险瞬间，操纵手柄如枪置手，让你在枪林弹雨中绝处逢生。

七、红岩智慧博物馆的顶层设计和标准

（一）红岩智慧博物馆顶层设计需要考虑的问题

建设具有分析能力的博物馆，需要解决六大问题，这些问题也是红岩智慧博物馆顶层设计之前需要考虑到的。

(1) 解决应用服务问题

近年来，重庆红岩革命历史博物馆积极探索、研究、实践博物馆资源的数字化采集、加工、管理与展示，努力提升博物馆的信息化水平，取得了显著成果，先后完成了网站开发、八办和曾家岩 50 号虚拟展示等一些数字化博物馆的建设工作，但在互联网的融合程度上离智慧博物馆还有一定的差距。因此，重庆红岩革命历史博物馆数字化保护服务采购项目建设的目标之一就是通过顶层设计，建设以多源异构的博物馆数字资源库为基础，多个应用子系统协同工作的新的智能化软件自我演进模式，并形成统一的数据标准及规范，实现更透彻感知的文物数字化管理与服务。

(2) 解决应用孤岛问题

突破信息孤岛，加强信息资源互通与共享，是当前我国博物馆领域快速发展的必然要求。目前，重庆红岩革命历史博物馆受网络、资讯、费用等条件的制约，信息资源无法在更大区域范围内为人们所共享，馆内不同部门之间的信息交流不够通畅，资源也无法互通有无，各自优势得不到很好互补，无法发挥博物馆的整体优势，在一定程度上造成了博物馆资源的浪费。通过重庆红岩革命历史博物馆智慧博物馆

项目的建设，将实现重庆红岩革命历史博物馆资源的信息化加工，实现博物馆资源信息的流通与共享，实现博物馆内部不同部门之间的优势互补，进而实现重庆红岩革命历史博物馆信息资源在重庆市域内的共享、交流与利用，进一步彰显重庆市的精神文化气息，促进重庆文化产业发展。

(3) 解决数据交换共享问题

通过构建数据管理中心，可为跨馆内的不同应用系统、不同数据库之间的互联互通提供包含提取、转换、传输和加载等操作的数据整合服务，实现扩展性良好的"松耦合"结构的应用和数据集成。利用数据管理中心，通过分布式部署和集中式管理架构，可以有效解决各节点之间数据的及时、高效地上传下达，在安全、方便、快捷、顺畅地进行信息交换的同时，精准地保证数据的一致性和准确性，实现数据的一次采集、多系统共享。基于数据交换节点服务器适配器的可视化配置功能，可以有效解决数据交换平台的相关问题，快速实现不同业务部门、不同应用系统、不同数据库之间基于不同传输协议的数据交换与信息共享，为各种应用和决策支持提供良好的数据环境。

(4) 解决数据管理和调度问题

随着博物馆积极引入现代化的技术手段，推进网上虚拟博物馆建设，重庆红岩革命历史博物馆累积了大量的数字资源，但由于历史原因，博物馆的资源分散在不同的部门之中，缺乏统一有效的管理、共享和内容挖掘。因此，重庆红岩革命历史博物馆智慧博物馆项目建设，将根据文物保护、管理、展示、教育、公众服务等实际需求，整合优化并打破各自独立的壁垒，打造统一的智慧博物馆的大数据中心平台，实现重庆红岩革命历史博物馆数字化资源、馆藏文物资源的集中存储和统一管理，有效解决重庆红岩革命历史博物馆资源分散和重复建设等突出问题，加快重庆红岩革命历史博物馆信息化步伐，逐步实现博物馆资源数字化、行业管理科学化、公众服务智能化。

(5) 解决数据建模和存储问题

数据管理中心将综合使用关系型数据库、NoSQL（非关系型的数据库）数据库、分布式文件存储系、图数据库等数据分析和存储系统，结合我馆各部门的实际业务需求，对实际工作中所产生和需要管理的数据进行综合分析，选择描述型分析或者预测型分析，最终正确而连贯地建立各类型数据模型，辅助我馆各业务部门做出快速、灵活的决策，保证更加科学、快速、精准的工作结果。

(6) 解决数据分类和标准问题

全面有效地组织整个智慧博物馆构建中大量异构的数字资源，全方位地揭示藏品信息,丰富检索结果的内容类型,满足用户的多角度检索,遵循元数据设计原则,结合国际上数字博物馆领域成熟的元数据,对国内统一元数据标准《文物馆藏信息指标体系规范》进行改造,形成一个面向数字资源的、可扩展的通用元数据模型。旨在保留原始数据完整性和复杂性的基础上,构建适合博物馆数字资源描述与共享的元数据模型,改变现有元数据揭示角度的单一性,以利于数字资源的多角度检索和知识发现。

(二)红岩智慧博物馆平台总体架构设计

(1)技术架构(见图8-13)

红岩智慧博物馆技术架构将采用基于SOA架构的开发理念,以提供服务接口的模式高度集成各类应用,以适应各系统变化、新增和无缝衔接;采用面向对象开发思想,采用多层架构,分为业务前端应用、应用服务、数据操作等模块,为以后代码维护奠定基础。

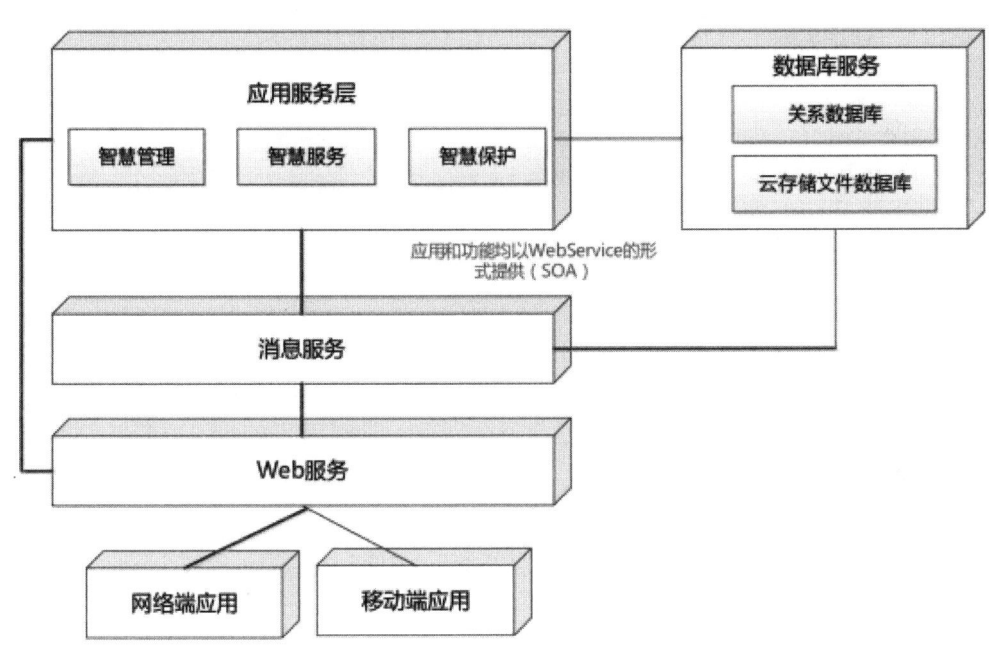

图8-13 红岩智慧博物馆技术架构图

(2)平台架构(见图8-14)

红岩智慧博物馆平台总体架构,结合博物馆现有数字资源和信息系统,在国家文物局统一标准和范式下进行设计和开发。

总体架构采用模块化的设计思想,将各业务系统以及相关的通用支撑应用进行模块化封装，并利用虚拟化和应用服务总线对封装后的应用、服务和子系统进行集成，使得它们相互之间能够进行数据的交换、通信和调用，通过服务编排技术可以将粒度较细的服务进行有序组合，快速形成粗粒度的功能和应用，使得应用的开发和集成复杂度降低。

总体架构包括如下内容。

图 8-14 红岩智慧博物馆平台架构图

1.基础设施层。红岩智慧博物馆通过云平台上部署基础软硬件资源,基础软硬件资源包括基础网络、虚拟服务器(应用服务器、数据库服务器、文件服务器等)、磁盘阵列、基础软件(操作系统、数据库),以及其他必要资源。

2.数字资源库层(一库)。数字资源库包括业务主题数据库、通用基础数据库、标准库,以及照片、三维、图纸、文档、音视频等非结构化数据,是红岩智慧博物馆的数据来源,为整个系统运行提供数据支撑。

3.基础支撑平台层(一平台)。支撑平台层提供了多种核心、共用的基础组件和基础服务接口,基础组件包括门户管理组件、工作流引擎、搜索引擎、移动服务组件、数据采集组件、电子表单组件等,基础服务则包括统一机构人员管理、统一身份认证服务、数据规则服务、统一消息服务、数据交换服务、日志审计服务。该层采用面向对象、组件式设计等技术,提供的组件是跨领域、与具体业务无关、通用的基础服务,能随着业务系统的发展变化而扩展、伸缩,从而降低系统的运行维护成本,实现后续系统持续动态升级。

4.应用服务层(三应用)。将在红岩智慧博物馆的系统搭建框架中具体阐述。

5.系统用户层。系统用户是红岩智慧博物馆的服务对象,包括综合监管用户、业务管理用户、数据登录用户、专家学者、社会公众、系统管理员等六类用户。

6.保障体系。本项目的建设及后续维护离不开保障体系建设,包括标准规范编制、系统安全建设、系统运维管理等。

八、部署环境

(一)采用云平台方式

随着互联网的快速发展,云计算技术也在不断进步,云平台也应运而生。什么是云平台?平台云是支撑网络化应用和服务开发、部署、运行和管理的一系列中间件系统的整体平台,云平台提供基于互联网的硬件服务——平台即服务。云平台能提高资源的利用率,降低能源消耗,它可以通过引入虚拟化等科技手段,来细化物理资源分配单元,从而提升系统分布的密度,提高系统使用效率,降低对物理设备的需求,降低IT设备投入,降低能耗节约成本。云平台解决方案能让其更快速地进行资源管理,快速实施硬件网络平台建设。云平台具有强大的功能、完善的服务、灵活的扩展、低维护成本等优势,使得越来越多的用户采用云平台实现"互联网+"的软件应用。

（二）基础软件

基础软件的选择对整个数字化保护平台的性能和稳定性、可靠性起到至关重要的作用，包括操作系统以及安装在操作系统之上的应用服务器软件、数据库服务器软件等应用系统，支撑软件。建设范围主要包括以下几个方面：

操作系统；

虚拟化软件；

中间件，主要包括应用中间件和消息中间件；

数据库管理软件；

业务智能软件，主要包括：数据仓库引擎、ETL工具数据挖掘工具等。

（三）基础网络

基础网络是红岩智慧博物馆平台基础设施的重要组成部分，由数据感知网和数据传输网组成，如图8-15所示。数据感知网主要用于对支撑平台业务所需的信息进行数据采集，目标是对红岩智慧博物馆平台数据等管理要素的全面感知和有效接入。

数据传输网是红岩智慧博物馆信息交换和开展业务应用的网络系统，也是对社会公众提供信息服务的重要通道，数据通信网络又分为业务承载网和隔离区（DMZ）两大部分。业务承载网分为红岩智慧博物馆多个层级，是各级数据中心、局域网、应用系统和终端之间互访互通的承载平台，同时通过DMZ与互联网、外部专网进行可控交互，以满足外部终端与系统的访问需求。

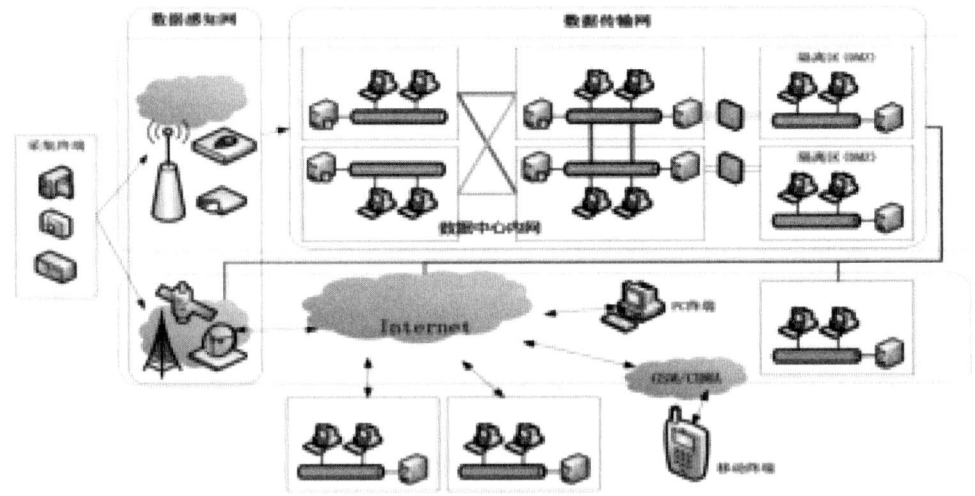

图8-15　总体拓扑结构

（四）云数据中心

数据中心的建设要考虑各异构系统之间的数据交换和共享，以及红岩智慧博物馆各部门内部之间的数据交换关系，明确数据中心功能定位、体系架构、数据交换和共享机制等，也要充分考虑未来升级扩展、容灾备份，以及与其他相关单位的信息共享等要求。建成后的数据中心是各项博物馆业务系统IT应用的提供中心，是文化信息资源、网络传输、存储的中心，多种职能综合服务的提供中心。

数据中心拥有网络、服务、存储以及安全等多种职能，是整个红岩智慧博物馆信息化建设的核心，利用模块化的设计思路，采用分级、分区、分层、分类的规划方法，实现数据中心逻辑功能的模块分区设计。标准化的数据中心架构，层次清晰，能实现数据中心高可靠、高性能、易管理、易扩展的目标。

（五）软件环境

在硬件环境下，平台的运行还需要良好的系统软件做支撑，本项目中涉及的系统软件如表8-1所示。

表8-1　红岩智慧博物馆综合服务平台的软件系统

类别	软件
操作系统	Windows2016ServerR2标准版
数据库	SQLServer2016标准版

九、红岩智慧博物馆的系统搭建框架

红岩智慧博物馆综合服务系统主要包括"智慧保护""智慧管理""智慧服务"等3个大的部分，共计18个系统的建设内容（见图8-16），其中，"智慧保护"包括智能安检、监控安防、预防性保护、文物修复4个系统的建设内容，"智慧管理"包括文物库房管理、数字资源管理、藏品管理、陈展管理、办公自动化系统、设备集中控制资产管理、辅助决策分析8个系统的建设内容，"智慧服务"包括科技导览互动、票务、客流数据分析、新媒体平台、党性教育、文创产品营销6个系统的建设内容。智慧博物馆人平台建设框架图如下所示：

其中，图8-16中的数字资源管理系统、藏品管理系统、办公自动化系统、科技导览互动系统、票务系统，已经完成或者正在建设中。

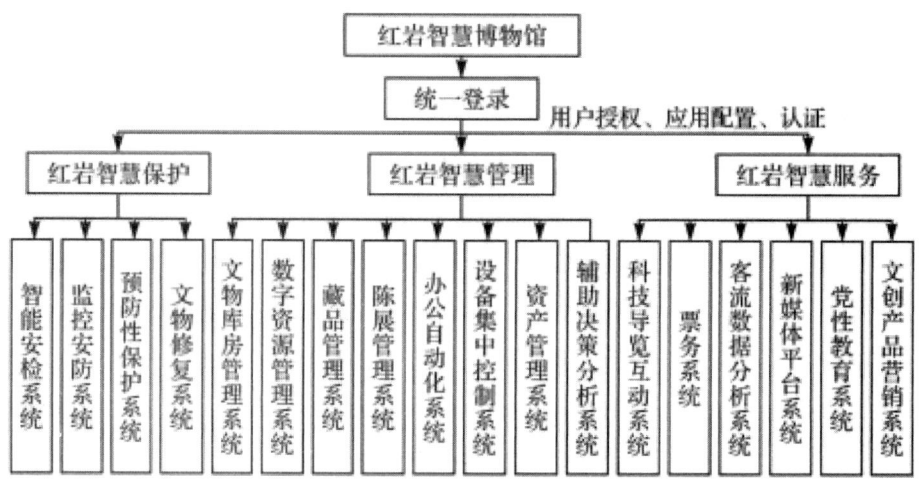

图 8-16　红岩智慧博物馆综合服务系统

十、子系统的功能介绍

（一）智能安检系统

智能安检系统具备安全检查和人员数量统计报警功能，采用专用的探测装置、X 光技术和人脸识别系统对过检人员进行智能检查，以排查违禁物品；通过红外线识别设备对展区不同位置人员数量实时监控，维持景区秩序，排除潜在的安全隐患，同时实现后台数据与票务系统互通互联。

（1）智能安检系统的硬件设备功能介绍

智能安检系统的硬件设备包括安检门和安检机。安检门是一种检测人员有无携带违禁金属物品的探测装置，又称金属探测门，主要应用在进入人员较复杂的公共场所以检查人身体上隐藏的金属物品，如枪支、管制刀具等违禁物品。当被检查人员从安检门通过时，人身体上所携带的金属违禁物品超过安检门设置的总量时，安检门即刻报警；安检门上方设置人脸识别系统，可以对过检人员进行人脸识别记录，并显示每天过安检的具体人数。X 光安检机是借助于输送带将被检查行李送入 X 射线检查通道而完成检查的电子设备，主要是对除人体以外的行李、物品等进行透视性的扫描，以发现隐藏在里面的危险物品。

（2）安检系统客流分析功能介绍

在每个景区多处设置红外线识别设备，可以在后台中查看每个景点的游客分布情况，对于客流密集处将启动报警功能，方便对人流进行疏通和安全管理，同时也

第八章 智慧博物馆建设的实践探索

便于景点清场。

在景区电子显示屏中实时显示在馆参观人数、可预约人数。该功能与票务系统实现数据互通互联,当超过规定时间段人流限定峰值时,游客将无法在票务系统预约该时间段的门票。

(二)监控安防系统

红岩联线的安防系统拟进行智能化开发。开发完成后,通过其预留的开放端口,可以接入智慧景区、智慧博物馆大平台中进行管理和操作。该系统具备智能视频监控、入侵报警、在线电子巡查、出入口控制等功能,能够很大程度上提高安防的力度,实现安防无死角。

(1)智能视频监控

智能视频监控主要在景区范围内对人员聚集、人员徘徊、禁入区域、快速移动、跨线非法侵入、非法停车等进行24小时不间断实时检测监控,只要出现以上情况就会触发报警,然后将情况上传监控中心,引起监控人员注意。

(2)入侵报警

根据对景区、博物馆使用需求的分析,结合景区、博物馆建筑物结构情况及各功能区的划分,通过多种探测技术对各区域进行布防,形成一个多层立体交叉的严密防护网,达到提前预警、阻止犯罪的目的。

前端设备主要采用双鉴探测器、红外幕帘探测器、红外对射、被动红外探测器、玻璃破碎探测器、震动传感器和紧急报警按钮,设备的布置将主要考虑周界、各个展厅、展台、库房、出入口、监控室、武警器械室和重要办公室等重要部位的监控。通过对建筑结构和用户需求的分析,合理地设置报警点位,并根据不同的需要设计各种类型的前端报警设备。系统核心设备为大型报警通信控制主机,该主机通过总线集中接入前端的探测器,根据自身对不同防区设定撤/设防状态,判断是否处于报警状态。一旦报警,则触发声光提示以及联动相关设备,自动提供报警信息。

(3)在线电子巡查

采用在线式巡查方式,与出入口控制系统的读卡器联合设置,采用电脑随即产生巡更路线和巡更间隔时间来确定最后的巡更范围和路径,最大限度地给博物馆的安保巡视带来便利。

(4)出入口控制系统

以主动地控制替代了被动监视的方式,通过对主要通道的控制大大地防止了嫌疑人从正常通道的入侵,一旦罪案发生,可以通过对通道门的控制限制嫌犯的活动

范围以制止其犯罪、减少损失。

(三)预防性保护系统

预防性保护系统是及时掌握博物馆环境质量并分析了解其变化规律以实施必要改善措施的必要手段,是本项目的关键系统。首先,鉴于本项目中文物藏品受湿度的影响较温度敏感,馆藏文物保存环境监控系统的环境温湿度控制以湿度为优先;其次,针对重庆红岩革命历史博物馆室内不同的材料对各种环境因素的敏感程度不同,即不同材质文物的主要环境影响因素是不尽相同的,尤其是代表性的特征污染物的影响,因此系统需有的放矢地对这些"特征污染物"的浓度实施监测和净化控制。预防性保护系统主要是为了满足对文物保存微环境(库房、展柜)、文物本体病害等的监测需求,如温度、湿度、光照度、紫外线强度、有害气体、土壤含水率、裂隙、位移、病害实时变化等参数进行实时监测,并对监测数据进行挖掘整理,建立监测数据库,为文物预防性保护提供技术支撑,为文物保护措施的制定提供科学依据,实现完整的"监测——评估——预警——调控"文物预防性保护。这个系统包含以下功能模块。

(1)实时监测

系统可实现文物保护环境参数监测的多样性,能够对环境中的大气温湿度、大气二氧化碳浓度、总挥发性有机化合物含量、降尘、光照度及紫外线辐射强度、污染气体等参数进行实时采集,并结合现代先进的嵌入式计算技术、无线自组网技术,以及无线通信技术,将采集的数据传送到监控终端,实现馆藏文物保护环境参数的实时监测。

(2)数据分析

针对采集到的环境参数数据,系统可通过传感监测设备后台软件的初步计算处理功能及系统后台数据智能处理模块,对监测数据进行全面、详尽的统计、分析、整理,计算得出所需专业数据,如累计光照曝光量、累计紫外线辐射量、各项采集数据平均值等。系统同时提供实时数据列表显示和图形化显示功能,以及监测点部署的图形化显示,用户可实时查看、直观掌握馆内各监测点的实时数据信息和设备的工作状态等信息。

(3)异常告警

系统可基于标准或经验分析,根据需要设置各监测点文物保存环境参数阈值,当监测点实时数据信息超出许可范围后,通过声音、图形、手机短信息、电子邮件等多种方式向相关工作人员提示监测数据已达到或超过报警值,实现对环境参数异

常的及时预警，第一时间提醒相关人员采取必要的保护和调节措施，有效地提高了文物保护的效率。

(4) 功能展示

在系统的软件界面中可切换显示各种系统监测界面、统计分析结果和实时图像。系统监测传感设备采集的馆藏文物保存环境信息动态变化及数据后台分析处理结果通过系统软件界面实时显示、动态更新。包括监测点列表树状显示，基于电子地图的监测区域平面图监测点部署位置及运行状态的直观显示，监测点的历史数据，按监测点编号、监测参数类型、指定时间段等获取历史数据的图形化呈现等。同时，当有异常发生时，异常告警通知同样以声光色或弹出框等形式显示在大屏幕上，便于管理人员的及时查看、掌握和应急措施的及时施行。

(5) 灵活变更

基于室内GIS（地理信息系统）系统，并关联馆内监测点环境信息实时采集数据，实时监测系统数据可进行自动分析，并对监测区域设备数据进行实时更新。当传感采集设备损坏更换、撤销，或有新设备添加时，系统可灵活处理，及时进行更新和升级。该功能充分满足项目监测区域扩展或临时展厅等馆藏文物保存环境监测参数变更等需求。

(四) 文物修复系统

文物修复系统主要适用于博物馆文物修复保护中心专业修复保护研究工作人员使用，用来记录和维护日常修复保护过程，并对修复保护成果进行跟踪分析，完善修复保护方法，更新修复原材料以形成科学的修复保护理论，旨在建立和完善科学的文物修复保护体系。本系统要求包含以下功能点：修复文物分类管理、修复材料管理、修复方法管理、修复过程管理、修复结果查询对比、修复文物统计分析、环境监测分析、文物修复保护的教育与推广等功能点。

(1) 修复文物分类管理

修复文物分类管理主要是对当前博物馆所储藏文物种类进行分类，以方便文物的保管、陈展管理之需，同时利用同一类文物的材质相似来对该类文物修复保护进行分析和研究。主要包括以下功能点：新增文物分类、修改文物分类、查询文物分类和删除文物分类。

(2) 修复材料管理

修复材料管理即修复保护工作人员根据修复过程耗材的需要，增加修复保护所需材料信息，并对修复材料进行归类分组管理，如清洁与抛光类材料、无酸类材料、专用化工与树脂类材料等修复保护材料和材料类别的增加。

(3) 修复方法管理

文物修复方法在文物修复保护过程中尤为重要，它是记录有效保护文物的过程，也为后期类似文物修复提供了有力的数据依据。修复方法管理主要包括以下功能点：新增修复方法、编辑修复方法、查询修复方法和删除修复方法。

(4) 修复过程管理

文物修复过程是一个非常严格且非常科学的过程。在进行修复时，首先要确定文物材料类别、性能及其损坏情况，先做好文字绘图、照相记录，然后制订修复方案，修复用料要尽可能与原物一致，并尽量采用原制作方法和工序；在修复方案报审上级领导专家审核同意后，方可严格执行修复方案过程进行文物修复工作。修复过程管理主要包含以下功能点：修复方案管理、修复方案审核、修复过程记录、修复过程修改、修复结果报审和修复报告生成等。

(5) 修复结果查询对比

修复结果查询对比是根据文物修复类表、基础材料使用、修复方法使用等基础信息对修复结果进行对比说明，比如，对修复后的文物保存时间长短，修复后长、宽、高、体积、重量等文物可以量化的指标项进行对比。具体包括一般查询对比、高级查询对比两大功能点。

(6) 修复文物统计分析

修复文物统计分析，根据文物特质（质地、年代、修复方法、修复人、修复时间、文物来源等）信息对修复文物进行统计分析，并输出表格、饼状图和柱状图，支持统计分析图打印。

(7) 环境监测分析

文物的修复保护一方面在于修复已遭到损坏文物的本体，另一方面还需要对文物所处的储存和陈展环境进行温湿度、光、空气酸碱度等微环境的监测分析和保护，完善文物修复保护体系，使之具备完善的、科学的数据支撑，从而有力地指导文物的修复保护、人才的培养，加快加大文物修复保护工作。

环境检测分析包含温湿度监测分析、光监测分析等对可移动文物、不可移动文物所处环境的监测分析，以达到从文物环境因素对文物进行"软"保护，从而延长文物的保存、陈展时间。

(8) 文物修复保护的教育与推广

结合文物修复保护所提供的系统功能，将文物修复过程呈现给普通观众，并设计几类小游戏（例如文物修复的拼图、知识问答、文物修复三维可视化编辑），对文物修复的过程进行趣味性的解读，达到教育与推广文物保护的作用。

（五）文物库房管理系统

文物库房管理系统包含文物本身及库房基础信息的管理，借助于物联网技术，基于RFID库房，能够精确地了解库房文物的数量、位置、状态，实现对库房文物的实时追踪管理。让库房保管员从日常繁忙的文物搬运、保养等体力工作中解放出来，更多地从事文物研究和保护方面的工作。文物库房管理系统包含以下功能模块。

（1）库房出入库管理

库房出入库管理是博物馆基础核心的工作，基于RFID技术，系统需实现对藏品出入库管理、库房环境监测、库房人员管理、库房出入库记录以及相应的查询统计报表打印的功能。

（2）移动盘核

移动盘核是指基于RFID技术的手持移动终端，通过快速、远程、非接触式扫描方式，实现文物库房内藏品信息的快速盘核与统计。

（3）流通追踪

流通追踪借助于GIS技术、GPS技术，对出库文物在运输过程中进行实时跟踪，确保文物安全。

（4）检索统计

检索统计能够根据景区、博物馆日常管理工作的需要，提供有针对性的藏品信息检索和藏品信息统计功能。

（5）系统管理

系统管理是库房藏品保护系统运行的基础保障，是系统各项参数与管理配置模块的集合。通过系统管理，可以确保系统正常稳定运行。

（六）数字资源管理系统（见图8-17）

目前，红岩联线现有的文物资源形式不一，既有数字化资料，又有纸质文件，并且存储分散，不便于统一管理。因此，创建数字资源管理系统，对博物馆内所有的相关数字资源，比如档案资料、展陈、活动照片、媒资库中已存资料等进行统一管理，以确保数据的完整、安全、系统，便于及时调用。在设计统一的数字资源管理框架时，整合利用旧软件，使用统一的标准导出旧数据，并进行格式转换，存储至新的数据库，同时将现有的纸质资料进行数字化采集加工，从数据层面逐步整合数字资源。其功能模块主要包括数字资源录入管理、数字资源、加工管理、数据管理、资料利用管理、数字资源检索、资源统计分析等业务需求，如表8-2所示。

图8-17 重庆红岩历史博物馆数字资源管理系统页面

表8-2 红岩智慧博物馆数字资源管理系统主要功能模块

子系统	模块	建设内容
数字资源管理系统	数字资源录入管理	录入红岩联线，通过二维扫描、三维扫描、文字录入等方式采集得到数字资源。对于已有的数据资源管理软件，要使用数据集成的方式将其资源开放出来，供数字化保护资源管理软件调用
数字资源管理系统	数字资源加工管理	对数字资源加工过程和成果的管理，包括图片、视频、文档，记录数据加工日程安排，支持数字加工成果上传、编目、删改、查看、审核与下载
	数据管理	针对文物的高清扫描、360°环拍、三维模型等数据进行管理，并且包含文物的基本信息，可进行修改、删除、发布与撤销等操作
	资料利用管理	对数字资源利用流程进行管理，在使用前，需要填写使用申请，包括使用人、使用期限、使用方式、资源编号等信息，并提交审核；通过审批后，才能获取相应的资源
	数字资源检索	数字资源检索包括结构化内容检索以及非结构内容检索。结构化内容检索以关系型数据库内存放的内容为主，非结构化内容检索以网站发布的内容、文物多媒体信息资源为主
	资源统计分析	对于系统中已经录入的所有资源数据，包括文物资料数据、数字资源数据等支持多种形式的分类统计，统计结果以柱状图、曲线图和饼状图等多种形式呈现

（七）藏品管理系统（见图8-18）

在充分考虑红岩联线藏品文物特点和管理规范的基础上，创建藏品管理系统，实现藏品征集鉴定、藏品信息登录编目、查询统计、报送审核、导出转换等全生命周期、全流程管理功能。

图8-18　藏品管理系统

藏品登录栏目设置，严格遵照国家第一次可移动文物普查的相关标准规范及国有馆藏文物管理著录规范，支持与第一次可移动文物普查成果的快速迁移和交换。在系统安全方面，具备完善的权限控制和操作日志记录。建设的藏品综合管理系统由系统管理后台（权限管理）、藏品数据库组成，分别面向藏品管理相关工作人员（包括总账、保管、科技保护、展览、科研、教育等人员）和馆内的其他职工（以后可以根据实际情况面向馆外公众）。功能上提供藏品科学管理的征集、登编、保管等功能，包括藏品征集、藏品鉴定、编目、建档、登记、统计、分类、入库排架、保管、库房管理、修复、清点、提借、流程管理、事务跟踪提醒、辅助工具等应用功能模块，保证账目与实物的对应，实现对藏品的综合管理，如表8-3所示。

表8-3　藏品管理系统的主要功能模块

子系统	功能模块	建设内容
藏品管理系统	工作空间	用户登录藏品管理系统后，根据权限自动匹配可以访问的任务节点，并可以显示出我的任务、消息公告以及在线人员等信息。同时具备系统登录、注销等功能

续表

子系统	功能模块	建设内容
藏品管理系统	征集鉴定	根据红岩联线征集鉴定的标准规范流程进行设计，提供了对藏品征集前了解的原始信息的录入和存储功能，并对征集鉴定过程中发生的各类专家鉴定意见进行管理，确保每一件藏品的来源可追溯
	藏品登录	藏品登录模块是藏品信息管理系统的核心模块，提供藏品信息的查询浏览、编辑检索、提交报送审核，以及导出评审鉴定表、导出分类账、导出总账、导出藏品卡片、导入导出"一普"（第一次全国可移动文物普查）数据等功能，要求单个藏品核心指标项不低于20项。可以实现对藏品信息进行全面管理和维护
	藏品流通管理	藏品出库：对藏品出库房的情况进行记录 藏品入库：对藏品入库房的情况进行记录 库房设置：模拟实际库房的管理方式，任意建立藏品库、藏品柜及其所属的各层藏品格 库房查询：按照库房位置查找藏品记录 库内移动：可以随时调整藏品在库房中的存放位置，并对藏品货架的位置变化情况等库房信息进行全面管理 藏品提借：对藏品的提借、归还情况进行统一管理，并可以统计指定时间范围内的藏品提借次数 藏品归还：登记归还的藏品 提借汇总：计算出在某一时间段内藏品被提借的次数 事故登记：将所有藏品的事故情况进行统一管理
	藏品注销	管理馆藏文物的注销工作，通过制作注销凭证、领导签批，做好藏品合理、规范、有序地退出藏品管理工作，但注销相应的凭证及附件信息将永久保留，作为后续藏品信息追踪的重要记录。藏品注销包括：添加注销凭证、删除注销凭证、修改注销凭证、浏览注销凭证，以及藏品注销
	账册管理	根据红岩联线藏品管理的分类代号，将藏品的总登记账扫描电子化后，压缩合并生成PDF文件，放入系统中进行浏览。支持账册电子影像资料或PDF文档的上传、在线浏览。同时，电子化的藏品数据可批量导入系统中进行管理、检索、浏览、统计、分析、输出打印

续表

子系统	功能模块	建设内容
藏品管理系统	藏品检索	结合红岩联线藏品文物特点和博物馆藏品管理工作流程，向用户提供丰富多样，且简单易用的查询手段，可进行全文检索及藏品对比
	藏品统计	根据红岩联线藏品的信息特点，以及重庆红岩革命历史博物馆藏品管理工作的需要，提供预置报表统计和自定义统计两种方式。统计结果表现方式包括统计表、饼状图、柱状图、折线图等多种方式
	影像管理	藏品影像存储与管理方面，可以支持高清、扫描、三维、视频和其他等八大类影像数据的管理工作
	系统管理	系统管理模块，一般只对系统管理员开放，管理员可对角色及用户进行管理、设置权限，同时支持日志管理、字典管理、对各个子系统的管理等功能

（八）陈展管理系统

陈展管理系统作为面向红岩联线工作人员的管理软件，一方面，对陈列展览的展品进行管理，维护的展品信息为其他系统所用；另一方面，管理临展相关的数字化资源，对以往临展资料进行追溯和查看，同时具备虚拟布展功能，采用3DStudio Max 三维模型制作和渲染软件，创建逼真的展厅风格素材三维模型及场景灯。陈展管理系统包含以下功能模块。

（1）展品信息管理

展品信息管理包括对景区基本陈列中的展品的布展位置、相关资料、展品状态进行添加、更新等操作，展品的相关位置和状态信息能够与智能导览等子系统进行实时同步更新。

（2）基本陈列管理

基本陈列管理包括对展厅进本陈列的名称、地址、简介信息进行修改操作，可添加基本陈列地理位置与发布状态，同时通过微信、网站等服务端进行同步发布。

（3）临展资源管理

临展资源管理是指对博物馆的临时展览，建立临展档案，记录临展的时间、名称、主要内容，上传临展所记录下的高精度照片、文字介绍以及制作的相关海报等资源，对这些资源能够按照时间、名称进行检索并展示。

(4) 陈列展览信息发布

博物馆工作人员可在该系统中编辑和发布陈列展览信息,该信息一旦发布,便通过消息推送模块向相关用户推送陈列展览信息。通过适配器对数据格式进行转换,还可以初步实现适屏发布,使得智能导览、触摸屏等前端设备中的信息能够同步更新。

(九) 办公自动化系统

目前,办公自动化系统已经在国内绝大多数景区、博物馆广泛使用,而红岩联线信息化基础建设相对滞后,局域网才初步建成,基于内网的办公自动化系统,可以解决单位办公地点分散,办公效率相对较低的现状,达到无纸化高效办公的目的。该办公自动化系统采用可自定义流程和记录表格的形式,为红岩联线提供收发文、员工考勤、会议管理,审批流程等全局性的(涉及所有部门)行政审批、信息公告、内部沟通以及移动办公功能。总体规划上要求具备以下要求。

(1) 统一信息发布

红岩联线办公自动化系统需具备内部信息发布功能,实现单位根据自身需求自由定义和分类定制信息发布栏目发布信息,实时或滚动显示单位内部新闻、通知、公告、规章制度等其他需要发布的信息,同时能够提供信息发布和展示的个性化风格。

(2) 统一流程整合

红岩联线办公自动化系统能实现单位内各种公文和其他工作电子化流转,范围需覆盖纸质办公时期的所有工作流程类别,各种工作流程均采用电子起草、传阅、审批、会签、签发、归档、查询、撤销等电子化流转方式,并采用尊重工作人员传统办公习惯的人性化设计,真正顺利实现无纸化办公。

(3) 统一档案管理

红岩联线办公自动化系统能够实现文档的创建、归档、共享。可灵活设置管理和查阅权限,把不同功能模块中产生的文档统一管理,方便查询,从而提高行动决策能力、快速响应能力和工作效率。

(4) 统一人员管理

红岩联线办公自动化系统能够实现以人为核心的系统架构,能够建立人员和资产、档案、岗位职责、人事信息等与之相关的所有功能模块的逻辑关系,以达到统一的人员管理的目的。

(5) 统一资产管理

红岩联线办公自动化系统能够实现对所有资产的信息登记、流动跟踪、使用情况查询，在以人为核心的系统架构中，实现对与资产相关的功能模块中所发生的资产变更、转移等资产信息的统一管理。

（6）统一实时通信

统一实时通信能够提供点对点或点对多个点的信息通信的功能，包括电子邮件、即时通信、短信收发、文件传阅等，能为单位提供快捷、灵活、方便的信息传递机制，实现用户文件共享、信息的传递与积累。系统中的工作流以及待办事宜等信息能够发送到相关人员的手机上，解决外出工作人员的后顾之忧。

（7）集团管理模式

集团管理是为集团内各分支机构、分公司之间信息沟通/信息共享提供的办公/信息整体解决方案。它的目标是通过实现集团/企业数字化办公，使集团/企业能够及时捕捉外部信息，加强对突发事件的反应能力，加快各级机构、各分公司内部信息的流转、协调和共享，并及时对外发布，全面提高企业办公效率，体现"统一管理、分散经营"的思想。

（十）设备集中控制系统

中央控制系统技术是近几年迅速发展起来的一项智能设备控制高新技术，可以集音频、视频、计算机、电视会议、灯光、监控、机电环境控制等系统为一体。只需通过一块控制面板——触摸屏或键钮式面板或无线控制器，即可使庞大离散的单体控制系统尽数关联集成在掌握之中，外部环境的改善，如灯光、温度的设定，传播媒介的选择，音量的细微调节等均凝聚于指尖，如图8-19、图8-20所示。

线下展示设备中控管理子系统用于对体验中心内所有展陈设备设施进行统一管理和控制，在一个终端上解决所有设备的启动、关闭、调节、控制，方便用户对设备的管理。其功能如下：

（1）基于IOS或Android（安卓）平台手持终端的智能中控系统，操作简单、人性化、智能化。

（2）能够控制投影机等展示设备，进行开/关机、输入切换等功能。

（3）能够控制视频设备进行播放、停止、暂停等功能。

（4）能够控制设备音量，进行音量大小的调节。

（5）能够控制房间的灯光和窗帘等环境系统，完成对整个房间环境、气氛的改变，以自动适应当前的需要；环境系统控制（包括灯光系统、电源系统、窗帘等）与其他AV设备配合。

图 8-19 控制界面

图 8-20 中央控制主机

(十一) 资产管理系统

创建红岩有形资产管理系统，对资产设置各类字段，改变目前联线机械化固有管理模式，并在延续现在惯用做法的前提下，做到资产流动状况清晰明了、权责明确，资产与使用人信息挂钩，实现资产的有效管理和充分利用。资产管理系统包含以下功能模块。

(1) 基础资料定义

基础资料包括权限设置、资产分类、部门设置、购置方式、经费来源、使用方向、存放地点等。

(2) 资产录入、标签打印与张贴

资产录入、标签打印与张贴主要包括固定资产的采购入库、领用出库、资产新增、修改、转移、借用、归还、报废、维修、计提折旧等日常管理工作。每个固定资产还可以附加一个资产照片，方便查看贵重物品的图像。其中，资产转移、资产借用、资产维修、资产报废完全实现电子化审批流程。

(3) 资产日常管理

资产日常管理包括资产折旧、转移、减少、价值变更、使用年限变更、存放地点变更、状况变更等。

(4) 核查和盘点

核查和盘点是指使用盘点机扫描固定资产的条码标签进行盘点，把盘点机中的数据与数据库中的数据进行核对，并对异常数据做出适当处理，如盘亏的资产报废退出等。并可按单位、部门生成盘盈、盘亏明细表，盘点汇总表。

(5) 报表统计与查询

报表统计与查询支持按资产总和查询、变更记录查询(转移记录、价值变更、使用年限变更、存放地点变更、资产状况变更)、资产减少报表、资产折旧明细表、各种分析表、逾龄资产统计表、资产增长趋势图等。可以对单条或一批固定资产进行查询，查询条件包括资产卡片、保管情况、有效资产信息、部门资产统计、退出资产、转移资产、历史资产、名称规格、起始及结束日期、单位或部门。

(十二) 辅助决策分析系统

采用大数据引擎，通过数据采集、转换、清洗、合并等过程，将各个应用系统中的数据通路打通，对单个博物馆乃至整个平台的藏品数据、数字资产数据、票务数据、导览数据、观众数据等进行智慧化分析，以各种分析图等方式可视化展现博物馆各类数据，为博物馆工作人员提供正常的数值参考，类似于体检检测报告，会告知正常的数值范围和检测报告之间的差异，为博物馆管理、平台运维提供辅助决策依据。

(1) 办公状况统计分析

根据工作计划统计当前藏品管理相关工作的进展情况，分别统计征集工作、编目工作、陈列工作、保护工作、修复工作、编研工作等完成百分比。

(2) 藏品工作统计分析

针对藏品相关各类信息的统计分析，例如通过统计征集的数量、方式、征集藏品的等级、利用方式等分析征集工作效果；通过统计藏品年代、类别、级别等数据分析馆藏文物分布等。

(3) 展览活动统计分析

展示展览或者活动的信息和相关资料，通过统计展览或者活动的人数、微信转发人数、关注人数、新闻报道的数量、点击量等信息，分析展览或者活动的反响、效果等。

(十三) 科技导览互动系统

红岩联线自主研发特色科技语音导览系统。采用精准位置物联网络，软硬件一体化的解决方案，利用 iBeacon 设备＋蓝牙定位技术，快速实现精准数据采集，解决各类场景的精准室内定位，实现承载 300 人同时定位应用压力，推出 2D/3D/AR 地图多样化展示形式。该程序通过关联上架小程序推送，无须扫描二维码、手机摇一摇、下载客户端等，最大限度考虑游客使用体验，并已成功申请智能语音导览识别系统、红村游安卓版智能浏览系统、红村游 IOS 智能浏览系统、红村游 Web 版智能浏览系统等计算机软件著作权。

目前，红岩联线语音导览覆盖渣滓洞、白公馆、红岩魂陈列馆、红岩革命纪念馆、红岩村、中国民主党派历史陈列馆、周公馆、桂园八大主要景点。该系统配置了中文(汉语)、英文(英语)、法文(法语)、德文(德语)、日文(日语)、韩文(韩语)六种讲解语言，将视频、音频、图像、全景漫游、景区导览、自主推送、智能讲解等主流技术整合于一体，创建了可移动的有声博物馆，在很大程度上弥补了景区讲解员不足无法满足实际需求的现状。

(十四) 票务系统

目前，红岩联线已建成网上实名制预约票务系统，并在烈士墓片区渣滓洞、白公馆和松林坡投入使用，通过票务系统预约或者取票，与客流量限定相关联，超过限定客流量后，将无法预约到相应时间段的门票。

(1) 网上预约。预约功能支持观众在全媒体平台进行入馆参观预约，如门户网站、移动端、微信等；同时，网上预约满足多种参观需求，如个人观众入馆参观、团队观众入馆参观、活动预约等，如图 8-21 所示。

预约方式支持门户网站、移动端、微信平台等全媒体信息平台，最大化地为观众提供方便。通过系统进行预约参数设置，包括预约人数限制、预约时间限制等。博物馆取消原有的纸质信息的确认，晋升为二维码、身份证号或者预约号的自动验证机制，极大地节约了验票的时间。

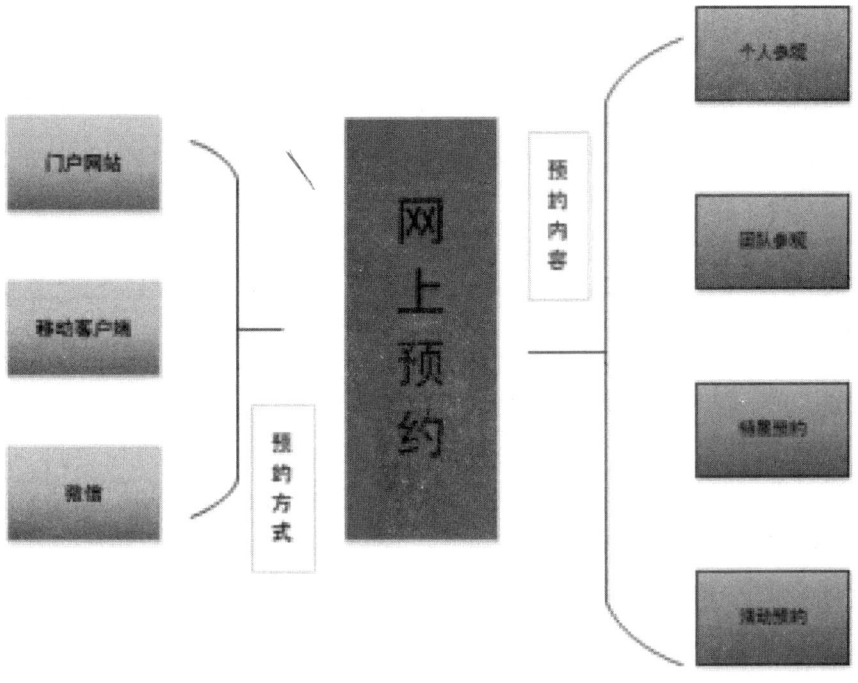

图 8-21　网上预约的方式与内容

图 8-22　票务信息终端显示

(2) 票务信息终端显示（见图 8-22）。

(3) 票务系统后台功能。

(4) 自助取票。未通过网上预约的普通观众可以通过换票机刷身份证、人脸扫描或者指纹扫描的方式进行快速取票，验票后入馆参观，票务信息实时进入管理平台。该项功能我们将在后续推出，主要考虑到没有提前预约、没有移动智能手机、未带身份证或者忘记身份证号码以及特殊人群（如儿童、外籍人士、老年人等）。

(5) 验票系统。每个景区设置进出口闸机，游客可以通过二维码扫描或者身份证识别的方式通过闸机。

(十五) 客流数据分析系统

该系统结合各项业务所形成的数据进行有效的数据统计分析，形成饼状图、柱状图、曲线图等不同图形作为分析报表，为我馆各项工作开展、完善提供有力佐证。客流数据分析系统包括对参观观众的区域、性别、年龄、预约方式等基本信息进行统计分析。

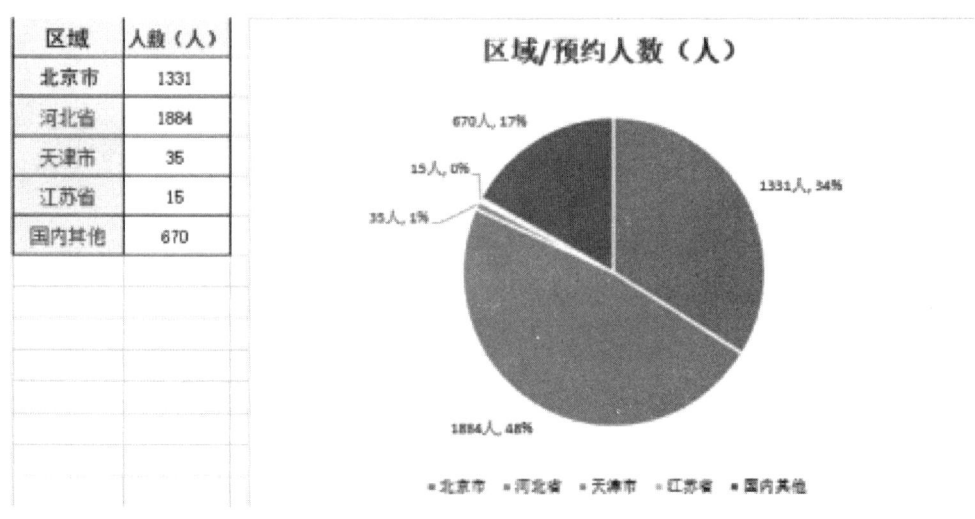

图 8-23 客流数据分析

(十六) 新媒体平台系统

新媒体平台系统主要是以互联网为媒介，建立与网民、其他机构之间的信息传播和互动沟通的渠道，当前重庆红岩革命历史博物馆主要是网站和微信两种渠道，后期根据博物馆的需要建设互联网服务信息统一发布系统，包含门户网站、微博、微信、手机 App。

图 8-24　重庆红岩革命历史博物馆门户网站

(十七) 党性教育系统

党性教育系统主要借助于互联网和移动互联网，将自办活动与文史资源实现共享，扩大博物馆的社会教育功能。博物馆自办的专家讲座、历史剧表演等活动通过视频化共享后，观众通过下载观看，可以近距离地聆听到大师妙解，形象地获得红色文化知识；将珍藏在红岩联线的革命史的研究资料（文字、图片、视频）等放至网上共享，同样也可使观众从中洞悉到革命年代的悲欢离合、争取自由解放的艰难进程以及现在所获得的巨大成就，起到激发民众自豪感、增强发展自信心的作用。

(十八) 文创产品营销系统

针对红岩联线具有代表性的藏品资源，广泛应用多种载体和表现形式，开发兼具艺术性、趣味性和实用性，满足现代生活需求的文化创意系列产品，打造文化创意品牌。文创产品营销系统包含以下功能模块。

(1) 基本资料管理

基本资料管理用于管理文创设计产品的基本信息，提供基本资料的增加、删除、修改与维护。基本信息包括文创产品名称、类型、产品描述、用途、产品设计单位。

(2) 设计文档管理

过程文档是设计阶段的第一手资料，本功能将对设计过程中的所有文档进行统一的录入与管理维护，在对文档进行管理时需要明确文档历史版本号。

(3) 多媒体资料管理

除了上述文创产品的设计文档以外，在设计过程中还有大量的演示草稿图或示意图片，系统科将提供这些设计图像、图纸资料进行统一的录入与管理。

(4) 文创产品信息管理

文创产品信息管理要求系统提供操作人入口，分别对应产品信息录入、产品信息修改、产品信息删除、产品信息查询、产品信息审批。

(5) 文创产品查询检索

根据实际使用的需求，系统的产品查询检索模块用于对所有文创商品的相关信息进行查询检索。基于文创产品的数据项，实现多种查询方式。在信息查询方面，抓取各类数据资源，并可以图形可视化的形式加以呈现。其中，系统提供了四个用户操作入口，分别是快速查询、目录树查询、高级查询、自定义查询。对于每个操作入口，都提供了相应的用户操作界面、操作逻辑功能以及相应的数据库操作功能单元等。

(6) 文创产品数据分析

文创产品数据分析分两种用户操作，分别是销售数据分析、客户数据分析。销售数据分析基于产品的销售信息，是一种直接的统计分析手段，能够找出本阶段畅销或滞销的产品，用以挖掘产品热销的原因，总结市场趋势走向，得到客户可能潜在的感兴趣的商品是什么。客户数据分析则是一种间接的数据统计方法，根据客户购买情况，对用户信息进行挖掘，建立产品与用户的关联模型，如可以得到不同年龄层客户的购买产品分类和购买力情况，帮助文创产品工作人员有针对性地推出面向不同年龄层的文化商品。

(7) 产品销售统计分析

基于产品销售信息，按照月、季度找出滞销商品或畅销商品，并按照产品的种类和特点，通过目录树，提供基于产品销售统计结果的统计表、饼状图、柱状图、折线图等多种表现形式。

(8) 消费趋势综合分析

准确地找出消费者的消费特征，让博物馆管理者了解创造什么样的产品才能引起消费者的兴趣，找到消费趋势，量身定做符合重庆红岩革命历史博物馆文化内涵的创意产品。

(9) 热门产品手机推送

在苹果商城或安卓商城中下载红岩联线 App 应用软件，或者通过微信公众号添加关注，定期推送优秀的文创产品短消息，用户即可实时获取当前热销的产品，只需点击操作按钮，便可轻松完成线上购买与支付，享受到货到付款、上门服务的便捷体验，如图 8-25 所示。

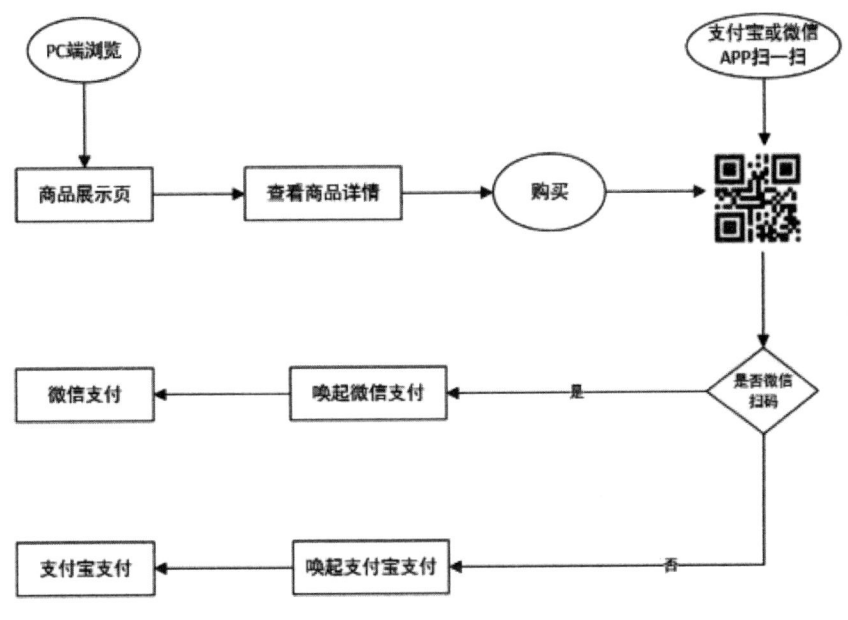

图 8-25 文创产品购买流程

(10) 文创产品 DIY（自己动手做）

提供用户 DIY 设计模块，例如提供自己设计签名、logo（徽标）或图片的信息数据录入口，将生成的 DIY 数据打印在重庆红岩革命历史博物馆的电商产品上，或进行定制化的苏绣设计。提供用户（包括企业用户和个人用户）参与文创产品研发的环节，用户的创意经过文创部门审核采纳后，可以直接用于生产销售。

十一、预期效果

红岩革命历史博物馆智慧化建设将发挥博物馆数字化优势，为受众提供更好的数字化服务，实现看得见、管得了、出效益的最终目标。

(一) 精准数据，直观管理

博物馆管理者借助信息化数据，能够更为准确和直观地掌握馆内红色文物以及地方红色文化遗址的情况，更好地管理红色文物，保护红色文化，进而达到良好的管理保护效果，提高管理效率。

(二) 创新展示，智慧服务

通过新颖的展示与互动手段，将文物背后的历史故事、恢宏的历史场景，城市历史变迁，地方文化的丰富内涵立体化展示出来，观众借助数字化展示，能够更全面、更深入地了解中国老一辈无产阶级革命家、共产党人和革命志士的崇高思想境界、坚定理想信念、巨大人格力量和浩然革命正气，体会红色文化的精神所在，进而对中国优秀的传统文化有更深层次的理解和感悟，达到增强民族自信心和自豪感的社会效益。智慧化的服务系统让游览博物馆的方式更加多样化和便捷化，有效地提升博物馆服务效能，满足公共文化需求。

(三) 数据集中，信息共享

基于一定的数据分类规范，打造统一的智慧博物馆的数据中心，实现博物馆数字化资源、馆藏文物资源集中存储和统一管理，破除信息孤岛，确保共享，进而与智慧城市、智慧文化建设形成有效衔接，提供文博信息支撑。受众借助数字化保护系统，能够便捷高效、清晰地掌握红色文物资源的保管、储存情况，从而实现红色文化资源的信息共享以及扁平化管理，达到管理的高效和资源利用效率的最大化。

第二节 智慧博物馆在古籍类展览中的应用

一、智慧博物馆在古籍类展览中的应用

随着智慧博物馆概念被引入古籍类展览中，古籍展的形式也越来越多样化。一些主办者更试图突破实体展览的框架，尝试将其延伸到线上，通过网络等形式向受众开放，更便于观众观展。例如今年新型肺炎疫情的特殊时期，包括国家典籍博物馆在内的许多博物馆都为观众提供了线上"云观展"的服务。国家典籍博物馆线上发布了"中华传统文化典籍保护传承大展"在内的二十多个展览的资源，中国印刷博物馆也提供了"2020年春节木版年画展"的线上展览内容，帮助观众足不出户也

能"云中漫步观展"。以观众视角来看,智慧博物馆在古籍类展览中展示和服务功能的发挥,大致可以通过为展前准备、展览服务、展后反馈三步展开。

在观众进入展览前,展览主办方可以为观众提供展览简介、票务信息、地图导航和停车服务等。展览简介主要包括有关于展览的主要展出古籍及其内容的信息,可以让观众在参观之前通过主办方官网、微信、移动应用程序(APP)、虚拟博物馆等方式了解展览内容,使观众找到最吸引自己的展品,到馆实地参观;还包括场馆的基本介绍等。票务信息则指当前的观众流量情况、订票购票方式以及利用身份证或者二维码自助检票的一体化票务服务系统。此外,为方便观众出行,主办方一般为观众提供不同交通方式的导航地图,以及包括车牌自动识别、空闲车位引导以及自助缴费在内的智能停车系统。

进入展览、开始参观后,观众可以接受到网络服务、自助导览服务及各种互动体验和当前活动等。进入到展馆之后,观众先可以连接到馆内WIFI利用网络使用导览手段或者查询古籍相关知识,还可以开启实时定位服务,方便掌握展厅、展品、服务设施的具体位置;随后,观众可以利用展馆提供的二维码等链接信息进行微信自助导览或者租借手持型导览器,接收展厅内的地图,收听各种展品的不同信息,对于感兴趣的展品还可以反复收听展品介绍或利用手机进行标记;在此期间,观众在展厅内还可以体验由触摸屏、电子翻书、电子签名、立体声、展厅数字沙盘、沉浸式体验、虚拟现实技术(VR)、增强现实(AR)、混合现实(MR)、BOE画屏等智慧博物馆技术手段支撑开发的花样繁多的互动项目,增进对古籍展品及其相关知识文化的理解。

参观过程结束后,观众可以利用微博、微信等社交软件或者展馆自己研发的APP等在线上分享自己的参观感受和对于展览的意见与建议,借此展方能够根据意见收集改进服务的方案并吸引到更多观众,形成展览与观众的良性互动循环,达成智慧展示的互动性。此外,观众还能在展馆的天猫店铺等官方销售渠道购买自己喜欢的文创产品。

二、代表性案例分析

古籍类展览的主办单位日趋多样化,目前主要以古籍为主要展示对象的专题性展馆也日益增多。本文以其中最具代表性的国内第一家典籍博物馆——国家典籍博物馆和以私家藏书楼为基础的天一阁博物馆作为典型案例,对它们使用过的展示传播手段进行了分析和研究。

(一)国家典籍博物馆

国家典籍博物馆于2014年9月9日正式对外开放。作为国内第一家典籍博物馆,典博一直致力于利用灵活多样的形式将古籍的丰富内涵展现出来。自开馆以来,典博举办的许多展览或使用过的智慧博物馆技术手段都成为了业内争相效仿的典范,其中最突出的为宣传方式、导览与展示手段、互动体验三方面。

(1)宣传方式

微信公众号可以说是国家典籍博物馆的首要线上宣传阵地。首先,每场展览开展之前,典博都会在其微信公众号提前发布开展公告,介绍展览的时长、位置、主题和主要内容等基本情况,如遇重要展览,还会配合展览主题开展各种活动。比如2018年,为配合"旷世宏编文献大成——国家图书馆藏《永乐大典》文献展"的举办,典博就举行了线上的"《永乐大典》答题竞赛"并为获奖观众颁发与展览有关的文创产品作为奖品;还有为迎接其建馆110周年所举办的"中华传统文化典籍保护传承大展",典博同期举办了"'图书馆与时代同行'国际学术研讨会""'我的国图故事'征集活动"等系列活动。在展览开始后,典博依然会通过文章视频等手段在线上宣传以吸引更多观众来参观。例如"永乐大典展"时期,典博发布了《刚刚,因为永乐大典,,乾隆和永乐恋起来了!》《一群由锦衣卫保护的神秘人士》等颇具趣意的文章,吸引观众对《永乐大典》产生兴趣。又如去年的"典籍保护传承大展"在展期间,典博公众号陆续发布了四个展厅的展品目录和"经历坎坷的回鹘文《玄奘传》"等展品介绍,用文字和视频的形式使观众可以快速定位展品、了解展品的前世今生;还在中秋节前发布了对于展厅内语音导览的使用说明,便于中秋和国庆假期前来参观的观众在进馆前就对展览有一个较为充分的了解。此外,闭展之前或是每逢节日前,典博也会发布提示公告或公布节假期间的开馆安排,方便观众安排时间到馆参观。

(2)导览与展示手段

博物馆的主要功能就是展示,而为了更好地展示古籍之美,国家典籍博物馆运用了大量的智慧博物馆相关技术手段,效果甚佳。从导览方面看,以典博去年举办的"典籍保护传承大展"为例,典博在一楼大厅就设置了语音导览使用方法的介绍牌;又以自动贩卖机形式向观众提供导览设备的租借服务,实际使用起来简单易行,既能满足观众获取更多展品相关知识的需求又能缓解讲解人员的压力。值得一提的是,不同于一般博物馆输入编码获取展品信息的导览设备,典博的设备基于RFID技术,内置博物馆各展厅地图,可以进行室内导航;当观众手持设备接近某一件展品时,该展品的相关音视频讲解资料则会被触发,自动向观众播放。典博的工作人员还可以根据这些数据来收集有关观众对展览和古籍喜好度的数据,为以后的展览策划选题和布置提供思路。另外,在展厅间的通道以及展厅内的地面上都设置了光影导览标识(如图8-26),既美观又非常科学地解决了很多观众不知展览正常顺序而错过展品的问题。

图8-26 光影导览标识

从展示手段看,典博在智慧博物馆相关展示设备的使用总体上呈现形式多样的面貌,并且在技术上使用的都是适用于古籍展示的先进技术手段,例如镶嵌在展柜玻璃之上的全息视屏演示板、声光电数字化古籍翻阅设备、BOE画屏(如图8-27)、数字虚拟沙盘演示台、沉浸式数字场景台(如图8-28)、古籍修复互动体验墙(如图8-29)、科教视频播放台等。以最有利于展示古籍的BOE画屏来说,它是BOE(京东方)推出的一款数字艺术物联网产品,其显示终端可以逼真还原艺术作品的本真质感,是展览展示领域的数字化新应用。它以其纸质般的显示效果,清晰展现了部分珍贵古籍文献以及古籍保护领域重要的历史成果。还有像"典籍保护传承大展"在其海外回归单元中,设置的"回归大事记"互动多媒体展项,用静态文字、图片加互动的形式展示了我国自成立以来海外中华古籍的调查、回归、整理、出版等工作取得的重要成果。

图 8-27　BOE 画屏

图 8-28　沉浸式数字场景台

图 8-29　古籍修复互动体验墙

(3) 互动体验

谈及互动体验方面，典博开发的大量互动体验项目尤其值得一叙。如"善本古籍展"中的"保卫善本"小游戏，就通过让玩家在虚拟的藏书楼场景中找出对古籍有危害的事物或行为并排除它们，以此使观众在游戏的过程中掌握古籍保护的相关知识。又如于去年11月开始的"国家典籍博物馆主题实景解谜游戏——古籍保卫局之山海社的宝藏"。此游戏需要玩家在线上预约成功之后到现场参与。玩家需通过手机端已收到的线索，在典博展厅中寻找蛛丝马迹，成功后方可获得"山海社的宝藏"。解谜游戏作为近年来兴起的娱乐形式倍受公众喜爱，此活动将传统古籍文化展与流行的解谜游戏相结合，使观众在展厅内利用多媒体互动装置参与游戏，这对典博来说，实属首创。这样的活动，不仅需要观众积极参与，还要求对他们展品进行仔细观察和深入了解，同时收获知识，这是"让书写在古籍里的文字活起来"的很好体现。

（二）天一阁博物馆

目前，智慧博物馆正为越来越多的博物馆从业者接受并融入其实际工作中。天一阁博物馆作为我国主要的以古籍为首要收藏对象、古代藏书楼为核心、书籍文化为主要特色的专题性博物馆之一，举办了大量古籍类展览，也在实践中贯彻了智慧博物馆的理念与技术，为研究者提供了重要案例。

天一阁是我国现存历史最久的私家藏书楼，建于明嘉靖四十至四十五年（1561-1566）之间，原为明兵部右侍郎范钦的藏书处。天一阁博物馆现藏各类古籍近30万册，其中珍椠善本8万余册，尤以明代地方志和科举录最为珍贵。

范氏为天一阁制定了严格的藏书制度，比如"烟酒切忌登楼""代不分书，书不出阁"等，还规定藏书柜门钥匙由子孙多房掌管，非各房齐集不得开锁，外姓人不得入阁，不得私自领亲友入阁，不得无故入阁，不得借书与外房他姓，女性不能入阁等等，违反者将受到严厉的处罚，还制订了防火、防水、防虫、防鼠、防盗等各项措施。严格的管理制度保护了这座藏书楼，却也阻挡了许多向往的脚步。今天，在对天一阁藏书保护的基础上，依靠当下最先进的VR技术，"虚拟登楼"这一项目可以帮助观众到宝书楼一探究竟。观众戴上VR眼镜后，可以通过操作遥控手柄，在虚拟的宝书楼复原场景中进行全方位漫游。（如图8-30）

在数字展厅中，观众还可以在"沉浸式影院"（如图8-31）观看采用高科技三维虚拟技术制作的影片《乾隆与天一阁的故事》（如图8-32），它以天一阁宝书楼为核心，介绍天一阁的背景、历史，并对其所藏古籍进行了介绍，使观众沉醉于书香氛围之间，领略到天一阁的传奇文化。为增强互动体验，展厅内还设有让观众可以根据兴趣了解古籍相关知识的多点触摸式互动屏（如图 8-33、图 8-34）、通过虚拟现实交互系统实现的互动游戏（如图 8-35）等等。借助高科技手段，天一阁能给予观众更丰富和有趣的参观体验，达到寓教于乐的效果。

图 8-30　VR 技术

图 8-31　沉浸式影院

图 8-32　三维虚拟技术

图 8-33

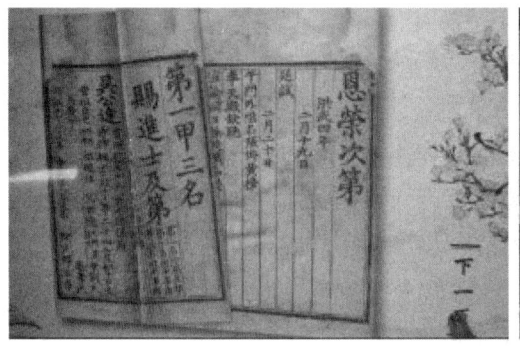

图 8-34

图 8-35 互动游戏

"天一阁博物馆"APP不仅咨询、导览、定位等功能一应俱全，还添加了延伸阅读版块，详细解读天一阁的文化与旅游资源。此外，天一阁的官方微信公众号和网站也被用心经营，为观众提供他们所需的资讯和服务。天一阁的微信公众号（如图8-36）由"走进古阁""随身导游"和"微信购票"三个主要版块组成。其中"走进古阁"主要是对天一阁概况和其附属的书画院作以简介，为观众提供基本的参观信息。"随身导游"主要包括传统的语音导览和较为新颖的全景导览，语音导览为观众提供馆内各展厅的介绍和展品信息的详细介绍，全景导览直接为观众以全景模式真实展示馆内场景，并可以根据定位带领观众参观，观众进入博物馆后，可以连接到馆内的公共无线网络，然后即可自主选择喜欢的方式进行参观，在遇到感兴趣的展品时，还可以驻足，反复收听语音导览或是在公众号链接的官网上搜索更多相关信息。"微信购票"则是方便观众网上预约购票，节省参观时间。公众号每天会自动向关注者推送馆内新鲜资讯，让观众在走出天一阁之后仍然可以获取自己所需的信息。

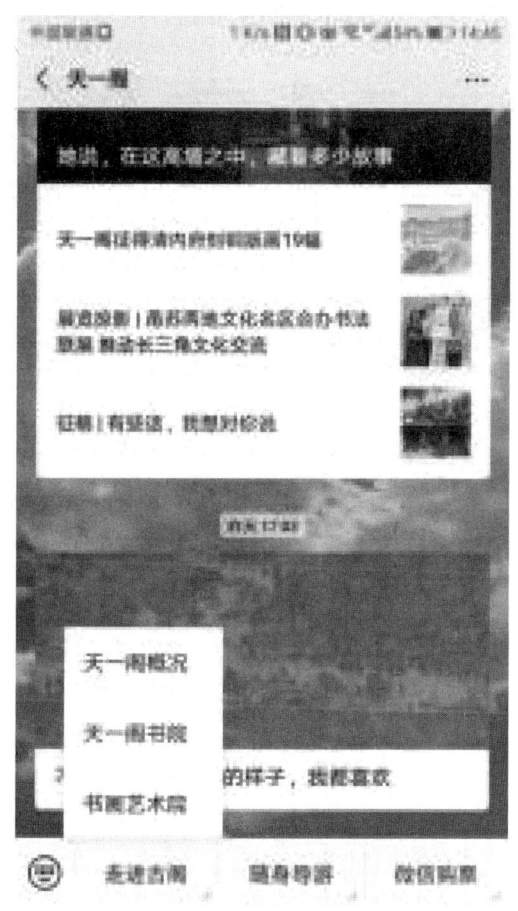

图 8-36　天一阁的微信公众号

天一阁官网不仅可以实现同微信公众号一样的功能，还有"藏品鉴赏""学术期刊""文物保护"等专栏供观众浏览，加深观众对古籍相关知识的了解，并且设有互动交流区，可以更好地掌握观众的真实参观感受，用以调整馆内展览方案。官网上还设置有"全景虚拟漫游"（如图8-37）和"网上展厅"（如图8-38）等项目，利用虚拟博物馆手段使观众足不出户也能游览天一阁。

图8-37　全景虚拟漫游

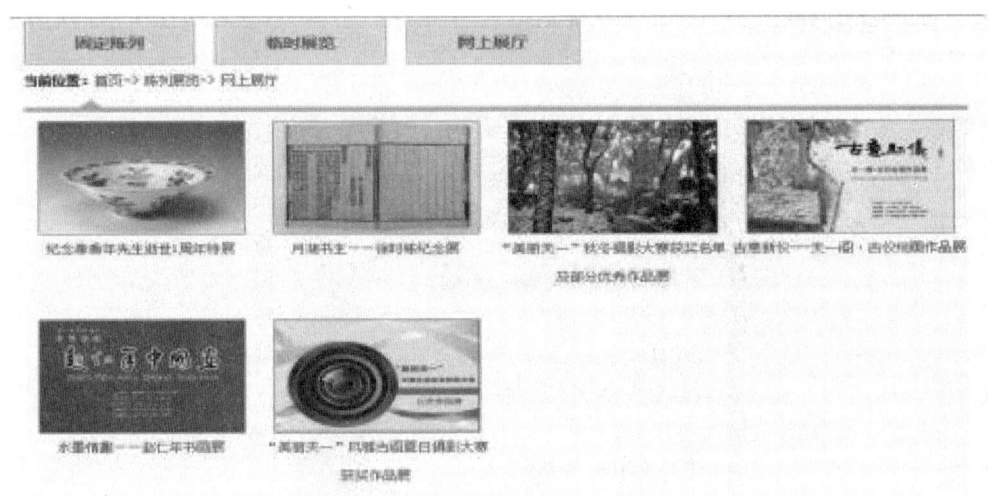

图8-38　网上展厅

除常设展外，天一阁博物馆特展中也有智慧博物馆手段的使用。在其2019年初推出的原创跨年大展"天一阁古籍修复技艺展"中，针对《赤岸孝冯氏宗谱》存在的不同病害类型，展览将此书的不同病害如"虫蛀""残缺""霉变""受潮粘连""水渍""脆化""絮化""书口开裂"等，以"修复前""修复后"的实物对比法一一展示，并以多媒体视频播放技术动作，分别阐释了不同病害类型形成的原因和修复方法，使观众在参观时能一目了然地了解古籍修复的实施过程。

从上述两馆的情况不难发现，智慧博物馆之所以智慧化，其实在于其联动性和综合性。线下的实体博物馆为观众的参观提供周详得当的安排，线上的智慧化博物馆用完善的服务信息和活动预告充分吸引观众走进博物馆参观，并且在观众参观之中，给予他们丰富且良好的感官体验，二者的整体联动成就了智慧博物馆手段在古籍类展览中应用的不竭生命力。

三、目前发展中存在的问题和建议

通过分析智慧博物馆在古籍类展览发展现状，可以看出智慧博物馆的很多优势，但现阶段它还存在一些不足。本文通过问卷调查的方式进行调研，旨在掌握观众对于智慧博物馆相关手段的看法和需要。调查问卷的对象是最近两年内参观过古籍类展览的观众，问卷有效填写共计193人次，其中女性占比54.4%，男性占比45.6%；年龄基本分布在以18-60岁为主的各个年龄层。问卷调查中关于智慧博物馆在古籍类展览中应用的问题共五个，设计目的是了解观众是否有使用过与古籍类展览有关的导览、展示、线上平台及应用程序等智慧博物馆手段，使用的目的是什么，有什么建议或者意见。调查以线下问卷方式为主，辅以进一步采访，尽可能保证调查的真实性和有效性。下文笔者将根据对观众的调研结果，提出其待改进的问题并且设想出可行性较高的解决方案。

（一）存在的问题

（1）讲解内容缺少吸引力

智慧博物馆相关手段中不管是导览设备中的讲解词、展柜中的展牌、还是线上平台的虚拟展厅和展品信息，都是以讲解内容为核心部分。就目前情况来看，这方面的质量并不乐观。笔者在实际调研中发现，不少观众希望讲解内容可以帮助他们了解和认识古籍，学习到更多东西。而许多古籍类展览只是简单介绍古籍的书名、作者和基本内容，对于版本可能只涉及到朝代，其他具体信息少有提及，有的展览甚至随意摘抄一些网上的内容。

调研结果显示，有些观众还希望自己的知识能被认可，并在参观的过程中被进一步拓展。目前，移动端的智慧应用逐渐普及，观众可以使用APP、微信小程序等设置展厅导览路线，引导观众找寻展品。技术的应用可以让观众了解更多古籍背后的信息。但讲解的内容大多都照搬文物基本信息，并不全面，并且更新较慢。例如典博的导览设备介绍了古籍的内容、版本源流、版本特点及作者生平等，在古籍展览中已属于佼佼者，但仍然忽略了一些观众不了解却可能感兴趣的内容，比如古籍的装帧形式及演变、序跋铃印、流传递藏等。而且讲解内容也存在无法根据观众的不同年龄和社会文化背景提供适当内容的问题，难以满足观众多样的文化需求。

讲解内容的不完善、传达缺失和固态化，既不能满足专业人士对于古籍相关信息的了解需求,也不能满足普通观众需要的知识与趣味兼备,严重影响了古籍作为展品承载信息的完整性和有效性,对古籍类展览的展示和传播都会带来不利的影响。

(2) 互动项目过于娱乐化

由于新技术的不断优化,交互体验式的展陈方式越来越普遍,并且技术的进步也使古籍类展览不再拘泥于"科教片播放式"的单向信息传递手段,互动性更强效果也更好。但是借由科技手段完成了展示之后,究竟观众能不能真的学习到知识,宣传教育的效果能达到哪一步,主办方往往没有做过多考量。从调研结果来看,在参观时使用互动项目的观众大概占使用过智慧博物馆手段的观众的36.41%(如表8-4),占全部受访观众的30.57%,整体占比偏少。具体分析后可知大部分为未成年学生到45岁中青年龄段的观众(如表8-5),他们有一部分是出于自我的喜好进行体验,太过简单的项目会令其感觉无聊;还有一部分是引导未成年孩子体验项目获取知识的家长或其他监护人,他们则表示不希望项目任务难度过大,令孩子难以理解,失去兴趣。由此可见,为观众提供广泛的多种体验来匹配不同需求的人群,是十分有必要的。很多古籍类展览中的体验项目尤其是游戏类的项目确实可以利用新奇的视觉效果吸引观众体验,但其操作往往是像随意涂色等无意义又缺乏导向性的简单操作,造成观众在参观之后只剩情绪上的感受,而没有相关知识的沉淀。在古籍类展览的智慧博物馆建设上,这种舍本逐末的问题一定要注意改进。科技只是手段,吸引观众后普及知识才是其目的。

表8-4 您在到馆参观时使用过的数字化手段有(如未使用请只选择"我没有使用过"一项):[多选题]

选项	小计	比例
自助导览设备(语音讲解器、微信导览等)	102	62.96%
连接馆内的WIFI	37	22.84%
展示设备(观看投影、纪录片等)	118	72.84%
互动项目(朗读亭、VR体验、触屏小游戏等)	59	36.41%
我没有使用过以上任何一种	31	16.06%
本题有效填写人次	193	(前四项有效人次为162)

表8-5 使用过互动项目的观众年龄层分布:

选项	小计	比例
18岁以下	10	16.95%
18岁到35岁	38	64.41%
35岁到60岁	9	15.25%

续表

选项	小计	比例
60岁以上	2	3.39%
本题有效填写人次	59	

(3) 技术应用陷入极端化

目前古籍类展览中的智慧博物馆技术应用呈现出两种截然不同的极端趋向。一种是盲目跟风投入建设，但只追求数量或者说形式而忽略了质量，出现了应用升级不及时、不能定期维护造成部分用户无法正常使用、内存占有量过大、闪退等问题，导致观众的初期印象较差，影响后续工作的开展。现在社会智能手机更新换代很快，硬件和操作系统必须频繁升级才能适应观众的使用，尤其对于参观人数较多的展馆或展览来说，更要设置专人维护。另外，随着线下展览的展品更换和活动更新，线上的内容也要及时变化，不然这种滞后感会让使用者尤其是适应信息快节奏更迭的年轻观众逐渐失去对线上内容的兴趣。

另一种则是与前者相反，他们过分注重新技术的开发，甚至落入了技术竞争的怪圈，忽视了提升观众认知才是核心的要义。古籍类展览成为了高科技技术的绝佳展示平台，而最应被重视的观众感受、观众偏好数据的收集系统以及云计算和数据加工平台的开发等需要时间才能显现优势的技术却往往不受重视。这样的问题从长远角度来看可能导致智慧博物馆在古籍类展览中应用的生命力逐渐衰竭。

(4) 配套服务缺乏人性化

由于目前将智慧博物馆手段应用于古籍类展览还处在不断优化的初期阶段，很多可能出现的情况尚考虑不周，不少应有的人性化配套服务亟待建设和完善。比如，导览设备的使用说明不清晰或是手持型导览设备没有配备耳机；缺少针对老年人和视障人士等特殊观众的需要进行的设计，像是字体加大加粗、音量范围的扩大、语音操作提示等；不能及时为观众提供展馆目前的客流量、各展厅观众的分布情况等。缺少热水提供处、婴儿便利设施和大量的座椅等。在问卷调查中也有不少观众提出了与此相关的意见，他们希望展馆能为他们提供更为舒适的参观体验。这些问题的出现是很正常的，但却暴露了展馆设计时缺乏以观众为主体的意识，如果长期得不到解决，将会降低公众对于古籍类展览的参观热情。

(5) 交流平台忽略延续性

根据笔者进行的问卷调查结果显示，有41.97%的观众表示仅下载使用过一两次与古籍展相关的线上平台（官网、微信、微博等）或应用程序；18.65%的观众表

示自己从来没有使用过（如表8-6）。在进一步采访其原因时，笔者发现排除年龄造成的使用不便等客观因素，观众不使用博物馆相关应用程序的主观原因主要有两方面：一是在一段时间的使用期间因为诸多问题导致他们对相关平台和应用都留下了沉闷机械的刻板印象；二是在参观时使用，之后就卸载或者不再关注，没有形成使用习惯。

表8-6 您是否使用过与古籍展相关的线上平台（官网、微信、微博等）或应用程序：[单选题]

选项	小计	比例
经常下载并使用	76	39.38%
下载并使用过一两次	81	41.97%
从来没有	36	18.65%
本题有效填写人次	193	

一场好的展览应该不仅限于作为一个展示空间，还可以是一个社交的场所。从《2019年文博新媒体发展报告》中可以看出，不论是各平台的规模和粉丝量，还是视频发布量和文章阅读总量，都有了不小的增长，而成功案例的共同特征，往往有"实时的交流沟通"这一项。在笔者的实际调查中，很多观众也表示自己来参观是希望和家人或朋友共度这段时光，并且在参观之后还能相互有所交流和感悟，也愿意与其他陌生观众或有兴趣来看展的人分享自己的想法。由此可见，让智慧博物馆相关应用改变观众一贯的刻板偏见是多么的势在必行，如果观众不愿意使用或者说没有使用相关应用和浏览相关线上平台的习惯，那么古籍类展览的宣传教育效果势必大受影响。

（二）可行性解决方案

（1）展品信息注重针对性与启发性

我国古代卷帙浩繁，各图书馆或博物馆所藏的古籍数量众多，能够被展出的往往都是善本精品。不过如何甄选出古籍展品，笔者认为除了依据古籍定级标准外，还可以依靠大数据的分析。例如在开展之前先让观众在线上平台基于当下社会生活和学术研究热点制定的范围内进行投票，然后再依据观众的喜好确定展品，这样的参与感在开展后也一定能吸引大量观众前去参观。

在展览之中，首先最基本的展品旁展牌的设置还是尽量简明扼要，比如写明古籍的书名、责任者、册函数、成书时代、此本的版本时代、版本类型、装帧形制以及此版本最突出的特点。不过要注意字体、字号和对色彩饱和度的把握；其次，自助导览设备中可包含更为丰富的古籍信息，例如增加此书的行款版式、序跋印章、

递藏流传情况、版本源流、历代修复情况、目录等信息。在此基础上，展馆可以借由不同展品的导览器使用情况和对于展品的反馈留言，找出对观众最具吸引力的古籍，并分析出他们对某部古籍最感兴趣的方面，在线上平台或者应用中有重点地公布更多关于这部古籍的信息，加深观众的理解。另外，在导览设备的开发中注重对于使用者年龄、性别、文化程度、教育背景等情况的采集，以便为每位使用者提供个性化的定制推荐。

此外，智慧博物馆的相关应用程序和市场上的其他应用程序具有相似之处，因此在设计中也应该借鉴它款的有益经验。例如在展品介绍部分，可以运用图片、音频、视频对展品进行全方位的展示，以吸引观众对展品产生实地观看的兴趣，在展示词通俗化的基础上追求用词的趣味性，力求营造一种艺术性的氛围，给观众留下想象和思考的空间；在应用界面的设计上，也应做到简洁大方，且注重应用的实用性。

(2) 互动手段重视教育性

现在负责古籍类展览使用的智慧博物馆手段开发和利用的工作人员，除了少部分专业策展人外，大部分还是馆内的文博、信息技术或者管理方面背景的工作人员，他们往往不具备教育的相关知识。这就容易造成前文提到的重视视觉吸引、轻视宣教效果的问题。笔者认为，如果想充分发挥智慧博物馆的应用效果，让相关负责人员学习教育相关尤其是教育心理学的知识是必不可少的。各展馆的工作人员只有对教育理论足够重视，并将其应用于古籍类展览的活动策划、陈列展示、交互体验、调查研究等方方面面，才能使传播文化启发民智的效果达到最优。

具体来说，有以下两个阶段：

一是互动项目的策划阶段，要注重视觉、听觉、触觉等多感官体验开发，类似利用VR技术还原古人读书、藏书、曝书等场景，让观众有身临其境的沉浸感。同时，有关于虚拟展厅和应用程序的开发，由于知识的容载量较大，最好是以每部古籍为核心，整合与其相关的历史、艺术、科技文化知识成为一个独立的知识体系，这种整合的形式后期还可以发展成为慕课的基础，向全国各中小学开放收看权限，减少经济不平衡的地区间的信息鸿沟。在课程或者动画、视频的开发中可以利用古籍的插图、藏章印记、牌记、流传故事等较为吸引人的信息作为切入点展开故事，不过由于青少年观众的耐心较差，对作品的时长要注意把控，以短视频为宜。像以古籍修复保护技术或者碑刻拓片为主题的展览，可以设计播放展示具体操作的视频和动态模拟的操作型体感游戏。

二是在实际运行阶段，重点互动项目要处在显眼且适当的位置。例如在展厅的门口摆放朗读亭,或在大型展厅的中段、展厅之间的通道等观众可能会产生审美疲劳的地方摆放沉浸式舆图展台或者古籍修复体感小游戏等。不过显眼不等同于刺眼,无论是在何处设置互动设施,都要注意与展览主题、展厅整体环境的和谐统一。另外,所谓交互,重互动更要重交流,从笔者的实际观察中发现,很多观众尤其是青少年观众往往在互动体验中表现出喜欢合作交流、勇于挑战的特点,所以在互动项目中给予他们更多交流感是可行的,例如使用 AI 语音或智能机器人开展场馆导航和展览讲解服务。

(3) 技术支持着重有效性

图书馆和博物馆作为公益机构的现实情况决定了古籍类展览所需技术可投入的资金是有限的。所以在实际操作中,笔者认为还是要以实体展览的展示设备和互动项目为主,以线上的微博、微信平台的运营为辅。

虚拟展厅设计的如何令人叫绝也不能取代实际到馆参观时的震撼,所以主要还是应把资金投入到馆内智慧博物馆手段的开发。通过调研笔者发现,像是展厅导航这种依靠光影效果或是简单的室内定位技术就可以做到的细节功能,反而是目前阶段观众最为需要的。智慧博物馆手段的策划设计和程序开发不可能一蹴而就,开发过程中,馆方和制作方难免会遇到分歧。从制作方角度看,他们具备专业的设计与开发能力,但不掌握博物馆和古籍保护的相关行业文化和各项业务。再从展馆角度看,工作人员虽然熟悉古籍领域的相关内容,也能认识到观众的实际需要,但对程序开发的专业知识却不甚了解。因此双方应注意积极进行沟通,互利互补,争取在双方都比较满意的情况下完成制作,这样也有利于在应用完成和发布之后的不断调试和优化。在此基础上,导览、展示、互动设备都要注意数据的及时更新、设施的定期维护,避免出现数据与实际生活脱节、设备失灵、经常性不能操作等影响观众参观体验和教育效果的情况。

微博、微信等社交平台相比于需要高投入强推广的应用程序,要投入的资金并不多,但是用心经营却能形成很高的社会影响力,以此进一步吸引观众到馆参观,更有利于文化的传承。同时,发挥这些平台的社交功能,以观众的反馈作为下次展览的重要注意事项,可以形成"观众与古籍""观众与展馆""观众与观众"之间的良性互动。此间的基础是注重开发大数据采集和分析的技术手段,作为智慧博物馆手段的关键一环。

(4) 服务功能注重个性化

展览服务的增加和改进非一日之功,但从何处开始着手似乎都只能满足一部分观众。此时如果依靠大数据技术和云计算的支撑,古籍类展览就可以为观众提供定制的个性化服务。在参观过程中,观众的参观轨迹、在不同古籍前驻足观赏的时间、对哪些古籍进行了喜爱和收藏的标记,又分享了哪些个人的观展感受,都可通过大数据分析技术成为这位观众以后观展的个人定制参观路线的基础,还能为整个大数据平台的建立提供科学的依据。

目前作为讲解内容主要形式的音频,也在个性化设计上大有可为。比如针对某次展览或者某部古籍,如果观众有意愿,可以自行录制展品相关的内容上传到官网,由主办方进行审核,通过后可以被录入导览设备,让其他观众在观展时也可以听到。如果观众高质量的投稿累积到一定量,还可以与原有的导览语音共同组成专栏节目在喜马拉雅、荔枝 FM 等平台定期播出,使观众不论参观时还是在馆外都能收听,提供更进一步的个性化服务。

除此之外,针对老年人、残障人士等特殊人群的服务设计也应逐步开发,以扩大文化传播的受众人群。

(5) 观众观展更加日常化

评价任何展馆的展览好坏都有一个重要标准,就是品牌化,古籍类展览自然也不例外。国家文物局在 2020 年的工作计划中也提出做好文物宣传工作。切实推进中华文物全媒体传播。持续打造《如果国宝会说话》、"文化遗产公开课"等宣传品牌。这里的品牌化当然要区别于商业营销的领域,主要指的是使观众对于某一个展馆或者主办方举办的古籍类展览的质量具有信赖感,从而培养出了解和观看这些展览的习惯,形成了线上线下观展双重日常化的状态。

笔者根据问卷调查和采访的结果分析,观众为获取展览信息使用最多的的途径是微博、微信等社交媒体以及询问身边的亲朋好友;而在使用古籍类展览相关的线上平台或应用程序时,有接近 50% 的观众表示会就此途径对展览与他人进行线上交流。许多观众也表示他们将参观古籍展览作为一次与家人、朋友一起寻找生活乐趣、分享体验的重要经历,并且更愿意参与和他人一同完成的互动项目,期待展览带给他们的合作感和归属感。从上可以看出社会交往对于当代人的影响之大在古籍类展览上也有体现,因此利用社交手段宣传展览、或是设计参与感较强的活动都是吸引观众参观的重要手段。例如由国家古籍保护中心主办的"我与中华古籍"优秀摄影作品巡回展览活动就获得了广泛的欢迎。各展馆不仅可以效仿举办类似的活动,还可以就馆内在展的某一场古籍类展览设计相关活动,如就本次展览的主题、布置或者参观趣事在微博上分享自己与本次展览相关的故事并@展览主办方的公众号、参与活动,大家都可以参与提问和讨论。类似这样的活动可以更好地使观众与展览、与其他观众互动。

由于智慧博物馆手段的特性，它能带给观众的，不止实时的知识和教育，还有培养探索知识的兴趣的延续性。各大图书馆和博物馆应当利用好当代人碎片化学习的习惯，培养观众在走出实体展览之后依然利用线上的应用和平台学习的思维。由此，如何正确运营当代人喜欢使用的几种主流社交软件尤显重要。在技术上，需要可以让观众随时随地通过网络发布展览相关信息的技术支持。在实施上，要让观众每天都有机会接触古籍相关的知识，类似每天推送一部在展古籍给观众，通过此般日积月累，使观众学会自我学习，养成终身学习的习惯；或者采用直播的形式，与观众实时互动，尤其是在周期性较长的常设展中更显重要；还要抓住重要时间节点加大宣传力度，像是在世界文化遗产日和重大节庆活动等古籍展示的重要契机举办与展览有关的线上活动。像典博和中国印刷博物馆针对这次新型冠状病毒推出的"云看展"活动以及配套的智慧博物馆使用方案，既能帮助观众在家顺利度过疫情，同时也是一个好的宣传展示自我的机会，可以吸引更多的观众。

为进一步推进观众观展的日常化，还应注重系列展览或者活动的开发。如河南省图书馆自2017年开始每两年举办一次的"中原民间珍贵古籍展"，这种更为贴近普通人生活的选题，可以让古籍不再"高冷"，自然也更容易良性的系列化发展。此外，像上文提到过的视频、音频节目或者课程，也适合系列化，利于培养观众在日常生活中关注古籍的习惯。

鉴于实体展览的首要地位，假如线上活动能与线下展览相结合，吸引观众走进展厅，应该可以达到更好的效果。

古籍类展览要想历久弥新，焕发吸引观众的新活力，顺应时下热点是必不可少的。例如典博之前举办过的"古籍保卫局之山海社的宝藏"活动，将时下流行的解谜游戏元素与古籍展览相结合，观众要利用古籍中的知识和故事作为线索来破解谜团找寻"宝物"。此活动大受欢迎，由一开始的特别活动演变为了长期活动。像在这次疫情中，古籍类展览也可结合时事，在公众号向观众推送古籍中关于古人抗疫的内容，比如人类传染病及其防治科学史、生物多样性保护等相关科学知识，还可以就此开展科学益智竞答。不过笔者认为，顺应潮流虽好，倒也不必完全拥抱，合理利用即可。此外，还要注意游戏设计尽量剧情化、完整的故事会给观众更好的带入感，不过故事和游戏规则都要易于理解，以便玩家最大程度的于享受中收获知识。

四、对未来趋势的展望

从传统的实体博物馆到数字博物馆再到如今的智慧博物馆，实际体现的是我国博物馆现代化信息化的进程。同时，智慧博物馆的发展日新月异，也将古籍类展览

带入了一个新的境界。依托新技术的发展，珍本、善本古籍得以进入公众视野，为助推传统文化的高效传播，实现"让古籍里的文字活起来"提供了更多可能性，目前尚无法解决的问题在未来向好的趋势下也可以让我们有所期待。

（一）理念层面

（1）标准化模型的建立

随着智慧博物馆在古籍类展览中应用的不断发展，我们需要以一种更加严谨的态度来面对它，笔者认为，应尽早建立一个面向全体古籍类展览的标准化模型。标准化模型建设可以对智慧博物馆在古籍类展览中应用的具体流程进行把控，尽量优化方案；同时要注意数据上管理的规范，努力实现馆际间数据的互联互通；此外，鉴于现代科学技术发展的速度之快，可应用的技术手段很多，模型应主要放在对运行效果评估体系的建设上，以展览效果评估来促进发展，推进操作规范的进一步科学化和实际性。

目前智慧博物馆也还没有出台过标准化模型，不过国家级博物馆已经建立了智慧博物馆的运行评估体系并在逐步完善之中。国家文物局在 2 月 18 日发布于官网的 2020 年的工作计划中也提到要加强文物科技创新和行业标准化建设，积极争取将文物科技纳入国家"十四五"科技规划和中长期规划。出台《关于进一步加强科研基地建设的意见》；推动文物科技资源共享服务平台试点建设和完善智慧博物馆建设系列标准规范等。古籍类展览在建设自己的标准时应将已有的标准和规范作为主要参考对象，同时注意发挥古籍的特色。标准模型应充分认识到古籍相比较于其它文物更适合利用智慧博物馆手段展示，可以使用和推广的技术手段也应该更丰富。笔者认为它至少应包括展览概念能否明确表现、展览结构和叙事框架是否合理、古籍展品的品质是否能有效传达展览概念、展品和资料版权是否明确、展览概念下所使用的具体智慧博物馆技术类型是否有效、是否需要长期数字化储存、资金和人力资源能否达标、展览的智慧化互动方案是否合理、观众对本次展览的评价等。

一个可行性较高的标准将会更好的向观众揭示古籍独特的文化内涵和精神价值。在行业评价体系的基础上，各馆还可以开发自己的创意测评方式，收集更多有效信息，例如利用近日网络上比较流行的"瓶子填充测评法"测评展览对观众来说最有吸引力的方面。

（2）对用户隐私和版权的保护

各展馆为更好地策划展览和服务观众获取大量观众的个人数据的本意很好，但在累积了大量观众的个人资料之后势必要考虑的就是智慧博物馆相关应用保护用户隐私权的问题。观众的在预约参观时提供的姓名、身份证号、联系方式和参观中连接馆内无线 WIFI、录入个人对展览喜好偏向和建议等行为都隐藏着个人信息泄露的风险。因此，展馆在研发获取信息的系统要注意渠道的合法性和安全性，通过设计防火墙和建设科学的管理体制等方式，谨防用户资料泄露。

除了个人信息的安全隐患，古籍展品及相关资料的版权问题也令人担忧。古籍类展览在对其展品进行数字化智能化开发并公布在网站上或者应用于虚拟展览时，可以依据我国 2019 年 5 月 8 日国家文物局公布的《博物馆馆藏资源著作权、商标权和品牌授权操作指引（试行）》，注重对资源知识产权的保护。

(二) 技术层面

(1) 经验技术开发交流的促进

当下，我国古籍类展览虽然整体上呈现兴盛的面貌，但还是存在着各自为政、区域差距较大等问题。这些问题的解决还是要依靠各展览主办方之间对经验和技术的交流来推动。在国内，可以举办学术论坛，用于探讨适用于我国古籍类展览的成功经验。同时，国际交流更应加强。现在许多国家间由于社会经济水平的发展不平衡，在科学技术开发的领域常会出现各种较大的差距。这种差距的存在加上极个别国家对自己技术的保护主义造成的壁垒，十分不利于全人类文化遗产的保护与传播，应当予以解决和消除。

(2) 数据孤岛的消除

当下，同个展馆或者同一场展览经常会使用多种不同的导览和服务平台，各平台之间有自己收集数据的渠道，数据之间也并不流通共享，常会形成一个个信息孤岛。这样不仅会造成资源和资金投入的浪费，还不利于大数据的分析与计算。2018 年国家已经启动了"智慧国博"的项目，旨在实现信息共享。笔者相信未来的古籍类展览，也会走上逐步融合互通、消除信息孤岛、提高服务质量、形成统一整体的正轨。

第三节　智慧博物馆建设中的藏品管理研究

一、藏品实物的智慧化管理

智慧博物馆的提出，让人们对博物馆与人（主要是面向观众的服务与管理）之间的关系更加重视，但同时，博物馆与物（藏品、展品）之间的关系仍不可忽略，即在

从"以物为本"向"以人为本"的观念转变中，不可忽视"物"的重要性，正如段勇在《藏品是博物馆实现宗旨的根基》一文中所述"藏品是博物馆的立馆根基，是博物馆完成使命、实现宗旨的根本所在"：

（一）藏品动态管理的智慧化

藏品动态管理的智慧化首先是对藏品一般管理的流程能够进行优化，进而通过传感设备、管理系统和物联网技术达到对藏品动态管理的智慧化。

藏品征集的智慧化——首先系统通过对博物馆展陈、研究职能定位的分析和馆藏现状的分析为决策者提供征集藏品的类别范围，并能根据互联网大数据分析提供征集线索及征集方案。

藏品鉴定的智慧化——在藏品数据信息采集充分完整、藏品数字化建设完善、藏品信息分析全面透彻的基础上，对新征集的藏品进行鉴定或博物馆因其他原因对藏品进行鉴定时，完全可以依靠大量的数据信息完成智能鉴定，此外，人工智能技术的发展进步，使得 AI 鉴定在未来也可能代替专家鉴定的部分或全部工作内容，助力藏品智慧化管理建设。

藏品编目的智慧化——藏品入藏时首先将藏品基本描述信息输入数据库中，藏品管理系统根据规定的算法对新的信息和已有的数据信息进行比对，智能生成新入藏藏品的分类编号等具体的编目信息，并科学规划与管理藏品的分类入库，合理安排库房排架的使用。

藏品展陈的动态跟踪管理——随着博物馆事业的蓬勃发展，借展、巡展等展览方式已经成为博物馆举办临展的主要方式之一，相应地，藏品的动态跟踪管理成为近年来博物馆藏品管理工作中最值得关注与思考的问题。藏品展陈的动态管理应该考虑对藏品点交运输过程的跟踪管理、对外借藏品各相关数据的动态获取与管理、对借展藏品在展出前后及展览期间的管理。一般地，国内博物馆对借展藏品的管理是在合同书上写清职权，对于展柜的微环境、密封性、安全性作出规定要求，展出期间的情况只能依靠展出方自觉履行相关的义务，但此类数据展品借出方一般无法获得。动态管理不仅仅是空间位移变化的动态管理，对藏品保存与展示空间环境的变化情况以及藏品受环境影响而发生的自身变化也应能够得到智能管控。

（二）基于RFID技术的藏品库房管理和展厅管理

RFID 技术近年来已广泛应用于博物馆藏品的非接触管理，其技术原理可概括为：RFID 电子标签用以著录存储藏品身份信息，阅读器发射特定频率的信号给电子标签，从而驱动电子标签内部数据的输出，阅读器再接受这些数据信息，并传输在相关联的系统中，系统则负责对所有数据进行分类有序化的汇总呈现，管理者通过系统数据则可掌握藏品基本信息，并指导相关决策。

目前电子标签的种类主要有三种：被动型无源电子标签、主动性有源电子标签和半有源电子标签，博物馆常用的为无源电子标签，这主要是因为其技术相对成熟、成本低、体积相对较小等便于利用的优点，如首都博物馆、南京博物院、秦始皇帝陵博物院、大同市博物馆等都有自己相对成熟的基于RFID技术的藏品管理系统，该技术的应用集中在以下几个方面：

（1）藏品库房盘查工作。传统的藏品盘查工作主要依靠藏品保管部的工作人员人工手动对藏品进行逐一盘查，这对于藏品数量庞杂的大型博物馆来说无疑是一件耗时耗力的大工程，而利用电子标签技术，藏品管理者可以快速高效地完成藏品盘查工作，南京博物院曾在其金属一库文物库房中实验利用RFID技术对其保存的4322件（套）藏品进行智慧盘查，结果显示：利用手持阅读器，控制盘查距离可在2–3米之内，则盘查实际库藏文物共花费193分钟，平均每一件藏品的盘查时间为2.72秒；文物最多的70号器物柜共447件（套），每件盘查时间约1.48秒；理论识别率为99.99%以上实验结果证明了该技术应用于藏品盘查工作的可操作性、高效性及准确性。不过，RFID技术在实际应用于藏品库房盘查工作时中，也存在一些问题，如：标签与藏品的粘结问题、射频识别信息的有效性问题、电子标签生命周期短、利用电子标签无法查验藏品保管现状等问题，对于藏品数量高达数十万的省级、国家级博物馆来说，给藏品制作电子标签本就是一项耗时耗力的工程，其为博物馆藏品管理带来便利的同时，技术本身需要投入的运营维护成本及将来所面临的技术升级问题也让很多博物馆在利用该技术时不得不谨慎考虑。此外，对于藏品盘查工作而言，利用电子标签技术确实可以在一定程度上提高工作效率，减少人力资源的投入、缩短盘查周期，因此，利用RFID技术进行藏品库房盘查对于小馆而言更实用，因为其藏品体量较小，实现起来更方便，大馆的藏品体量太大，从成本投入及最终可实现的效果来看，整体可行性有待商榷。针对目前出现的这些问题，从提升技术水平和改革技术手段上入手，以解决上述问题为目标，探寻更加适用于大型博物馆藏品库房盘查的技术，以提升库房盘查工作的智能化水平。

（2）藏品出入库管理。相较于藏品库房盘查工作，RFID技术盘点速度快的特点用于藏品出入库管理倒是一种提升藏品管理工作智能化水平的有效手段。藏品出入库管理需要对藏品数量和具体信息及出入库前后的状态进行清点盘查，除了对文物现状的盘查无法识别外，藏品的数量清点和信息盘查均可通过电子标签和阅读器进行快速准确的识别，从而缩短藏品出入库盘点的时间。在出入库盘查时还可以通过系统连接，自动生成点交清单的确认信息，最后管理员确认签字即可。

（3）藏品展厅管理。RFID 与 GIS 技术和各种传感技术结合，定位藏品具体的展陈位置，检测藏品展陈环境的变化情况，完成数据采集，并与 RFID 电子标签中藏品信息结合，既能实现对展厅中藏品的日常盘查，又能实现对展示过程中藏品相关数据的采集存储，并通过对以上数据的分析，实现对展厅中藏品的科学管理。

RFID 电子芯片技术的基础依然是数据库，没有数据库的支持，芯片也无法起到相应作用，数据库如果不完整、不准确也没用，给馆藏文物贴电子标签实际相当于将藏品信息数据库要——重新校对一遍，这无疑也是一个相当大的工程，需要投入大量人力、物力、财力；其二，芯片的物理粘合问题一直没有解决，如果贴在盒子或囊匣，文物从盒中取出后标签的存在也就没有了意义，如果要与文物紧密接触，通过何种方式保证这种结合的有效性（不可分离的效果）同时保证不对文物本体产生影响，这些问题都还没有一个很好的解决方案。藏品的智慧化管理需要分步骤慢慢推进，RFID 技术用于藏品库房管理存在一定弊端，但用于藏品出入库盘查和藏品展厅现状的监测管理等工作中能在一定程度上实现智慧管理的要求。

（三）基于物联网和环境监控系统的藏品预防性保护管理

物联网技术可以实现"万物互联"，其实质上是"利用传感技术，按约定的协议，把所有物品与互联网相连接，达到信息交换和通信的目的，以实现对物品的智能化识别、定位、跟踪、监控和管理的一种网络。"物联网的发展从根本上提高了博物馆对信息进行实时采集和整合管理的能力，也将促进博物馆在宏观与微观的调控能力，最终实现"以人为中心"的博物馆智能化建设。

藏品管理本就包括"管"与"理"两个层面的含义，对藏品的"管"又包含"保管"之意，这也是藏品管理工作中保证藏品安全与保持藏品原状的工作职责之一，为此博物馆需要在藏品管理的过程中对藏品采取预防性保护的相关措施。预防性保护的管理，就是能在入藏之处的藏品及现有的藏品保管状态做出合理的分析，并对其在将来的保存过程中可能遇到的风险进行预测，提前做出应对风险的保管措施，如：对纸质文物的保护，考虑其会受到温湿度、虫蠹、微生物、酸碱物质、光照中的紫外线等因素的影响，在保存过程中注意对此类影响因素的控制与检测，并制定特殊囊匣和存储柜、展柜进行存储和展示。这体现了藏品管理过程中让文物尽可能长久保存的意识。对于藏品的预防性保护来说，首先是对藏品进行分类、分库、分架管理，并针对不同材质、不同保管需求的文物配备专门的保存囊匣或定制专门的

展架展柜,其次是通过环境检测系统实现对环境的实时监控和数据采集,最后在监测的基础上实现对藏品保管环境的人为调控甚至智能调控。预防性保护的理念主要是通过有效的监测、评估、调整、管理,抑制各种环境因素对文物的危害作用,使文物处于一个"洁净、稳定"的安全保存环境,尽可能阻止或延缓文物的物理和化学性质发生改变,达到长久保存文物的目的。通过预防性保护的手段可以实现从对文物抢救性的被动修复到预防性的主动保护的一个转变,从而有效防护文物保存环境对文物可能带来的损伤,最大程度地保持文物的原有状态,延长文物寿命。

从智慧博物馆建设的角度出发探索藏品的预防性保护管理在国内多家博物馆已开展相关研究与应用。广东省博物馆的预防性保护措施首先是对藏品进行分类分库管理,并保证库房的恒温恒湿,一般由库房中央空调控制温度变化,湿度由调湿剂、除湿器、加湿器等试剂和设备调节,对于容易受环境影响而发生改变的藏品配置专门的储存柜,对于展厅内的藏品,在展柜中添加试剂调节微环境。同时,利用环境监控系统和保护信息管理系统实现对藏品环境的实时监控。成都博物馆的预防性保护首先是针对其所处地理位置容易发生地震灾害的情况对库房建筑及展柜等做了防震处理,其次建立了馆藏文物保存环境监测系统,并安装检测终端设备——温湿度监测终端、二氧化碳(CO_2) - 温湿度合一监测终端、有机挥发总量(VOC) - 温湿度合一监测终端、光照度 - 紫外线 - 温湿度合一监测终端等,通过将所有的监测终端和数据接入系统中,管理员登录管理系统就可以进行监控。从目前预防性保护的实践来看,其智能监测水平已初步满足智慧博物馆建设的要求,但对于检测数据的分析、利用以及针对检测结果做出智能调控的水平还有待提升。

(四)藏品现状的可视化管理

藏品现状可视化管理的实质是对各种数据的统计、分析与展示,其内容可分为宏观和微观两个方面。宏观的可视化管理就是通过综合的管理系统和可视化平台,为管理员展示博物馆藏品管理的整体现状,包括馆藏总量,各分类体系下的藏品数量,藏品库房保管现状,藏品展厅展示现状等;微观的可视化管理是通过聚焦到一件藏品上,并以类似思维导图的形式展示藏品相关的所有信息,同时,还能对藏品保管现状的变化进行实时监测与动态跟踪,让人眼无法轻易识别的藏品微观变化通过技术手段的检测和数据分析展现在可视化管理平台中,从而为更加科学合理的管理与保护提供依据甚至是相应的问题解决方案。

可视化管理的实现也需要应用物联网、云计算、大数据等技术手段,其核心在于对数据的统计分析,并以图表、模型图示、动画、视频、音频等方式展示于可视

化中心平台。如：上海博物馆目前已构建了可视化数据中心，其所展示的内容包括：客流参观、观众服务、馆藏文物、传播教育、文创成果、基础信息六个板块，并对以上板块的信息可做到实时更新。

二、藏品信息的智慧化管理

对于藏品基本信息的管理，各博物馆都建有藏品管理系统，对藏品基本的档案信息进行存储与管理，但总体上，藏品管理系统目前的功能建设依然存在不足，各个馆应该根据自身情况及各部门的需求对系统的功能建设再次完善，国家标准只能作为一个参考标准，而博物馆应该在此基础上充分考虑自身条件和业务需求，建设跟高标准的藏品管理系统。同时，应加强标准化建设与个性化建设的结合，探索更多的模式和方法，创建满足本馆管理需求的藏品管理系统。

（一）藏品基本信息的智慧化管理

藏品基本信息主要是用以描述藏品本体特征、现状及流传经历等要素的信息，其就像藏品的基因，如果能在藏品入藏前对其所包含的各种信息（包括人眼可见的外形、大小、颜色、质地等和人眼不可见的内含物、微量元素或成分、内部结构等）进行"基因测试"并生成专属的"基因报告"，存储在藏品信息数据库中，就可以对藏品信息实现更科学的管理与利用。管理过程生成的各类藏品信息作为"藏品基因"，对于藏品的预防性保护与监控、藏品的修复复原都具有重要意义。

藏品基本信息的智慧化管理首先应该实现信息的智能采集，传统博物馆在数字化建设中的数据采集基本靠人工操作完成，这个过程包括专家对藏品的鉴定过程、管理员对藏品尺寸的测量和基本信息表格的填写制作过程、对藏品进行二维图像拍摄和三维扫描的过程，整个流程对人力、物理、财力的消耗非常大，且各种流程下来需要对藏品进行多次的出入库管理。智慧采集能够依靠传感技术和数据分析系统，合并重复的数据采集动作，缩短数据采集消耗的时间成本，并在一定程度上避免在复杂的数据采集流程中对文物安全保管产生的威胁。完成数据的智能采集后，还要实现对数据资源的智能分类，分类标准由管理部门根据博物馆业务工作的需求制定，在数据采集时对数据进行规范与标记，这些标记也将作为系统进行智慧分类的依据。对于数据信息的日常管理，在保证数据信息安全存储的前提下，尽可能提高其开放度，加强数据内部的关联互通。对内部实现藏品信息的公开透明，一来方便研究利用，二来在进行换岗交接时减少繁琐的藏品盘查流程，通过藏品信息系统对藏品现状的可视化展示，让藏品账目清晰明确。

从智慧管理的角度出发，对基本信息的数字化管理首先需要规定数据采集内容、规范数据采集标准，其次，对数据管理系统的建设要做到功能全面、便于操作，且系统的稳定性要能长期适应技术升级更新的变化。随着数据存储与处理技术的进步与发展，博物馆数字资源管理系统，应有意识地采集存储史高清史丰富的藏品数字信息资源，这些信息对于藏品的研究、文创开发利用、社教宣传会有更大的用途。数据的采集是基础，更重要的是数据库的管理、维护，最终的目的是保护和利用，并实现数据共享，这也就要求加强各数据库系统之间的互相关联。理想的关联性强的数据库系统，在进行数据的后期维护时，使用者和数据库建设者（信息中心）可以是从两个不同的角度进行维护，信息中心通过后台进行数据管理，使用者在使用过程中发现系统存在的问题时也可以进行数据的上传史新或者清理、整理。数据库的开放使用权限与数据库的维护工作也应该是一体的，即负责该工作的人员还需掌握判断数据库中信息的有效性、准确性、全面性的能力，能读懂这些数据信息所表达的深层次内容，这样才能掌握对数据开放的决定权。对于藏品数据信息全面统一的管理维护，也能实现文物的数字化保护，并为文物修复、博物馆灾后重建等提供可靠的依据。

(二)藏品综合信息的智慧化管理

藏品综合信息包括藏品基本信息及与藏品相关的业务活动开展时产生的各类信息，即更加全面、系统的藏品信息。藏品信息的智慧化管理是建立在藏品信息数字化的基础之上的，但相较之下，智慧化管理就应该收集管理更加全面的藏品信息，并能完成信息的智能化分类、关联与管理，藏品信息的综合管理系统是对藏品信息系统、数字资源管理系统、藏品保管环境监测系统等藏品相关管理系统进行综合管理的平台。

广东省博物馆的"项目管理系统"就是对藏品信息综合管理系统建设与应用的尝试，其"项目管理"式的信息管理机制是针对某一项目的综合管理，"基于共享式的业务框架，汇聚平台上关于人、物、财、数据等资源，以项目的目标管理，里程碑设定、信息管理的新型组织模式，以期建立起一套适用于博物馆自身特点的标准化、流程化、一体化的业务管理机制。"这种基于共享型的业务框架的优势在于：业务可以不断开展，而系统不用无限扩张。该系统实现了项目内所有信息的关联互通，也在一定程度上打破了不同部门间信息管理的壁垒。系统中储存的数据来源涵盖展览、社教活动、藏品研究、文物保护、信息化、工程建设、人员培训等博物馆业务的各个方面，数据内容包括预算、藏品信息、图片、视频、音频等各种各样的数据以及项目各个阶段的总结等信息，并在同一项目中可以进行分类查看与管理，但同时，这些数据也会构成这个系统资源池中的元数据，可以进行数据的再分配、再利用。项目相关的数据均可以录入系统，项目之间也可以进行互相关联，系统就相当于一个资源池。

藏品综合信息的智慧化管理重点在于对除藏品基本信息外的其他相关信息的获取与管理，这需要不同业务部门之间的相互配合，做到对信息资源的随时上传，其最终的目的依然是为了实现信息的互联互通与综合利用。比如，构建多维度的藏品信息数据库管理系统和多端口的藏品信息查询系统，对于管理者来说，可以登录管理系统，构建"展览相关藏品信息"和"藏品相关展览信息"维度的数据库内容，同样的，用户登录查询界面，也可以从这两个维度查询自己需要的相关信息。以上两个维度的区别在于，"展览相关藏品信息"针对本馆历来举办的各种展览而言，其可能包含本馆藏品信息、，也可能包含借展藏品（非本馆藏品）的信息（当然，对于借展藏品信息的开放乃至开发权利，需要双方达成一定的协议共识，或从国家层面得到相关法律的支持）；"藏品相关展览信息"则主要针对本馆藏品参展信息的著录与开放，即该系统可查询本馆任意一件藏品被展出的展览全信息，包括本馆展览与藏品被借展展出的其他展览（非本馆展览）信息。同时，这两个维度也是互通互联的，即通过"展览相关藏品信息"找到目标藏品信息后，也可以点击链接查询目标藏品的"藏品相关展览信息"，反之亦然。

藏品信息的科学管理可以为博物馆的科学研究、展教活动、文创开发等业务工作服务，同样的，对藏品的科学管理也离不开这些数据信息的采集、分析与管理。综合管理系统可以实现实物管理与信息管理的互联互通，并在管理中互相作为各自科学管理的参考依据进而优化管理。

三、藏品智慧化管理的应用前景

对于藏品实物的智慧化管理和藏品信息的智慧化管理过程就是对藏品智慧化管理系统的构建过程，该系统也应该满足智慧博物馆的三个特征："全面透彻的感知"、"宽带泛在的互联"、"智能融合的应用"。全面透彻的感知意味着藏品智慧化管理系统能够做到藏品信息数据的智能采集、藏品现状动态变化的智能感应、藏品保管环境的智能监控；宽带泛在的互联就是要加强信息间的互联互通和智能反馈；智能融合的应用则表现在智能调控（前提是智能监控与感应）、数据的分析应用、知识的再生产等方面。

基于藏品智慧化管理的基础，通过云计算、大数据、人工智能等技术手段，实现藏品数据信息的深度挖掘与藏品相关性研究是未来发展的前景所在。

云计算和大数据可以协同完成对博物馆海量、多源数据的存储、计算、分析与信息挖掘,并基于其集约化的模式从多个维度为用户(包括面向外部观众和面向内部的管理者和使用者)提供个性化的服务。对与博物馆的内部管理工作来说,搭建博物馆藏品管理、信息共享的云管理、云办公平台,一方面有利于加强博物馆各部门间的协同合作,另一方面,云平台的搭建,可以有效避免信息孤岛的产生,也能降低对分散的单个操作系统的软硬件设备要求,节省管理成本。大数据初现于2012年,人们用它来描述和定义信息爆炸时代产生的海量数据。随着技术的高速发展,人们每天产生的数据量是不可估量的,而且这个量还在持续上升。相对于社会舆情信息的数据量,博物馆在数字化过程中产生的数据量似乎还不足以达到大数据的范畴,但如果将与藏品相关的各种信息统筹在一起,包括藏品保存或者展示现状的动态变化信息、观众用博物馆的官方APP或者其他社交软件与藏品产生的互动关联信息,也将形成大数据资源池。大数据有四大特征,第一是数据量大,第二是种类繁多(由于新型媒体技术的诞生,其种类越来越多,包括音频、视频、图片、文字等等),第三是价值密度低(虽然信息的感知无处不在,但海量信息的价值密度并不高),第四是速度快、时效高(这是大数据区分于传统数据挖掘最明显的特征)。然而事实上,面对如此的海量信息,即有的技术架构和管理模式并不能达到对这些信息进行快速、准确、有效处理的要求,所以,对于使用者来说,如果进行了巨大的投入来采集管理这些信息却无法得到及时、有效的反馈信息,将得不偿失。正因如此,大数据时代的来临,对人们的数据驾驭能力提出了新的挑战,同时为人机配合之下获取更全面透彻的数据分析结果提供了前所未有的空间与潜力,并随之带来了一种知识创造的新模式,藏品管理工作亦是如此。

云计算和大数据分析对数据信息的协同处理能力让博物馆藏品信息的知识图谱构建成为可能。作为一种可视化的研究和展示工具,知识图谱可以绘制、分析和显示学科或学术研究主体之间的相互联系,并揭示科学知识的发展进程与结构关系。知识图谱可以描述多个对象之间的强关系,连接不同的知识库,并进行相对应关系的匹配,究其本质,仍然是对数据的一种管理和根据算法要求对数据进行智能关联与匹配过程。博物馆通过知识图谱的构建,对内,可以使藏品信息资源池中的数据互相关联,对外,可以关联其他博物馆的相关信息和网络信息,并能通过不同数据间的智能识别,构建智能检索与问答系统,增强知识间的关联性,为藏品的深入研究与利用提供更便捷的方式。博物馆利用知识图谱还可建立可视化的数据关联系统,随时监控博物馆数据的各种动态变化情况,为博物馆的科学管理与运营提供依据。

人工智能（AI 技术）是"研究、开发用于模拟、延伸和扩展人的智能的理论、方法、技术及应用系统的一门新的技术科学，其领域研究主要包括：机器人、语言识别、图像识别、自然语言处理和专家系统等。作为成熟的人工智能技术，其需要具备的特性有：敏锐的感知力——信息捕捉能力；超强的记忆力——信息存储能力；精妙的思维能力——信息的计算、比较、分析、判断、关联能力；全面自主的学习能力——基于其强大的信息捕捉、存储、分析能力展开的对多个专业领域的深入学习能力；良好的自适应力——能够及时感知到人机互动环境及网络生态环境的变化并对下一步的工作作出及时的调整，从而保证与环境变化的协调发展的能力；运筹决策的能力——不仅能为管理者提供科学合理的决策方案，也能在突发的危急情况下通过自主决策以使得风险最小化。将人工智能技术应用于博物馆是未来促进博物馆服务与管理不断优化的重要途径。

人工智能的价值，不仅在于他能根据人的命令作出规定的动作和反应（这只能算是自动化和初级的智能化的体现），人工智能能够完成自我学习、独立思考与自主创作，即机器（人工智能）通过一段时间的学习，分析研究人员知识创造的过程，掌握知识创造的逻辑、语法、语义、语境等规则，从而具备一些知识创造的能力。相信在未来，人工智能技术与知识图谱技术的结合可以开展博物馆知识创造工作，同时应用区块链技术为信息存储和传递中的安全性提供相应地保障，且其智能合约技术或可解决数字化管理过程中相关技术壁垒造成的格式不通等问题，完成格式的智能转化。

四、万物互联，打破系统边界

对于智慧博物馆来说，最核心的是博物馆智慧系统的建设，其内容包括搭建完备的建筑智能化系统、构建完整的数据通信系统、建成基础的业务管理系统、形成合适的数据管理系统、建立可靠的决策和学习机制，通过博物馆智慧系统的建设，让博物馆系统能像人一样思考问题、分析问题、解决问题，为博物馆的使用对象（包括观众、研究人员、管理人员等）提供智能服务和个性化服务（方针对性的服务），博物馆可以智能识别用户需求，可以智能监测、调控和管理藏品库房和展厅的存储环境，甚至可以自主策划一个完整的展览，可以把真实世界用虚拟手段展现，也可以将虚拟世界再现于真实展厅中；智慧博物馆能够实现人、物、信息之间的多向互动，并实现对这些对象的交互信息的动态分析与调控，以更好地服务于对象。这些美好设想的实现，有一个共同的基础，那就是智慧博物馆内各系统间的相互关联与信息交换，所以，智慧博物馆的生态系统是一种强关联的生态系统，内部结构为一种复

杂的网状结构。

从智慧博物馆建设的角度来说，万物互联最基础的就是各数据库之间的互联互通。传统博物馆的各项业务工作分工明确，权责分明，即便是博物馆数字化建设中构建的各系统间也是弱关联的状况，智慧博物馆的系统建设就是要打破系统边界，实现"人、物、数据"间的交互，且这种交互应该包含纵向的各系统内部数据的交互关联及横向的不同系统间数据的关联共享。

智慧博物馆的建设本身就是一个复杂的系统工程，通过分层分级的系统设计，合理分配资源与任务，以达到对博物馆业务工作最优规划、最优设计、最优管理和最优控制的目的。在这样一个分层体系中，总系统负责联通各个子系统，并维持整个系统平衡，各子系统分别服务于不同的业务需求，并通过系统间的协调配合，以最优方式完成系统任务。在整个系统的分层制度下，最基层的系统就是一个个不同类型的数据库系统，承担着资源池的功能，上层系统根据其功能需求可以调取相关资源池的数据，即基层子系统并不唯一服务于上层某一个系统。藏品的智慧化管理是智慧博物馆建设中的一个重要组成部分，藏品智慧管理系统内的各个子系统是需要互联互通的，同时，藏品智慧管理系统与其他系统之间也要互联互通，通过信息交换以为管理决策提供充分有效的依据。当各系统实现了互联互通，资源池中的数据就能够形成强关联，资源的活化利用在资源获取上就能实现畅通无阻。

五、以管为用：藏品管理的最终目的——保护与利用

"藏品管理的目的不仅是为了管理，而且主要为了使用；不仅为了今天的使用，更是为了明天的使用，子孙万代的使用。"所以，"管理是一种手段，使用才是目的。"无论是传统的藏品管理还是智慧化的藏品管理，最终的目的都是为了实现藏品的保护和对藏品及其相关信息的研究、利用，并最终为实现博物馆的各社会职能提供基础保障，而在智慧博物馆建设中的藏品管理工作，更要凸显藏品的预防性保护和文物的数字化保护，加强藏品信息数据的开放利用。藏品的预防性保护亦是藏品科学管理的体现，一方面预防性保护可以对藏品管理过程中可预见的危险危害防患于未然，另一方面对不可预知的文物病变、病害做到早发现早治疗，藏品管理系统和环境监测系统中对数据变化的统计与分析可以不断形成对保护效果的反馈，从而为更好地保护与管理提供决策依据。

文物的数字化保护可以加强对藏品数据信息的研究利用而减少对藏品实物的提取利用，降低人工干预，同时可以避免文物因自然风化、衰老而造成文物本体所蕴藏的珍贵信息的流失，以敦煌数字保护项目为例，历史二十多年，敦煌研究院完成

了对壁画信息的全部采集，实现了对文化遗产信息的永久保存，保护了"行将消失的国宝"。文物数字化保护对博物馆灾后重建也有重要意义，令人痛心的悲剧在不同的时段上演：2018年9月，巴西国家博物馆这座有着两百多年收藏史的国家级博物馆在一场大火中损失惨重，两千万件的馆藏文物中有90%在大火中被焚毁；2019年4月，有着850多年历史并作为古老巴黎象征的巴黎圣母院也毁于一场大火，大火不仅让这座辉煌的历史建筑毁于一旦，教堂所藏的大量珍贵文物和艺术品也严重受损。这些文化遗产的损毁不可挽回，对于灾后重建工作，巴西国家博物馆曾联合世界各地广泛搜集一切相关的文物信息资料，中国腾讯公司也曾携手巴西国家博物馆开展"数字巴西国家博物馆"资料征集活动，并以数字化手段助力巴西国家博物馆数字化重建。这也从另一方面为世界各地的博物馆和文化遗产保护单位敲响警钟，文物的数字化保护工作刻不容缓。

藏品信息的开放利用是对藏品信息的数字化管理进行成果转化、延伸管理价值的过程。随着人们对知识创造和版权保护意识的增强，藏品信息，尤其是数字信息的管理必须要考虑到授权问题，博物馆对于藏品实物的管理实际上是执行代为保管的权利，而对于藏品信息的管理是基于一定的所有权的基础上进行的管理、利用。博物馆在其藏品和有关信息被他人使用上要承担特殊责任，需要考虑其机密性与安全性带来的是使用限制。信息的开放首先应该实现博物馆内各部门各系统间的无障碍应用，无障碍并不代表不受任何限制，而是通过分级分层的权限设置，为系统访问与资源利用提供路径，同样的，面向社会公众的资源开放与利用也可以通过权限设置在确保数据安全与知识产权的前提下，实现资源最大限度的开发利用，盘活数字资源，提供智能服务。相应地，用户对信息资源的利用行为在网络上留下痕迹，形成新的数据信息，而对这部分数据的统计与分析可以作为优化藏品管理的依据。

信息资源的开放利用为博物馆的知识创造提供了基础，就好比做面包需要面粉，煮粥需要大米，而对这些资源的研究利用就是进行知识生产的过程，其结果就是将原有的信息资源转化为新的知识成果，可将其称之为"知识再创造"的过程，这一过程也是博物馆在藏品管理过程中实现其责任、义务与权利的重要体现。

博物馆学多学科交叉融合的特性不应仅仅体现在博物馆的内部管理上，作为二十一世纪的博物馆，更应该体现在与观众及其他行业、组织的多元互动与合作上，藏品管理部门的身份也因此发生了转变，其不再是一个面向内部组织机构的部门，不再只是管理好藏品、清点好账目就万事大吉的部门，其需要更多地面向外部用户，协同多个部门、组织，提供更多元的输出服务，实现博物馆的"供给侧结构性改革"，达成共用资源、共同研究、共享成果的美好愿景。

参考文献

[1] 杨忠萍.博物馆文物藏品管理现状与完善策略思考[J].民营科技，2016,(7)：260-265.

[2] 关鑫爵.浅析现代化博物馆藏品的专业化管理[J],现代国企研究，2016,(24)：82-87.

[3] 石秀敏.CDWA 和 DC 元数据标准与故宫博物院绘画类藏品信息指标体系的对照研究[J].故宫学刊，2016，(2)：355-365.

[4] 张利新，李海荣.基于物联网和云计算的智慧博物馆建设[J].信息与电脑（理论版），2016,（20)：42-44.

[5] 唐根顺.RFID 技术在博物馆金属藏品管理上的应用探索——以南京博物院金属库房为例[J].东南文化，2022,（6)：6-8.

[6] 余耀强.博物馆文物数字化保护及管理研究[J].东方娱乐周刊，2022，(8)：140-142.

[7] 刘曼曼.数字化技术对现代博物馆展览发展的影响[J].文物鉴定与鉴赏，2022,（5)：4-9.

[8] 李晓光，李晓宁，孟韬，刘炜亚.新媒体环境下博物馆数字化展陈设计的应用[J].移动信息，2022,（6)：160-162.

[9] 王晓芬，宋高安.博物馆数字化进程及其科教职能演进——评《博物馆展览策划：理念与实务》[J].中国教育学刊，2022,（1)：1-6.

[10] 卓倩.中小型博物馆数字化建设及其思考——以石家庄市博物馆数字化建设为例[J].文化产业，2022,（34)：3-11.

[11] 李渊.博物馆展陈中数字化技术的运用探究[J].中文科技期刊数据库（全文版）社会科学，2023,（2)：3-5.

[12] 涂超.博物馆文化产业数字化转型的现状与对策研究[J].文化创新比较研究，2023，7(3)：111-114.

[13] 梁子涵.中小型博物馆数字化技术的应用[J].文化产业，2023,（12)：117-119.

[14] 汲斌斌.现代博物馆藏品保护与管理中数字化技术的应用思考——以日照

市为例 [J]. 收藏与投资，2023，14(5)：134−137.

[15] 柴秋霞，姜琳馨. 博物馆藏品数字化展示的现存问题及对策建议 [J]. 科学教育与博物馆，2022，8(2)：10−15.

[16] 左缇竹. 从传统到数字化：博物馆数字文创未来发展探讨 [J]. 鞋类工艺与设计，2022，2(11)：141−143.

[17] 叶婉婷. 数字化转型："互联网+"时代中小型博物馆发展的路径探索 [J]. 文化产业，2022，(30)：100−102.

[18] 张喆. 信息数字化时代的博物馆美育融合发展趋势 [J]. 美化生活，2022，(18)：3−9.

[19] 李洁. 数据驱动下数字图书馆知识发现服务创新模式与策略研究 [D]. 吉林大学，2019.

[20] 白云. 简论博物馆藏品数字化成果的著作权使用与保护 [J]. 中国博物馆，2022，(5)：51−55.

[21] 耿鑫. 博物馆藏品的数字化管理与应用 [J]. 文物鉴定与鉴赏，2022，(14)：4−9.

[22] 刘芳. 博物馆藏品数字化标准发展及应用现状研究 [J]. 博物院，2018，(1)：103−110.

[23] 吕军. 博物馆藏品管理机构设置改革历程研究——以改革开放40年为视角 [J]. 中国博物馆，2019，(1)：50−56.

[24] 高春娟. 博物馆馆藏文物管理的有效性探讨 [J]. 文物鉴定与鉴赏，2019，(2)：140−141.

[25] 毕玉霞. 智慧博物馆建设中的机遇和挑战 [J]. 文物鉴定与鉴赏，2019，(09)：124−125.

[26] 李靖. 浅析即ID技术与藏品管理系统的融合之道 [J]. 中国民族博览，2019，(6)：197−199.

[27] 周曙初. 论博物馆文物藏品管理现状与完善方法 [J]. 文物鉴定与鉴赏，2019，(13)：118−119.

[28] 薛云勇. 探究博物馆文物藏品管理现状与完善策略 [J]. 文物鉴定与鉴赏，2019，(5)：120−121.

[29] 李莉莉. 浅析智慧博物馆建设中的机遇与挑战 [J]. 中国民族博览，2019，(14)：215−216.

[30] 王春法. 智慧博物馆建设中的机遇和挑战 [J]. 中国国家博物馆馆刊，2019，(01)：6−9.

[31] 钟国文，张靖乐. 我国智慧博物馆研究综述 [J]. 科学教育与博物馆，2020，6(5)：347-354.

[32] 田莉莉. 智慧时代国内博物馆藏品保管工作刍议 [J]. 博物馆管理，2020,(2)：89-96.

[33] 封之冰. 数字时代博物馆藏品的管理研究 [J]. 文物鉴定与鉴赏，2020，(4)：105-107.

[34] 李红梅. 中小博物馆文物藏品管理流程探讨 [J]. 文艺生活·下旬刊，2020，(2)：287-289.

[35] 杨扬，张虹，张学骞. 数据驱动下博物馆运营生态的重构——西方博物馆的创新实践 [J]. 东南文化，2020，(4)：11-19.

[36] 张苊坤，张立红. 博物馆数据可视化平台初探——以南京博物院特展为例 [J]. 东南文化，2020，(4)：1-3.

[37] 岳娜. "大数据"背景下智慧博物馆发展现状及对策 [J]. 中北大学学报（社会科学版），2020，36(2)：3-7.

[38] 卢小宾，宋姬芳，蒋玲洪先锋，刘静，张蕾. 智慧图书馆建设标准探析 [J]. 中国图书馆学报，2021，47(1)：4-8.

[39] 朱纯琳. 基于数据流动的图书馆智慧服务生态系统构建研究 [J]. 图书馆，2021，(1)：2-8.

[40] 郑睿. 基于观众行为的博物馆藏品推荐算法研究与实现 [D]. 山东理工大学，2019.